新白話六法系列 020

土地登記規則

張義權 · 著

出版緣起

　　談到法律，會給您什麼樣的聯想？是厚厚一本《六法全書》，或是莊嚴肅穆的法庭？是「洛城法網」式的腦力激盪，或是「法外情」般的感人熱淚？是權利義務的準繩，或是善惡是非的分界？是公平正義、弱勢者的保障，或是知法玩法、強權者的工具？其實，法律儘管只是文字、條文的組合，卻是有法律學說思想作為基礎架構。法律的制定是人為的，法律的執行也是人為的，或許有人會因而認為法律是一種工具，但是卻忽略了：法律事實上是人心與現實的反映。

　　翻閱任何一本標題為《法學緒論》的著作，對於法律的概念、共同的法學原理原則及其應用，現行法律體系的概述，以及法學發展、法學思想的介紹……等等，一定會說明清楚。然而在我國，有多少人唸過《法學概論》？有識之士感歎：我國國民缺乏法治精神、守法觀念。問題就出在：法治教育的貧乏。試看九年國民義務教育的教材，在「生活與倫理」、「公民與道德」之中，又有多少是教導未來的主人翁們對於「法律」的瞭解與認識？除了大學法律系的培育以外，各級中學、專科與大學教育中，又有多少法律的課程？回想起自己的求學過程，或許您也會驚覺：關於法律的知識，似乎是從報章雜誌上得知的占大多數。另一方面，即使是與您生活上切身相關的「民法」、「刑法」等等，其中的權利是否也常因您所謂的「不懂法律」而睡著了？

　　當您想多充實法律方面的知識時，可能會有些失望的。因為《六法全書》太厚重，而一般法律教科書又太艱深，大多數案例

式法律常識介紹，又顯得割裂不夠完整……

　　有鑑於此，本公司特別邀請法律專業人士編寫「白話六法」叢書，針對常用的法律，作一完整的介紹。對於撰文我們要求：使用淺顯的白話文體解說條文，用字遣詞不能艱深難懂，除非必要，儘量避免使用法律專有名詞。對於內容我們強調：除了對法條作字面上的解釋外，還要進一步分析、解釋、闡述，對於法律專有名詞務必加以說明；不同法規或特別法的相關規定，必須特別標明；似是而非的概念或容易混淆的觀念，一定舉例闡明。縱使您沒有受過法律專業教育，也一定看得懂。

　　希望這一套叢書，對普及法律知識以及使社會大眾深入瞭解法律條文的意義與內容等方面都有貢獻。

四版序

　　動筆撰寫本書四版序，心中真是感慨萬千，因為回憶起我從民國56年進入國立中興大學法商學院地政學系就讀迄今，剛好50個年頭，也就是半個世紀，試想人家有幾個半個世紀呢？從民國56年進入中興地政迄今，在50個年頭當中，除了服兵役的兩年之外，不論是服公職的8年或自己創業的40年，沒有一年脫離地政的範疇，要說自己是地政人恐怕也不為過。

　　在半世紀的地政領域當中，尤其是離開公職開始在地政的江湖中闖蕩迄今，最早接觸的地政工作就是「土地代書」，尤記得在民國70年一離公職，立刻成立「張義權代書事務所」，隨後根據政府法令的規定，先後更改為「土地登記專業代理人張義權事務所」、「張義權地政士事務所」及現在的「大華地政士聯合事務所」，真是一步台灣土地代書的演進史。

　　在從事地政士40年的工作當中，也一直參與地政士公會的服務，歷任台北市地政士公會理事、監事、常務監事、顧問等職務，並在民國101年至103年擔任台北市地政士公會第八任理事長，現任台北市地政士公會名譽理事長，也就是40年的地政士工作一直投身服務會員同業先進的工作當中。

　　除了從事地政實務工作之外，因為因緣際會有幸自民國79年起應邀到中國文化大學土地資源學系教授「土地登記」課程，也從講師、助理教授升至副教授，每周往返陽明山的日子已經超過27年，車子的里程數都可以繞地球一周了。

　　在文化大學授課過程當中，一方面為配合授課需要，一方

面想更深入研究土地登記相關專業領域，在五南圖書集團的配合之下，首先在民國84年出版《土地登記法令與實務》（大學用書），其後並在民國86年增訂二版、民國91年增訂三版、民國103年增訂四版。除了出版《土地登記法令與實務》外，又應書泉出版社之邀，在民國87年出版《新白話六法—土地登記規則》一書，將土地登記規則逐條釋義，並加入個人執業當中所經歷過的實例，隨後在民國92年增訂二版，民國103年增訂三版迄今。

隨著土地登記相關法令的變動，在加上本書三版即將售罄，在書泉出版社的配合之下，本人在百忙之中，將三版原著進行一個徹底的整理，成為《新白話六法—土地登記規則》四版新著，希望對國內研究土地登記的產、官、學各界先進能有所注意，也對國內土地登記的研究略進綿薄之力。

本書四版之研修除了內人及子女、媳婦精神鼓勵之外，也承蒙大華資產管理團隊全體同仁的協助，更要感謝張桂琪估價師、羅鈺華估價師兩位美女估價師協助整理稿件及校對工作，更要感謝書泉出版社法政編輯室張若婕主編及全體同仁的配合與協助，才使本書得以順利付梓。

本書增訂四版，由於時間匆促，加上個人才疏學淺，故錯誤或遺漏在所難免，尚祈各級長官、各位師長及各界先賢同業先進不吝指正是幸。

張義權 謹序於
台灣大華不動產估價師聯合事務所
大華不動產顧問股份有限公司
大華地政士聯合事務所
2018年1月

凡例

（一）本書之法規條例，依循下列方式輯印：

1. 法規條文，悉以總統府公報為準，以免坊間版本登載歧異之缺點。
2. 法條分項，如遇滿行結束時，則在該項末加「。」符號，以與另項區別。

（二）本書體例如下：

1. 導讀：針對該法之立法理由、立法沿革、立法準則等逐一說明，並就該法之內容作扼要簡介。
2. 條文要旨：置於條次之下，以（　）表示。
3. 解說：於條文之後，以淺近白話解釋條文意義及相關規定。
4. 實例：於解說之後舉出實例，並就案例狀況與條文規定之牽涉性加以分析說明。

（三）參照之法規，以簡稱註明。條、項、款及判解之表示如下：

條：1、2、3……

項：Ⅰ、Ⅱ、Ⅲ……

款：①、②、③……

但書規定：但

前段：前、後段：後

司法院34年以前之解釋例：院……

司法院34年以後之解釋例：院解……

大法官會議解釋：釋……

最高法院判例：台上……

行政法院判例：行……判……

沿 革

1. 民國35年10月2日地政署訂定發布全文109條。
2. 民國67年1月12日內政部令修正發布第28、33、34條條文。
3. 民國69年1月23日內政部令修正發布;並自民國69年3月1日施行。
4. 民國75年5月16日內政部令增訂發布第12-1條條文。
5. 民國79年6月29日內政部令修正發布第6、13、20、22、23、45、62、63、120、123、第四章名稱、134、140條條文;增訂第5-1、133-1、134-1條條文;並刪除第12-1、138條條文。
6. 民國80年11月29日內政部令修正發布第37條條文。
7. 民國84年7月12日內政部令修正發布;同年7月26日令定自民國84年9月1日施行。
8. 民國88年6月29日內政部令修正發布第15、20、24、70條條文;並自88年7月1日起施行。
9. 民國90年9月14日內政部令修正發布全文157條;並自90年11月1日施行。
10. 民國92年7月29日內政部令修正發布第5、6、34、40、41、44、51、101、106、119、130、137、146、155條條文;並刪除第76條條文。
   民國92年7月29日內政部函發布定自92年9月1日施行。
11. 民國92年9月23日內政部令修正發布第12、39、119、135條條文;並自92年9月1日施行。
12. 民國95年6月19日內政部令修正發布第19、27～29、35、42、43、58、65、67、69、97、101、123、126～130、

132、133、135、138〜142、155條條文；增訂第122-1、133-1條條文；刪除第134條條文；並自95年6月30日施行。

13. 民國96年7月31日內政部令修正發布第3、27、30、46、112、115、116條條文；增訂第111-1、114-1、114-2、115-1、115-2、116-1、117-1、117-2條條文；刪除第101、110條條文；並自96年9月28日施行。

14. 民國98年7月6日內政部令修正發布第4、27、28、39、40、66、70、79、80、81、83、89、94、96、97、98、107、143、149條條文；增訂第十二章第四節節名及第24-1、100-1、155-1〜155-3條條文；並刪除第82條條文；除第39條自98年11月23日施行外，其餘條文自98年7月23日施行。

15. 民國99年6月28日內政部令修正發布第4、12、16、27、28、30、31、49、56、87、88、95、97、100、108、109、118、143、145、148、155-2、155-3條條文及第十二章第四節節名；增訂第108-1、108-2、109-1、155-4條條文；並自99年8月3日施行

16. 民國100年12月12日內政部令修正發布第27、29、40〜42、94、95條條文；刪除第135條條文；並自100年12月15日施行。

民國100年12月16行政院公告第27條第4款、第69條第1項第2款、第138條第1、3項、第139條第1〜3項、第140條、第141條第1、2項、第142條第1、2款所列屬「行政執行處」之權責事項，自101年1月1日起改由「行政執行分署」管轄。

17. 民國102年8月22日內政部令修正發布第27、40、42、69、78、79、102、138〜142、152條條文；增訂第78-1條條

文；並自102年8月30日施行。

18. 民國103年8月28日內政部台內地字第10313001361號函註銷103年2月27日內政部台內地字第1030099079號令修正發布第24條之1、第132條、第155條之3條文。

19. 民國103年12月25日內政部令修正發布第24條之1、第132條、第155條之3條文，並自民國104年2月2日施行。

20. 民國106年2月14日內政部令修正發布第29條、第85條、第117條及第139條條文，並自民國106年3月1日施行。

目　錄
Contents

第一章
總　則

第一條（法源）

本規則依土地法第三十七條第二項規定訂定之。

解說

　　本條主要在明示土地登記規則之法源。由於土地登記規則係屬行政命令之一種，故係由內政部根據土地法第37條第2項之授權自行擬訂並發布實施，未經立法院之審議及總統公布。通常凡屬「規則」之行政命令，均會如本規則一樣在第1條開宗明義表明其制定此一行政命令之法源。

　　土地登記規則為國內規範土地登記之主要法令，對人民權利義務之影響極為重大，惟其位階卻僅屬行政命令，因此一旦與其他法律之規範有所衝突時，就必須依照其他法律之規定來辦理各項登記業務，以致我國之土地登記制度經常出現支離破碎之慘狀。為貫徹土地政策，達到簡政便民之革新要求，實有必要將土地登記規則之位階儘速提升為「土地登記條例」。

相關法條

土地法：第37條。

第二條（意義）
土地登記，謂土地及建築改良物（以下簡稱建物）之所有權
與他項權利之登記。

解說

　　本條主要在明示土地登記規則之意義及其適用範圍。由於
我國在民國19年制定土地法時，即在第1條中明文規範「本法
所稱土地，謂水陸及天然富源」。換句話說，在地政法令當中
所稱之「土地」，其實是一種廣義的說法，除了狹義的土地之
外，還包括廣義的建築改良物在內，故土地登記規則其實是指
土地及建築改良物之登記規則。至於登記之範圍，除了所有權
以外，還包括他項權利在內。

　　民國90年9月14日修正前原條文在第1項已規定建築改良物
之所有權與他項權利之登記，故民國90年9月14日修正時，因
第2項已為多餘，爰予刪除。

相關法條

民法：第758條、第759條、第851條。

第三條（主管機關）
土地登記，由土地所在地之直轄市、縣（市）地政機關辦理
之。但該直轄市、縣（市）地政機關在轄區內另設或分設登
記機關者，由該土地所在地之登記機關辦理之。
建物跨越二個以上登記機關轄區者，由該建物門牌所屬之登

記機關辦理之。

直轄市、縣（市）地政機關已在轄區內另設或分設登記機關，且登記項目已實施跨登記機關登記者，得由同直轄市、縣（市）內其他登記機關辦理之。

解說

　　本條文主要在明示土地登記之辦理機關。根據目前國內之土地登記行政實務，土地登記主要是由各地區所設置的「地政事務所」來執行。不過根據土地法第39條的規定，真正執行土地登記的法定機關是指各市縣的地政機關，這在北高二市係指地政處而言，至於其餘各縣市，則為地政局。

　　土地登記與人民之權利義務有極為密切之關係，但觀國內現行地政單位體制，不但中央僅在內政部下設置地政司來主管地政工作，欠缺一個部會級的中央地政主管機關，以致地政工作令出多門，衍生許多土地問題。其次，在各縣市亦均將地政工作視為縣市政府之慕僚，無法有效推展地政工作。基層的地政事務所亦往往在數個鄉鎮始設置一個地政事務所，不若戶政事務所一樣每鄉鎮設置。在這種不注重地政工作的行政體制下，要想做好土地登記工作，還真是難為了各級地政工作人員。

　　為求便民及符合資訊時代之來臨，在登記項目已實施跨登記機關時，人民可選擇於同直轄市、縣（市）內其他機關申辦地政業務，以求節省時間及增加效率。例如新北市萬里區所屬之登記機關為汐止地政事務所，如果所有權人住在三重區，則以前如果不動產坐落於萬里區之所有權人必須從三重跑到汐止去辦理土地登記事宜。而在實施跨登記機關辦理後，該所有權

人就可以直接到三重地政事務所辦理相關事宜，而不需要再從三重跑到汐止，不僅便民，也節省人民很多時間。所以這可以說是一項便民的服務。

相關法條與重要解釋函令

（一）相關法條

民法：第758條、第759條、第851條、第911條、第918條。

（二）重要解釋函令

1. 內政部49年2月6日台內地字第24530號函——土地法規定縣市地政機關為縣市政府。
2. 內政部62年5月1日台內地字第521365號函——有關土地登記之公告得以地政事務所名義辦理。

第四條（應登記權利種類）

下列土地權利之取得、設定、移轉、喪失或變更，應辦理登記：

一、所有權。

二、地上權。

三、中華民國九十九年八月三日前發生之永佃權。

四、不動產役權。

五、典權。

六、抵押權。

七、耕作權。

八、農育權。

九、依習慣形成之物權。

土地權利名稱與前項第一款至第八款名稱不符，而其性質與其中之一種相同或相類者，經中央地政機關審定為前項第一款至第八款中之某種權利，得以該權利辦理登記，並添註其原有名稱。

解說

　　本條第1項主要在明文規定土地登記應予登記之物權種類。由於我國民法對於物權是採創設主義，因此除了民法所規定的所有權、地上權、永佃權、不動產役權、典權、抵押權，農育權以及土地法所創設的耕作權外，均不得辦理權利登記。

　　至於第2項之規定主要是當初國民政府制定土地登記規則時，由於考量大陸幅員廣大，各地風土民情差異頗大，因此將土地登記之權利範圍予以彈性放寬，以符各地民情。

　　隨著工商業的發展，土地使用型態日新月異，因此世界各地對於不動產登記之範圍無不隨著時代的進步而作適度的變更及擴充。例如土地信託、土地登記仲裁等之登記，甚至不動產租賃的登記等，目前已逐漸廣為各國土地登記制度所接受。反觀我國對土地登記之範圍則一向持保守之立場，對於新生的土地登記使用制度往往未能配合時代的脈動，適時予以納入土地登記之範疇，嚴重影響經濟的發展及土地登記的進步。因此主管機關實有必要調整過度保守之心態，適時將土地登記之範圍予以擴充，以適應民間之需求。

　　民國90年9月14日修正時，為配合時代需要，本規則特增訂第9章「土地權利信託登記」，一共增列了第124至第133及

第133條之1等11個條文。詳細內容詳見本書對各該條文之說明。

在99年6月修訂後，將永佃權更改為農育權，但因99年8月3日以前就已簽訂之永佃權契約現在仍然存在，因此在這之前的永佃權仍予以保留。

再則因原本之「地役權」根據民法第851條解釋：「謂以他人不動產供自己不動產通行、汲水、採光、眺望、電信或其他以特定便宜之用為目的之權。」故依此定義該權利係為可建立於建物上之權利，所以如果以「地役權」稱呼，實在很容易讓人誤會為該權利只適用於土地上。因此，將此權利名稱更改為「不動產役權」，以求更加符合該權利之實際用途。

又因我國民法對於物權是採創設主義，不得任意創制。但因時代進步，很多權利都有物權化之趨勢，例如租賃權即為一例，所以後來又增設第9款之「依習慣形成之物權」，以求更加符合實際上之需求。

重要解釋函令

1. 行政院35年11月11日節京二字第1896號指令——不動產登記之先取特權及不動產質權應不准其登記，抵當權、永小作權可改為抵押權、永佃權登記。
2. 行政院40年台（40）內字第1193號代電——日本民法物權篇規定之不動產質權與我民法典權之性質有別。
3. 內政部42年4月1日台（42）內地字第26040號函——抵押權不得作為抵押權設定之標的。
4. 行政院42年5月18日台（42）內字第2838號令——申請「占

　有」之登記應不准許。

5.內政部76年6月10日台（76）內地字第511293號函——清朝
　時期之典權於台灣光復後臨時登記為典權者，其權利人不得
　申請取得典物所有權登記。

第五條（電腦處理）
土地登記得以電腦處理，其處理之系統規範由中央地政機關
定之。
土地登記以電腦處理者，其處理方式及登記書表簿冊圖狀格
式，得因應需要於系統規範中另定之。

解說

　　本條主要在明文規定土地登記可以採用電腦處理。而所謂
「電腦處理」其實就是將土地登記電腦化。隨著資訊時代的來
臨，不論政府或民間，也不論任何機關或行業，若無法改採電
腦作業，則勢必為時代所淘汰，土地登記工作當然也不例外。
因此，在土地登記規則中特別明定土地登記可以採用電腦處
理。

　　隨著資訊化時代的來臨，各級政府均全力推動電腦化作
業，地政機關也不例外，以台北市地政機關為例，目前已經可
以上網列印登記謄本、地籍圖、建物平面圖、地價證明等相關
地籍資料。不過就全國來看，仍尚未達到消費者可上網列印其
他縣市的地籍資料之目標。此外，除了地籍資料電腦化之外，
地政機關也應該設法將地籍資料結合都市計畫資訊、建管資訊
等相關訊息，以利一般民眾可以方便迅速的取得正確的不動產

訊息。

在登記的電腦作業方面，以托崙斯登記制的始祖澳洲為例，登記審核人員在審核登記案件時，是坐在電腦桌前與對面的申請人同時根據眼前的電腦螢幕，逐項審查申請內容，如有錯誤，可當場修改，如果正確無誤，則立即輸入確認鍵，完成審查及登記手續，希望國內的地政機關及地政士們，都能夠提升電腦專業水平，早日走向「全面電腦化」的土地登記境界。

重要解釋函令

1. 內政部77年1月5日台（77）內地字第550844號函——地籍資料電子處理正式作業配合措施事宜。
2. 內政部77年4月29日台（77）內地字第590531號函——電子處理作業權利書狀內容列印事宜。
3. 內政部78年10月12日台（78）內地字第747953號函——地籍資料電腦列印之土地建物所有權狀及他項權利證明書左下方註記文字。
4. 內政部84年12月6日台（84）內地字第8415921號函——地籍資料電子處理作業，辦理土地建物標示變更、更正登記時，「登記日期」、「登記原因」、「收件日期」及「收件字號」等欄位登載事宜。
5. 內政部84年3月28日台（84）內地字第8474225號函——釋電腦列印之「全部」、「個人全部」土地（建物）謄本。
6. 內政部88年9月3日台（88）內中地字第8884617號函——電子處理地區辦理土地分割、合併案件，涉及基地號變更者，其地上建物辦理登記之方式。

7. 內政部89年8月11日台（89）內地字第8911656號函——增訂「土地登記複丈地價地用電腦作業系統規範」之其他登記事項類別代碼「9H」。

8. 內政部89年9月8日台（89）內中地字第8979895號函——刪除「土地登記複丈地價地用電腦作業系統規範」建物標示部謄本格式及建物所有權狀格式最後一列加印之「建物用途以使用執照記載為準」等字。

第六條（登記完畢）

土地權利經登記機關依本規則登記於登記簿，並校對完竣，加蓋登簿及校對人員名章後，為登記完畢。

土地登記以電腦處理者，經依系統規範登錄、校對，並異動地籍主檔完竣後，為登記完畢。

解說

　　本條主要在明示土地登記完畢之涵義，以便作為是否已發生土地法第43條所定效力之依據。根據民法及土地法之規定，土地登記是否完成，對利害關係人之權益有極重大之影響，因此什麼情形才算「登記完畢」當然有必要予以明確規範，才不會產生糾紛。

　　至於第2項之規定，主要在於配合土地登記電腦化所作之規定。

重要解釋函令

內政部80年2月6日台內地字第896037號函——土地建物登記簿漏蓋校對人員名章處理事宜。

　　張華向田國簽約購買房屋一棟，雙方約定付款方式分成簽約款、用印款及送件款各三分之一，其後張華在代書通知已送件當天，乃依約將所有價金付清予田國。不料，在送件次日，田國所出售的該棟房屋卻突然遭其債權人向法院申請假扣押，使得雙方所有權移轉登記遭地政事務所駁回。

　　一般消費者甚至部分土地代書常常誤以為若案件經地政事務所收件，則代表過戶沒有問題。其實這種想法是錯誤的，而且相當危險。因為即使地政機關收件，但是若登記案件尚未登簿及校對完竣，且未加蓋登簿及校對人員名章時，若遭法院查封，則地政事務所必須改辦查封登記，而將駁回該件所有權移轉登記之申請。

> **第七條**（登記之效力）
> 依本規則登記之土地權利，除本規則另有規定外，非經法院判決塗銷確定，登記機關不得為塗銷登記。

解說

　　本條主要在明示，根據土地法第43條規定，土地權利經登記完畢後即已發生效力，應受法律之保障。不過登記完畢的案

件並非不得予以塗銷，只要經過法院判決塗銷確定，地政機關仍應根據法院之判決，塗銷原有之登記。

重要解釋函令

1. 內政部74年12月2日台內地字第365559號函——已辦竣移轉登記，即使有無效之原因，仍應經法院判決塗銷。
2. 內政部73年7月19日台內地字第244171號函——法院判決塗銷登記確定者，登記機關得據以辦理，惟仍應受土地登記規則第128條（已修正為129條）規定之限制。
3. 內政部73年3月17日台內地字第216780號函——人民拋棄法定空地依法登記完畢，該管登記機關得逕辦塗銷登記，回復為所有人所有。
4. 行政院秘書處46年6月5日台內字第3038號函——地政機關不得依據刑事判決逕辦塗銷登記。

第八條（主、附登記之次序）
主登記，指土地權利於登記簿上獨立存在之登記；附記登記，指附屬於主登記之登記。
主登記之次序，應依登記之先後。附記登記之次序，應依主登記之次序。但附記登記各依其先後。

解說
　　本條文在民國90年9月14日修正前原為第10條，此次修正條次調整為第8條。

　　為使登記人員瞭解主登記與附記登記之區別，民國90年9月14日修正時，特增訂第1項明定主登記及附記登記之定義，至於民國90年9月14日修正前原條文則移列至第2項。

　　本條文所稱主登記，係指所有權之取得、喪失或他項權利之設定、喪失等登記；附記登記係指主登記以外之登記。

> **第九條**（他項權利登記之次序）
> 同一土地為他項權利登記時，其權利次序，除法律另有規定外，應依登記之先後。但於土地總登記期限內申請登記者，依其原設定之先後。

解說

　　本條主要在明示辦理他項權利登記時，其權利次序應依登記之先後為之。所謂他項權利，係指依附於不動產所有權上，而限制所有權行使之權利。由於他項權利可多次設定，因此如果不規定他項權利之次序如何訂定，則對於他項權利權利人之利益勢必產生危害。故本條特明定他項權利之次序以登記先後為之。

　　根據民法第865條的規定：「不動產所有人，因擔保數債權，就同一不動產，設定數抵押權者，其次序依登記之先後定之。」換句話說，抵押權之權利次序係依其設定先後之順位來決定。此外，如先後設定典權及抵押權亦適用此一規定以登記先後來決定其權利次序。

第十條（建物所有權登記之限制）
土地上已有建物者，應於土地所有權完成總登記後，始得為
建物所有權登記。

解說

　　本條主要在明示土地上之建物如果想辦理建物所有權第一
次登記時，必須俟辦妥土地所有權總登記後，始得為之，以避
免在沒有土地登記的情況下，去申辦建物所有權第一次登記。

　　我國的土地登記制度雖然是將土地及房屋分別辦理登記，
不過在使用上，建物不可能與土地分離而為單獨使用，因此在
辦理建物所有權第一次登記時，為了確認建物所有權人確有使
用基地之權利，必須在土地所有權完成總登記之後，始得辦理
建物所有權第一次登記。

第十一條（他項權登記之次序）
未經登記所有權之土地，除法律或本規則另有規定外，不得
為他項權利登記或限制登記。

解說

　　本條主要在明示所有權與他項權利之主從關係，所以規定
未辦理土地所有權總登記之土地，不得辦理他項權利登記，以
免他項權利無所依附。

　　他項權利是所有權的一種負擔，因此如果所有權尚未辦妥
總登記或第一次登記，則顯然無法辦理他項權利登記與限制登
記。不過如果符合土地登記規則第138條、第139條因法院囑託

辦理未登記建物之查封登記者，則不在此限。

重要解釋函令

內政部69年10月22日台內地字第49627號函——未登記土地上未登記建物不得辦理查封登記。

第十二條（與確定判決同一效力之適用）
登記原因證明文件為依法與法院確定判決有同一效力者，於第二十七條第四款、第三十條第一款、第三十五條第三款、第一百條、第一百十九條第五項、第一百四十一條第一項第二款及第二項之規定準用之。

解說

　　本條主要在明示若辦理登記之原因證明文件與法院確定判決有同一效力者，例如法院之調解、和解筆錄，或依仲裁法所為之仲裁判斷、調解或和解，或依鄉鎮市調解條例所為調解，經法院核定者，在申辦登記時應可適用本規則相關條文之規定，以解決法條適用之爭議。

　　土地權利發生爭議時，原本應以法院之確定終結判決為生效要件，不過如果在訴訟以外或當中，爭議當事人透過和解、調解或仲裁等法定程序而能夠解決彼此之爭端時，為了疏解訟源，世界各國均對此一簡易途徑採取肯定及鼓勵的態度。因此本規則特在84年修訂時增訂本條文，以鼓勵當事人採取簡易程序解決彼此的爭端。

相關法條與重要解釋函令

（一）相關法條

土地登記規則：第27條、第30條、第35條、第100條、第119條、第141條。

（二）重要解釋函令

1. 內政部60年10月13日台（60）內地字第440474號函——日據時期和解書如無台灣法院接收民事事件處理條例第17條前段規定情形者，仍有我國民事訴訟法之確定判決效力。

2. 內政部76年8月10日台（76）內地字第525506號函——判決內容與光復前之繼承習慣有所不符者，在未依法變更前仍有確定力。

3. 內政部76年8月26日台（76）內地字第527352號函——訴訟上和解分割共有不動產，僅生協議分割之效力，非經辦畢分割登記不生取得單獨所有權之效力。

4. 內政部79年8月22日台（79）內地字第826100號函——祭祀公業管理人持憑法院調解筆錄申辦土地所有權移轉登記仍應提出同意處分之證明文件。

5. 內政部80年3月18日台（80）內地字第914014號函——調解之標的係請求土地所有權移轉登記，並非派下權之爭執，則訴訟當事人是否即為祭祀公業全體派下員，非該調解確定力所及。

6. 內政部81年12月10日台（81）內地字第8115724號函——當事人持憑法院確定判決申請辦理祭祀公業土地所有權移轉登記得免附派下員全體同意或土地法第34條之1規定之證明文件。

7. 內政部82年3月25日台（82）內地字第8204123號函——神明
   會除已依法登記取得法人資格或已比照寺廟登記規則登記管
   理者外，應爲無權利能力之非法人團體，其會產之管理行爲
   固得由該神明會之管理人代表神明會爲之，但會產之處分則
   仍應經會員全體之同意。

8. 內政部83年1月6日台（83）內地字第8216481號函——法院
   共有物分割判決，將有繼承權者漏列或無繼承權者誤列，登
   記機關得依法院判決主文辦理登記。

第十三條（登記錯誤或遺漏之意義）
土地法第六十八條第一項及第六十九條所稱登記錯誤，係指
登記事項與登記原因證明文件所載之內容不符者；所稱遺
漏，係指應登記事項而漏未登記者。

解說

　　本條主要在明定所謂登記錯誤或遺漏之要件，以免對於
登記錯誤或遺漏之認定過於浮濫，而損及登記之正確性及權威
性。

　　由於土地登記的錯誤或遺漏是當事人請求更正登記或提
出損害賠償之前提，因此如果對於錯誤或遺漏之內涵不予以規
範，則必導致對登記正確性產生懷疑，故本條特別規定所謂登
記錯誤或遺漏，係僅指登記之事項與登記原因證明文件所載
內容不符而言，至於實質上登記原因證明文件是否有錯誤或遺
漏，則不在土地法第68條及第69條所稱「登記錯誤或遺漏」之
範圍。

相關法條與重要解釋函令

（一）**相關法條**

土地法：第68條、第69條。

（二）**重要解釋函令**

內政部94年10月12日內授中辦地字第0940726275號函—稅捐稽徵機關通知登記名義人身分證統一編號有登記錯誤或重複之情形，並提供正確之戶籍證明文件者，地政機關得於查證屬實後辦理更正登記。

第二章
登記書表簿冊圖狀

第十四條（登記書表圖狀之種類）

登記機關應備下列登記書表簿冊圖狀：

一、登記申請書。

二、登記清冊。

三、契約書。

四、收件簿。

五、土地登記簿及建物登記簿。

六、土地所有權狀及建物所有權狀。

七、他項權利證明書。

八、地籍圖。

九、地籍總歸戶冊（卡）。

十、其他必要之書表簿冊。

解說

　　本條主要在明示土地登記機關在執行登記事項時，應具備有關書表簿冊圖狀，同時爲了防止同一縣（市）內各登記機關之作法及要求分歧。

　　托崙斯登記制之主要精神在於採用實質審查主義，因此申

請人及地政機關均須注重各項書表簿冊圖狀。首先從申請人來說，如果對於登記所需之申請書、登記清冊及契約書之格式不予以統一，必使得當事人在申請土地登記時無所適從。其次，就各登記機關來說，若對於收件簿、登記簿、權狀、地籍圖等各項簿冊圖狀不予以統一，則必導致各地政機關之標準分歧，不但使當事人無所適從，而且也會形成一國多制之不合理現象。

重要解釋函令

1. 內政部71年1月29日台（71）內地字第66010號函——統一規定土地登記簿權利人住址之記載方式。

2. 內政部71年4月26日台（71）內地字第80009號函——華僑回國置產，土地登記簿權利人住址之記載方式。

3. 內政部71年10月20日台（71）內地字第116830號函——權利人、義務人欄之附表得以影印代替複寫。

4. 內政部72年11月23日台（72）內地字第197863號函——銀行之分行不應登記於「管理者」欄。

5. 內政部74年11月22日台（74）內地字第357827號函——公有房地辦理登記，權利人住址以管理機關之住址記載。

6. 內政部75年1月27日台（75）內地字第368422號函——外國分公司申請土地權利登記，登記簿住所欄以中國境內訴訟及非訴訟代理人之住址記載。

7. 內政部75年6月5日台（75）內地字第415924號函——抵繳遺產稅土地委託地方政府代管者，不得於土地登記簿加註代管機關。

8. 內政部75年6月19日台（75）內地營地字第404144號函——
   未享有國宅優惠利率貸款之國民住宅，其建築改良物登記簿
   內免註記「國民住宅」字樣。

9. 內政部75年12月29日台（75）內地字第468151號函——領有
   補助費之農業用地於平均地權條例修正公布後，其土地登記
   簿管制移轉戳記應予註銷。

10. 內政部77年2月24日台（77）內地字第574358號函——無使
    用執照之建物登記簿免註記應受有關法令之限制。

11. 內政部77年3月23日台（77）內地字第584197號函——同
    一建物未登記部分補辦登記，其登記原因仍為「第一次登
    記」。

12. 內政部77年7月18日台（77）內地字第613828號函——國有
    土地建物所有權贈與寺廟，應於登記簿加註「本物權受國有
    財產贈與寺廟教堂辦法第6條規定限制」。

13. 內政部77年8月22日台（77）內地字第621827號函——申
    請人非自然人，應於登記申請書填寫「營利事業統一編
    號」、「公司統一編號」或「扣繳單位統一編號」。

14. 內政部79年9月11日台（79）內地字第839025號函——為因
    應建築式樣多樣化，有關書狀簿冊等之「建築式樣」欄得予
    免填。

15. 內政部81年1月25日台（81）內地字第8170878號函——基
    地非全部屬於國民住宅用地者，於土地登記簿標示部「其他
    登記事項」欄註明「部分國宅用地」即可，無須於所有權部
    另行註記。

16. 內政部85年9月23日台（85）內地字第8507441號函——地
    政機關配合執行獎勵民間參與交通建設條例第42條相關管

制事宜。

17. 內政部89年5月15日台（89）內中地字第8978892號函——民事訴訟法第254條第5項規定之登記作業方式。

18. 內政部89年7月17日台（89）內中地字第897983號函——配合相關單位建議於土地登記簿辦理註記事宜。

19. 內政部89年8月2日台（89）內地字第8969858號函——共有土地部分共有人依土地徵收條例第8條規定申請一併徵收之案件，其於公告徵收時，土地登記簿記載方式。

20. 內政部89年8月10日台（89）內中地字第897987號函——僑居國外無國民身分證且國內戶籍未編統一編號之華僑，於申辦土地登記時，其統一編號之編列方式，以該華僑西元出生年月日加英文姓氏前二字母填寫。

21. 內政部93年1月8日內授中辦地字第0930723207號函——在台無戶籍人士（含本國人及外國人）申辦土地登記案件，其統一編號之登記方式。

22. 內政部93年1月14日內授中辦地字第0930723213號函——在台無戶籍人士（含本國人及外國人）申辦土地登記案件，其統一編號之登記方式。

23. 內政部94年5月3日內授中辦地字第0940725025號函——抵押權分割登記之登載方式等相關事宜。

24. 內政部94年10月6日內授中辦地字第0940726265號函——抵押權分割登記之登載方式等相關事宜。

25. 內政部94年11月4日內授中辦地字第0940726297號函——「水質水量保護區土地受限補償金發放標準」第6條註記事宜。

26. 內政部95年8月3日內授中辦地字第0950725130號函——依

公正第三人認可及其公開拍賣程序辦法第12條及第28條規定辦理註記登記事宜。

27.內政部97年6月3日內授中辦地字第0970045058號函——依消費者債務清理條例辦理更生登記及清算登記方式。

28.內政部97年8月13日內授中辦地字第0970050210號函——依消費者債務清理條例辦理更生登記及清算登記方式。

29.內政部98年5月20日內授中辦地字第0980724546號函——登記機關依法院核發之已起訴證明辦理之訴訟繫屬事實註記登記，並未限制登記名義人處分其不動產權利，非屬行政處分，於登記完畢後，毋須將登記結果通知該訴訟標的之不動產登記名義人。

30.內政部100年5月12日內授中辦地字第1000724518號函——區分所有建物之共有部分辦理訴訟繫屬註記事宜。

31.內政部101年12月26日內授中辦地字第1016652585號函——地政機關配合住宅法及其相關子法規定辦理相關註記登記執行事宜。

32.內政部102年12月27日台內地字第1020375043號令——地政機關配合民事訴訟法第254條第5項規定辦理訴訟繫屬註記登記之處理事宜。

33.內政部102年4月25日內授中辦地字第1026033268號函——原請求辦理訴訟繫屬事實註記登記之當事人，得於訴訟終結前，申辦該註記之塗銷登記。

34.內政部103年12月19日台內地字第1030615247號函——已依民事訴訟法第254條第5項規定辦竣不動產訴訟繫屬事實註記登記，嗣原起訴聲明經合法變更，該註記登記塗銷事宜。

35.內政部103年7月21日台內地字第1030208354號函——信託登記取得信託財產之受託人，應承繼信託成立時已存在於信託財產上之權利瑕疵，不得以其屬信賴不動產登記之善意第三人，主張應受民法第759條之1第2項不動產登記公信原則之保障。

36.內政部104年2月16日內授中辦地字1041350877號函——國民住宅條例廢止後，各類國民住宅之所有權移轉及註記塗銷之處理方式。

第十五條（收件簿之設置）
收件簿按登記機關、鄉（鎮、市、區）、地段或案件性質設置，依收件之先後次序編號記載之。其封面記明該簿總頁數及起用年月，鈐蓋登記機關印，每頁依次編號，裝訂成冊。

解說

本條主要在明示收件簿之設置方式，由於在土地登記當中，收件先後次序對於當事人之權益具有關鍵性之影響，因此必須依收件先後次序予以編號。至於收件簿的設置方式，則可依收件數量之多寡，而採鄉鎮、登記機關、地段等不同方式。不過不論採用何種方式，凡各項登記案件之收件，都必須依照收件先後之次序加以編號、記載。

當事人如就同一不動產設定數抵押權時，根據民法第865條之規定，其次序是依登記之先後來決定。而登記之先後，根據本規則第54條及第61條的規定，應依案件收件之先後辦理，且其收件號數在後之土地，不得提前登記。因此，地政機關的

收件可以說是登記案件進入登記流程之大門，關係極為重要，當然必須按收件先後予以登記，以免日後衍生糾紛。

第十六條（登記簿用紙排列次序）
登記簿用紙除第八十一條第二項規定外，應分標示部、所有權部及他項權利部，依次排列分別註明頁次，並於標示部用紙記明各部用紙之頁數。

解說

　　本條主要在明示登記簿用紙之排列次序、結構及相互間之連繫方法。不過由於區分所有建物之共同使用部分已另行在本規則第81條第2項有所規定，故將之排除在本條範圍之內。

　　由於登記簿最主要之功能在於記載經主管機關審查通過之不動產資料，因此有必要將所要顯示出來之不動產資料予以分類。在不動產重要資料當中，首先必須明示的是不動產的標示。在土地部分包括：收件時間、字號，登記時間、字號、地目、等則、面積、編定使用種類、地上建築改良物之建號等；至於建物部分則包括：登記時間、字號、原因、建物門牌、基地坐落、用途、式樣、層數、建材、面積、附屬建物等。第二個要表示的則為所有權之資料，在土地部分包括：登記次序、收件時間字號、登記時間原因、所有權人、權利範圍、義務人等；至於建物部分則包括：登記日期字號、標的、原因及收件日期、所有權人、權利範圍、權利移轉交付人、交付人交付後之剩餘額等、第三個要表示的則為他項權利之資料，在土地部分包括：登記次序、權利種類、收件日期字號、登記日期原

因、權利人、權利範圍、權利價值、存續期限、清償日期、利息或地租、遲延利息、違約金、義務人、債務人、權利移轉後剩餘額；在建物部分則包括：登記日期字號、標示、原因、收件日期、權利人、權利範圍、權利價值、存續期限、清償日期、利息或地租、遲延利息、違約金、義務人、債務人、權利移轉後剩餘額等。

相關法條

土地登記規則：第81條。

第十七條（登記簿編成方式）

登記簿就登記機關轄區情形按鄉（鎮、市、區）或地段登記之，並應於簿面標明某鄉（鎮、市、區）某地段土地或建物登記簿冊次及起止地號或建號，裡面各頁蓋土地登記之章。同一地段經分編二冊以上登記簿時，其記載方式與前項同。

解說

　　本條主要在明示登記簿之編成方式，規定登記簿應按鄉鎮市區或地段來加以登記，以便於管理、查閱。由於登記簿是記載各項土地登記之最重要文件，所以登記簿各頁均須蓋登記之章，以嚴密管理，避免產生疏漏。

　　在同一個地政機關裡面，土地之筆數或建物之棟數，動輒數萬，甚至數十萬，因此所有的登記簿均存放於庫房中，由於數量極為龐大，因此必須分鄉、鎮、市、區及地段、小段，按

編號來加以存放，且在登記簿簿面標明鄉鎮市區、地段、小段及簿冊編號，以便相關人員調閱登記時，方便按圖索驥。

第十八條（登記裝訂順序方法）
登記簿應按地號或建號順序，採用活頁裝訂之，並於頁首附索引表。

解說

　　本條主要在明示登記簿之裝訂方式之順序，並規定在登記簿的首頁必須附有索引表，以利相關人員查閱登記簿資料之用。

　　同一本登記簿當中，通常記載數十甚至數百筆或棟之土地或建物，因此不論從登記簿或查閱作業上，當然必須根據其順序來加以編列。其次，由於土地或建物經常會因為分割、移轉、設定他項權利等而增加其登記內容，故登記簿當須採活頁方式，以利其增加內容後登記簿之記載。

第十九條（登記簿保存年限及銷毀程序）
收件簿、登記申請書及其附件，除土地所有權第一次登記案件應永久保存外，應自登記完畢之日起保存十五年。
前項文件之保存及銷毀，由登記機關依檔案法相關規定辦理。

解說

本條主要在規定收件簿及申請書之保存年限，其次並規定保存及年限屆滿時銷毀之相關規定，以昭慎重。

根據民法第125條規定：「請求權，因十五年間不行使而消滅。但法律所定期間較短者，依其規定。」因此，內政部在84年修正土地登記規則時，特將舊規則之保存期限，比照民法規定延長為15年，以保障當事人權益。

但因土地登記關乎土地所有權人之權利相當巨大，因此，為求周全而增列：「除土地所有權第一次登記案件應永久保存外」，表明土地所有權第一次登記案件應予永久保存。

土地在未滅失的情況下，其土地權利並不會消滅，所以於本條第1項後段增列土地所有權第一次登記案件應永久保存。再則所有權並非請求權，並沒有消滅時效的問題，因此在本條文中將土地所有權第一次登記案件予以排除。而規定第一次登記案件應永久保存。

相關法條

檔案法：第6條、第7條、第8條、第9條、第10條、第11條、第12條、第13條、第14條、第15條、第16條。

第二十條（圖簿之永久保存）
登記簿及地籍圖由登記機關永久保存之。除法律或中央地政機關另有規定或為避免遭受損害外，不得攜出登記機關。

解說

　　本條主要在規定地政機關應永久保存登記簿及地籍圖，且規定登記簿及地籍圖非有法律規定或遇天災地變，不得攜出登記機關，以防疏漏。

　　登記簿既然是記載土地或建物之重要文件，當須妥為保管，不得任意攜出登記機關，以防遭受他人刪改或毀損。早先地政機關尚有閱覽登記簿之規定，其後因屢遭外人毀損或刪改，因此廢除閱覽制度，更何況將登記機關攜出登記機關以外。

　　其實就以托崙斯登記制發源地之澳洲土地登記機關為例，係將登記簿之原本存於倉庫或輸入電腦，並同時製作副本，供民眾隨時自由閱覽，以減輕民眾申請謄本之需求，並降低登記機關之工作量。此一作法，實在值得我們的登記機關來借鏡。

　　由於目前地政機關為辦理地籍圖數值化，需將地籍圖攜出進行掃瞄，為免日後有因其他重大原因，而需將登記簿或地籍圖攜出登記機關之情形，及基於保持法條內容彈性之考量，90年9月修訂時，特別增訂「或中央地政機關」之文字，由中央地政機關視實際情形需要，做必要之函釋，以因應未來可能發生之問題。

第二十一條（登記簿之補造）
登記簿滅失時，登記機關應即依土地法施行法第十七條之一規定辦理。

解說

　　本條主要在規定登記簿滅失必須補造時之作業方式。在前開幾個條文當中，雖然對於登記簿之管理做了相當嚴格的規定，但登記簿仍有可能因天災地變或其他原因而滅失，因此當然有規定重新補造方式之必要。

　　登記簿對於登記機關來說，是不可一日或缺的，因此當登記簿滅失時，登記機關自然必須根據留存之資料，迅速予以補造，補造後之登記簿，相關之內容自應與留存之資料完全相符。其次，為了使補造之登記簿具有公信力，並避免當事人疑慮，自應依規定程序公告及公開閱覽，並通知登記名義人，及層報中央地政機關。

相關法條

土地法施行法：第17條之1。

> **第二十二條**（登記簿之重造）
> 一宗土地之登記簿用紙部分損壞時，登記機關應依原有記載全部予以重造。登記簿用紙全部損壞、滅失或其樣式變更時，登記機關應依原有記載有效部分予以重造。

解說

　　本條主要在明示登記簿損壞、滅失時之重造方式。登記簿滅失之可能性通常極為低微，但因使用年歲過久，極容易發生損失。其次，登記簿也可能因主管機關變更其式樣而面臨必須

重新製作之情況，因此本條特對此予以規定。

登記簿的用紙如果只有部分損壞時，登記機關仍然必須就該損壞部分，依原有記載全部予以重造，以避免登記簿在重造後，登記簿之用紙內留有空行。不過一宗土地登記簿用紙之全部或登記簿全本損壞或滅失，必須辦理土地登記簿重造時，則只要就原有登記簿之有效部分予以重造即可。例如標示部中原有抵押權若已塗銷，則在重造時，就毋須予以重新抄錄製作，以降低工作負擔。

第二十三條（登記機關應有設備）
登記機關應建立地籍資料庫，指定專人管理。其管理事項，由直轄市、縣（市）地政機關定之。

解說

本條主要在規定登記機關應建立地籍資料庫，並指定專人管理，且其管理辦法則由地政機關分別訂定，並報中央地政機關備查。

地籍資料庫對於地政機關來說，就如金庫對於銀行，可以說是地政機關的命脈與心臟，因此有關地籍資料庫之管理也就極為重要，故除指定專人管理外，並應嚴格訂定相關管理規則，以求萬無一失。

重要解釋函令

內政部92年7月8日台內地字第0920009974號函──地政機關地

籍資料之保存、銷毀及管理作業事宜。

第二十四條（抄錄影印登記之申請人）
申請閱覽、抄寫、複印或攝影登記申請書及其附件者，以下
列之一者為限：
一、原申請案之申請人、代理人。
二、登記名義人。
三、與原申請案有利害關係之人，並提出證明文件者。

解說

　　本條主要在明示土地登記申請書及其附件之申請抄錄或
影印，僅以原登記申請人或其繼承人為限。而所謂登記申請人
係指權利人及義務人而言，並不包括代理人在內，不過若是權
利人及義務人委託代理人代為申請抄錄或影印者，當為法所不
禁。

　　我國的土地登記制度雖然採用了「公示主義」之基本精
神，允許任何人申請影印各項登記簿謄本及地籍圖、建物平面
圖等，但對於登記申請書及其附件來說，由於事涉當事人之隱
私，且沒有向任何第三人公開之必要，因此本條特規定對登記
申請書及其附件之抄錄及影印，僅限登記申請人或其繼承人。
不過如果司法機關基於訴訟或調查之必要，當有權正式要求地
政機關提供登記申請書及其附件。

　　由於向地政機關申請抄錄或複印登記申請書及其附件者，
民國90年修正前原僅限於原登記申請人或其繼承人，惟因該登
記案件而涉訟（如調解、仲裁或行政救濟）之當事人或其代理

人亦有申請查閱之必要。又民眾欲申請使用執照影本者，應向原核發使用執照之主管機關申請補發，惟常因基地號不符、地址不符或檔案喪失等原因遭致駁回，且大部分建物係由起造人（多為建設公司）申辦建物所有權第一次登記，每因經多次移轉致現所有權人已非原申請人，基於建築改良物使用執照係該「建物」之原始證件，而非原申請人之身分證件，尚無涉及原申請人隱私之處，為求簡政便民，民國90年修正時特別修正本條規定，改以條列方式表示之。

重要解釋函令

1. 內政部74年7月17日台（74）內地字第322528號函──民眾得申請日據時期土地登記簿謄本。

2. 內政部83年7月27日台（83）內地字第8380473號函──輻射污染建築物資料送請地政機關建檔並開放供民眾查詢執行事宜。

3. 內政部89年11月22日台（89）內中地字第8971941號函──土地登記案件之收件簿（收件清冊）得公開提供民眾閱覽。

4. 內政部93年11月18日台內地字第0930074840號函──地政機關受理土地登記及地價資料核發事宜。

5. 內政部94年10月26日台內地字第0940062809號函──民眾得申請隱匿統一編號及出生日期資料之土地建物異動清冊。

6. 內政部94年9月29日台內地字第0940070608號函──自辦市地重劃區籌備會及重劃會申請重劃區土地登記及地價電子資料事宜。

7. 內政部97年3月24日台內地字第0970050493號函──第一類

　　土地登記及地價電子資料謄本，就本人之外，其他共有人、他項權利人及管理者，其於土地登記簿之其他登記事項欄涉有統一編號及出生日期資料者，應予隱匿。

8. 內政部98年6月15日台內地字第0980105735號函——有關紙本之土地登記及地價資料涉個人資料之提供事宜。

9. 內政部103年5月22日台內地字第1030165601號函——有關受理申請閱覽、抄寫、複印或攝影登記申請書及其附件事宜。

第二十四條之一（申請謄本之規定）

申請提供土地登記及地價資料，其資料分類及內容如下：

一、第一類：顯示登記名義人全部登記資料。

二、第二類：隱匿登記名義人之出生日期、部分統一編號、部分住址及其他依法令規定需隱匿之資料。但經登記名義人同意揭示完整住址資料者，不在此限。

三、第三類：隱匿登記名義人之統一編號、出生日期之資料。

前項第二款資料，得依登記名義人之請求，隱匿部分住址資料。但為權利人之管理人及非自然人，不適用之。

登記名義人或其他依法令得申請者，得申請第一項第一款資料；任何人得申請第一項第二款資料；登記名義人、具有法律上通知義務或權利義務得喪變更關係之利害關係人得申請第一項第三款資料。

土地登記及地價資料之申請提供，委託代理人為之者，準用第三十七條第一項規定。

解說

　　本條文係因應個資法之建立而特別由本規則第24條之條文中再作成之詳細規定。因爲第一類土地登記資料中會將登記名義人之所有資料全部顯示出來，而我國土地登記制度又採用公示主義，也就是任何人只要有所需求，都可以向地政機關申請土地及建物登記謄本資料。在此情況下，如果沒有將其申請資料分類，登記名義人之個人資料將會處於沒有隱私保障的狀態下。因而，爲因應時代的需求，藉由增訂此一條文，以保護登記名義人之隱私權益。

　　但是如果經登記名義人同意揭示完整住址資料，於第二類之謄本中，則可將完整之住址資料呈現出來。

　　土地登記申請案件若委託代理人辦理時，則依據本規則第37條規定辦理。

　　本條文於103年2月修定時，特別針對謄本申請人之資格條件及申請類別做一更加詳細之規定，以求更加符合謄本申請人之需求，而且達到保護登記名義人隱私之目的。

相關法條與重要解釋函令

（一）相關法條

土地登記規則：第37條。

（二）重要解釋函令

1. 台內地字第1010403642號——民眾因法院處理訴訟案件需要，持法院通知文件得向地政事務所申請第一類土地登記及地價資料謄本。

2. 內政部83年11月22日台（83）內地字第8385289號函——地

政機關建立快速查詢管道供檢察機關查詢犯罪嫌疑人不動產
資料有關事宜。

3. 內政部93年12月29日台內地字第0930110218號函——地政機
關受理土地登記及地價資料核發事宜。

4. 內政部94年11月28日台內地字第0940015813號函——人工登
記簿謄本改以電腦掃描建檔核發，應符合電腦處理個人資料
保護法之規定。

5. 內政部94年6月30日台內地字第09400775131號函——有關債
權人依法院通知申請第一類土地登記及地價電子資料謄本事
宜乙案。

6. 內政部95年6月22日台內地字第0950102875號函——地政機
關受理土地登記及地價資料核發事宜。

7. 內政部96年12月27日台內地字第0960198582號函——第二類
土地登記及地價電子資料謄本未能隱匿其他登記事項欄所載
統一編號及出生日期之處理。

8. 內政部100年8月5日台內地字第1000156606號函——債權人
檢附法院委託辦理不動產拍賣變賣業務之公正第三人出具之
通知，得申請第一類謄本內政部96年12月27日台內地字第
0960198582號函—第二類土地登記及地價電子資料謄本未能
隱匿其他登記事項欄所載統一編號及出生日期之處理。

9. 內政部101年12月26日台內地字第1010403642號函——民眾
因法院處理訴訟案件需要，持法院通知文件得向地政事務所
申請第一類土地登記及地價資料謄本。

10. 內政部內政部102年4月8日台內地字第1020153044號函——
所有權人申請提供名下不動產之謄本核發紀錄處理原則。

11. 內政部104年2月16日台內地字第1041301653號函——自104

年3月2日起適用之部分土地登記謄本種類格式事宜。

12.內政部104年3月20日台內地字第1040408520號函——日據時期登記簿、連名簿、土地台帳、台灣省土地關係人繳驗憑證申報書等民眾申請影印資料處理事宜。

第二十五條（權狀發給程序）

土地或建物所有權狀及他項權利證明書，應蓋登記機關印信及其首長職銜簽字章，發給權利人。

解說

本條主要在明定土地及建物權狀和他項權利證明書之核發應加蓋登記機關印信及其首長職銜簽字章，以強化書狀之權威性。

根據我國現行土地登記制度，所謂「登記」，係依登記簿作為主要之根據，至於權狀或他項權利證明書，則僅係根據登記簿予以抄錄而得，本不具有重要之代表性。不過由於歷史因素及國人之習性，仍將權狀視為產權之重要象徵，因此地政機關自然必須對於權狀及他項權利證明書之製作及發給，採取較為慎重之態度。

第三章
登記之申請及處理

第一節 登記之申請

第二十六條（登記之申請人）
土地登記，除本規則另有規定外，應由權利人及義務人會同申請之。

解說

　　本條主要在明定土地登記之申請，原則上應由權利人及義務人會同辦理，以免衍生糾紛。

　　土地登記對當事人之權利義務有極為重大之影響，因此對於登記申請人必須嚴格遵守「當事人適格主義」嚴加限制，且以權利人及義務人會同申請為原則。不過若是符合本規則第27、31、38、102、145條之規定，則不在此限。

重要解釋函令

1. 內政部85年4月15日台（87）內地字第8579138號函——土地登記之申請，當事人一方得委託他方向地政事務所申辦土地登記。

2. 內政部87年7月22日台（87）內地字第8707625號函——納稅

義務人以其不動產為擔保，辦理抵押權設定登記有關事宜，
應以公法人為抵押權人。

第二十七條（單獨申請之場合）

下列登記由權利人或登記名義人單獨申請之：

一、土地總登記。

二、建物所有權第一次登記。

三、因繼承取得土地權利之登記。

四、因法院、行政執行分署或公正第三人拍定、法院判決確
　　定之登記。

五、標示變更登記。

六、更名或住址變更登記。

七、消滅登記。

八、預告登記或塗銷登記。

九、法定地上權登記。

十、依土地法第十二條第二項規定回復所有權之登記。

十一、依土地法第十七條第二項、第三項、第二十條第三
　　　項、第七十三條之一、地籍清理條例第十一條、第
　　　三十七條或祭祀公業條例第五十一條規定標售或讓售
　　　取得土地之登記。

十二、依土地法第六十九條規定更正之登記。

十三、依土地法第一百三十三條規定取得耕作權或所有權之
　　　登記。

十四、依民法第五百一十三條第三項規定抵押權之登記。

十五、依民法第七百六十九條、第七百七十條或第七百七十

二條規定因時效完成之登記。

十六、依民法第八百二十四條之一第四項規定抵押權之登記。

十七、依民法第八百五十九條之四規定就自己不動產設定不動產役權之登記。

十八、依民法第八百七十條之一規定抵押權人拋棄其抵押權次序之登記。

十九、依民法第九百零六條之一第二項規定抵押權之登記。

二十、依民法第九百十三條第二項、第九百二十三條第二項或第九百二十四條但書規定典權人取得典物所有權之登記。

二十一、依民法第一千一百八十五條規定應屬國庫之登記。

二十二、依直轄市縣（市）不動產糾紛調處委員會設置及調處辦法作成調處結果之登記。

二十三、法人合併之登記。

二十四、其他依法律得單獨申請登記者。

解說

　　本條主要在規定土地登記當中可以由權利人或登記名義人單獨申請登記之情況。在土地登記案件當中，如果沒有義務人之存在，或經由法令規定可以由權利人、登記名義人等單獨申請者，地政機關得同意其單獨申請登記。不過為了規範單獨申請登記之情況，以避免過度浮濫，本條特地將准許單獨申請登記之條件一一予以明列。

　　民國102年8月再度修正時，增訂了第11款之土地法第17、20、73條之1及地籍清理條例第11條、第37條或祭祀公業條例

第51條規定標售或讓售取得土地之登記、第16款有關民法第824條之1第4項、第17款有關民法第859條之4、第18款有關民法第870條之4、第19款有關民法第906條之1第2項及第22款有關糾紛所做成的調處結果之登記及第23款法人合併之登記。

相關法條與重要解釋函令

（一）相關法條

1. 民法：第513條、第769條、第770條、第772條、第824條之1、第859條之4、第870條之1、第906條之1、第913條、第923條、第924條、第1185條。
2. 土地法：第12條、第17條、第20條、第69條、第73條之1、第133條。
3. 祭祀公業條例：第51條。
4. 地籍清理條例：第11條、第37條。

（二）重要解釋函令

1. 內政部75年12月4日台（75）內地字第461736號函——依法院確定判決得申辦土地所有權移轉登記之權利人怠於申辦登記，義務人單獨提出申請時，應另行取得執行名義。
2. 內政部76年1月23日台（76）內地字第470929號函——法院拍賣「土地配售請求權」，買受人不得單獨就「土地所有權」申請登記。
3. 內政部76年12月31日台（76）內地字第557866號函——代表法人之董事變更應視其是否依法變更選任而定，不以申請變更登記為準。
4. 內政部77年6月22日台（77）內地字第606584號函——以對

人之債權關係爲標的之和解，僅受讓權利標的物之第三人持憑該和解筆錄單獨申辦所有權移轉登記，應不予受理。

5. 內政部77年12月15日台（77）內地字第659329號函——債務人持同意辦理不動產移轉登記爲債權人所有之和解筆錄，單獨申請登記，應予受理。

6. 內政部78年6月27日台（78）內地字第718263號函——遺產管理人移轉遺產所有權，應否另經爲選任之法院許可，應視移轉所有權之原因事實而定。

7. 內政部79年7月11日台（79）內地字第816948號函——判決主文所判斷之訴訟標的始有既判力，若屬判決理由中之判斷，除民事訴訟法第400條第2項所定情形外，難認其有既判力。

8. 內政部79年7月12日台（79）內地字第819057號函——法院確定判決既判力之釋疑。

9. 內政部79年7月30日台（79）內地字第822292號函——外國法院成立之和解筆錄之效力。

10. 內政部80年1月8日台（80）內地字第88138號函——請求分割共有物事件之判決不論爲形成判決或給付判決均得單獨申請登記。

11. 內政部80年6月27日台（80）內地字第940082號函——確定判決效力不及於當事人之繼受人以外之人。

12. 內政部82年9月1日台（82）內地字第821269號函——持耕地租佃委員會調解成立證明書不得據以申辦土地所有權移轉登記。

13. 內政部85年7月8日台內地字第8506747號函——因法人合併，合併後存續之公司單獨申辦抵押權移轉登記，如其於登

記申請書註明已依規定通知債務人，登記機關應予受理。

14.內政部88年7月23日台（88）內中地字第8802901號函——持憑和解筆錄辦理未辦繼承登記不動產移轉登記之有關事宜。

15.內政部88年9月10日台（88）內中地字第880953號函——持憑法院判決單獨申辦登記之權利人，係指判決主文諭知勝訴之當事人。

16.內政部91年9月23日台內中地字第0910014692號函——請求分割共有物事件之判決不論為形成判決或給付判決均得單獨申請登記。

17.內政部94年2月24日內授中辦地字第0940042014號函——政府機關單獨申請非屬囑託登記項目之土地登記案件，除書狀補發登記外，得以函文檢送申請案件方式提出申請。

18.內政部95年10月3日內授中辦地字第0950725301號函——依促進民間參與公共建設法第52條第3項規定，經主辦機關同意其他機構繼續興建、營運之案件，得由接手機構單獨辦理地上權移轉登記。

19.內政部99年2月5日內授中辦地字第0990723757號令——抵押權由利害關係人代為清償債務而取得代位權，代位清償人得提出抵押權人敘明代為清償債務之事實、法令依據及抵押權同意讓與之債權額比例等之文件，單獨申請抵押權移轉登記。

第二十八條（逕為登記之場合）

下列各款應由登記機關逕為登記：

一、建物因行政區域調整、門牌整編或基地號因重測、重劃

　　或依法逕為分割或合併所為之標示變更登記。

二、依第一百四十三條第三項規定之國有登記。

三、依第一百四十四條規定之塗銷登記。

四、依第一百五十三條規定之住址變更登記。

五、其他依法律得逕為登記者。

登記機關逕為登記完畢後，應將登記結果通知登記名義人。但登記機關依登記名義人之申請登記資料而逕為併案辦理，及因政府機關辦理行政區域調整、門牌整編而逕為辦理之住址變更或建物標示變更登記，不在此限。

解說

　　本條主要明定在土地登記案件當中，登記機關得逕為登記之情況，以利土地登記之執行。由於更正登記、基地逕為分割或合併登記及基地號變更登記等，或係因地政機關依法更正或因作業需要逕予變更，對於當事人之權利義務並無重大之影響，因此本條特規定地政機關得逕為辦理登記，以維登記品質及時效。

　　在不動產的標示當中，不論地段、小段、地號或建物之門牌、建號等，常隨著都市的發展與公共建設的實施而經常變更，例如地籍圖重測後所有地段、小段及地號當隨之變更。此外，當地方政府變更道路名稱或整編門牌時，所有該轄區內之建物門牌時自然隨之而變更，此時若要求須俟土地所有權人提出申請方准予變更登記標示時，則不但拖延登記時效，甚且有擾民之嫌，故本條特授權地政機關得逕予辦理登記。

　　民國99年6月修訂後，刪除原「依第43條第3項或第134條第2項之更正登記」。增列「依登記名義人之申請登記資料而

逕為併案辦理」的部分，以及「因政府機關辦理行政區域調整、門牌整編而逕為辦理之住址變更或建物標示變更登記」之登記結果不須通知登記名義人之規定。

相關法條與重要解釋函令

（一）相關法條
土地登記規則：第143條、第144條、第153條。
（二）重要解釋函令
1. 內政部75年4月9日台（75）內地字第400351號函──國有土地地籍異動，地政機關提供異動成果之方式。
2. 內政部83年1月15日台（83）內地字第8216657號函──登記簿上記明「未繳驗遺產證明，不得分割移轉及設定負擔」之註記得逕行註銷。

第二十九條（囑託登記之場合）
政府機關遇有下列各款情形之一時，得囑託登記機關登記之：
一、因土地徵收或撥用之登記。
二、照價收買土地之登記。
三、因土地重測或重劃確定之登記。
四、依土地法第五十二條規定公有土地之登記。
五、依土地法第五十七條、第六十三條第二項、第七十三條之一第五項或地籍清理條例第十八條第二項規定國有土地之登記。

六、依強制執行法第十一條或行政執行法第二十六條準用強
制執行法第十一條規定之登記。

七、依破產法第六十六條規定之登記。

八、依稅捐稽徵法第二十四條第一項規定之登記。

九、依國民住宅條例施行細則第二十三條第三項規定法定抵
押權之設定及塗銷登記。

十、依第一百四十七條但書規定之塗銷登記。

十一、依第一百五十一條規定之公有土地管理機關變更登
記。

十二、其他依法規得囑託登記機關登記者。

解說

本條主要在明示其政府機關得囑託地政機關辦理登記之情
況。任何政府部門當其要求地政機關辦理囑託登記時，往往對
利害關係人產生重大之影響，因此本條特地將得囑託地政機關
辦理登記之情況予以明確規範，以避免過度浮濫，而損及當事
人之權益。

土地登記原本是權利人或義務人基於私權之行使，檢具
相關文件，向地政機關提出申請之行為，不過政府各相關單位
或基於公權力之行使，或依法接受人民之託付，而必須對土地
登記之內容予以限制或變更時，如一昧要求必須取得當事人之
同意始得辦理，例如司法機關辦理查封登記，如想取得義務人
之同意，那豈非緣木求魚，因此本條特將各級政府部門得囑託
地政機關之條件予以明列，用之規範。民國100年12月修訂後
增訂依地籍清理條例第18條第2項、行政執行法第26條準用強
制執行法第11條及本法第151條規定之公有土地管理機關變更

登記。因管理機關變更時，土地登記簿自然需要跟著做內容變更，以使的登記簿內容與實際情況相符合，因此相關單位得囑託登記機關為變更登記。

相關法條與重要解釋函令

（一）相關法條

1. 行政執行法：第26條。

2. 土地法：第52條、第57條、第63條、第73條之1。

3. 強制執行法：第11條。

4. 破產法：第66條。

5. 土地登記規則：第147條、第151條。

6. 地籍清理條例：第18條。

7. 國民住宅條例施行細則：第23條。

8. 稅捐稽徵法：第24條。

（二）重要解釋函令

1. 內政部38年11月4日渝漠地字第102號代電——使用公有土地之非政府機關，不得為申請囑託登記之主體。

2. 內政部57年8月15日台（57）內地字第282101號函——法院囑辦移轉登記之抵押權價值超過原設定範圍時，應得抵押人同意。

3. 內政部66年10月26日台（66）內地字第751062號函——法院囑託辦理抵押權移轉登記應予受理。

4. 內政部69年3月6日台（69）內地字第2691號函——國有財產局發現未登記之土地應囑託辦理國有登記。

5. 內政部70年1月6日台（70）內地字第61390號函——國民住

宅法定抵押權辦理登記事宜。

6. 內政部73年2月21日台（73）內地字第213035號函——國民
住宅條例規定提供之貸款，其因貸款所生之債權，債權人均
享有國民住宅條例所規定之法定抵押權。

7. 內政部76年3月2日台（76）內地字第479915號函——欠稅土
地強制執行如需分割應由法院囑託為之。

8. 內政部76年7月16日台（76）內地字第508277號函——土地
徵收時一併徵收之建築改良物應囑託辦理登記。

9. 內政部86年7月3日台（86）內地字第8684408號函——納稅
義務人得以區段徵收領回抵價地之權利申請抵繳遺產稅，並
於抵價地分配後，由徵收機關囑託登記為國有，管理機關為
財政部國有財產局。

10. 內政部87年10月29日台（87）內地字第8711638號函——已
辦竣拍賣移轉登記之不動產，於未有第三人取得土地權利之
新登記前，法院得撤銷拍賣，並囑託登記機關塗銷登記。

11. 內政部101年11月26日內授中辦地字第1016041194號函——
依產業創新條例第51條第3項規定囑託註記登記事宜。

12. 內政部102年4月2日內授中辦地字第1026650535號函——有
關區段徵收範圍內土地屬信託財產者，其抵價地申領及登記
事宜。

13. 內政部103年11月21日台內地字第1031351968號函——辦理
祭祀公業土地代為標售囑託註記作業，增訂相關註記代碼事
宜。

第三十條（確定判決之代位申請）

下列各款登記，得代位申請之：

一、登記原因證明文件為法院確定判決書，其主文載明應由
　　義務人先行辦理登記，而怠於辦理者，得由權利人代位
　　申請之。

二、質權人依民法第九百零六條之一第一項規定辦理土地權
　　利設定或移轉登記於出質人者。

三、典權人依民法第九百二十一條或第九百二十二條之一規
　　定重建典物而代位申請建物所有權第一次登記者。

四、其他依法律得由權利人代位申請登記者。

解說

　　本條文之訂定，主要是參照內政部72年5月19日台（72）
內地字第157302號函意旨：「共有土地部分共有人得依據法
院判決代為申辦繼承登記」、76年7月3日台（76）內地字第
517421號函意旨：「共有土地經法院判決分割後，部分共有人
拒不辦理繼承登記，他共有人得代位申辦繼承登記。」及司法
院秘書長88年8月12日（88）秘台廳民二字第14454號函：「…
法院判決確定之登記，僅得由權利人單獨申請之，土地登記規
則第28條第4款定有明文，此所謂權利人係指判決主文諭知勝
訴之當事人…」等意旨於90年9月修訂時新增加本條條文。

　　民國99年6月修訂後，增訂質權人、典權人及其他依法律
得由權利人代位申請登記，以求完整。

　　當出質人事先以土地所有權或他項權利為質權標的，而當
其取得該權利但怠於辦理申請移轉或設定登記時，質權人得基
於維護自身權利之情況下，代出質人申請將該權利移轉或設定

登記於出質人名下。再以該權利為質權之標的。

　　當典權設定後，典物因不可抗力或典權人之過失，致全部或一部滅失，經典權人於滅失時，在滅失部分之價值限度內為重建或修繕後，典權人得代位申請建物所有權第一次登記。

相關法條與重要解釋函令

（一）相關法條

民法：第906條之1、第921條、第922條之1。

（二）重要解釋函令

1. 內政部70年7月22日台（70）內地字第0403號函——憑法院確定判決得代為辦理建物所有權第一次登記後，再辦理抵押權設定登記。

2. 內政部72年5月19日台（72）內地字第157302號函——共有土地部分共有人得依據法院判決代為申辦繼承登記。

3. 內政部76年7月3日台（76）內地字第517421號函——共有土地經法院判決分割後，部分共有人拒不辦理繼承登記，他共有人得代位申辦繼承登記。

第三十一條（代位申請滅失登記）

建物滅失時，該建物所有權人未於規定期限內申請消滅登記者，得由土地所有權人或其他權利人代位申請；亦得由登記機關查明後逕為辦理消滅登記。

前項建物基地有法定地上權登記者，應同時辦理該地上權塗銷登記；建物為需役不動產者，應同時辦理其供役不動產上

之不動產役權塗銷登記。

登記機關於登記完畢後，應將登記結果通知該建物所有權人及他項權利人。建物已辦理限制登記者，並應通知囑託機關或預告登記請求權人。

解說

　　本條主要在規範對於已滅失之建築改良物，如果所有權人怠於申請消滅登記，土地所有權人或其他權利人得代位申請。此一規定主要在避免建物所有權人之怠於申請登記而損及土地所有權人或其他權利人之權益。其次，登記機關在辦妥此種代位申請之登記後，應將登記結果通知建物所有權人、他項權利人、囑託機關、預告登記名義人等，以資周延。

　　建物的滅失基本上是一個法律事實，而非法律行為，因此當建物滅失的事實發生時，該建物之所有權自然隨之而消滅，而根據民法第758條的規定，雖然未完成消滅登記，但其滅失業已生效。不過若滅失之建築物上面有抵押權或其他他項權利之設定登記，以及未登記建物有查封拍賣之記載時，雖仍然准許由土地所有權人或其他權利人代位申辦消滅登記，但地政機關應在辦妥滅失登記完畢後，通知原權利人。

　　其後在99年6月修訂後，增列當該建物之存在係基於法定地上權而建立時，因建物滅失，該權利也隨之消失。此外在不動產役權設定後，當需役不動產之建物滅失時，該不動產役權亦無存在之必要時，當然必須辦理不動產役權塗銷登記。所以本文在第2項後段增列：「建物為需役不動產者，應同時辦理其供役不動產上之不動產役權塗銷登記」。

重要解釋函令

1. 內政部69年10月14日台（69）內地字第49593號函──破產登記尚未塗銷之舊建物滅失，申請滅失登記，不在停止登記之範圍。

2. 內政部70年2月10日台（70）內地字第2042號函──土地登記規則第31條所稱之「規定期限」為「應於權利變更之日起一個月內為之」。

3. 內政部70年9月9日台（70）內地字第29164號函──建物拆除滅失經申請登記機關勘查屬實後，申辦建物消滅登記，無須繳附建物拆除執照。

4. 內政部73年9月7日台（73）內地字第255992號函──設定有抵押權之舊建物滅失，得申請滅失登記。

5. 內政部79年7月5日台（79）內地字第811183號函──建物滅失日期係指建物滅失事實發生之日。

> **第三十二條**（一部共有人申請）
> 公同共有之土地，公同共有人中之一人或數人，為全體公同共有人之利益，得就公同共有土地之全部，申請為公同共有之登記。
> 登記機關於登記完畢後，應將登記結果通知他公同共有人。

解說

本條主要在明示公同共有之土地或房屋，若因共有人眾多，無法全體會同申請登記時，為了加強登記之品質及保護當

事人之權益，得由公同共有人中之一人或數人基於公同共有之利益，代全體共有人申辦登記。

　　所謂「公同共有」，根據民法第827條之規定，係指依法律規定或契約，成為一個公同關係之數人，基於其公同之關係，而共有一物之謂。因此公同共有人之權利，原則上及於公同共有物之全部。至於公同共有人之權利義務，則係依其公同關係所由規定之法律或契約來約定，原則上除非法律或契約有特別規定，否則對於公同共有物之處分及其他權利之行使，必須得到全體公同共有人之同意。但是若是為了全體公同共有人之利益，則其中之一人或數人自得代表全體公同共有人出面向地政機關辦理相關登記。

第三十三條（權利變更登記申請之期限及權利變更日期之認定）

申請土地權利變更登記，應於權利變更之日起一個月內為之。繼承登記得自繼承開始之日起六個月內為之。

前項權利變更之日，係指下列各款之一者：

一、契約成立之日。

二、法院判決確定之日。

三、訴訟上和解或調解成立之日。

四、依鄉鎮市調解條例規定成立之調解，經法院核定之日。

五、依仲裁法作成之判斷，判斷書交付或送達之日。

六、產權移轉證明文件核發之日。

七、法律事實發生之日。

解說

本條主要在規定權利變更登記之期限，以規範當事人在所定期限內辦理權利內容變更登記，以免因時間拖延，而使土地登記資料喪失正確性與時效性。

土地法第73條第2項即明確規範土地權利變更登記應於土地權利變更後1個月內爲之，其係繼承登記者，得自繼承開始之日起6個月內爲之，故本條係就土地法之規定予以規範。至第2項則係對於「權利變更之日」之認定，根據情況不同，改爲列舉式規定，以明確規範權利變更日期。

重要解釋函令

1. 內政部73年10月9日台（73）內地字第260683號函——依法院判決申請土地權利變更登記，其登記費逾期罰鍰以法院判決確定之日起算。

2. 內政部77年4月28日台（77）內地字第592222號函——持地方法院之判決辦理移轉登記應另附判決確定證明書。

3. 內政部78年5月30日台（78）內地字第708452號函——分割繼承登記原因發生日期，以被繼承人死亡日爲準。

4. 內政部85年12月10日台（85）內地字第8511580號函——辦竣公同共有繼承登記，再辦理分割繼承登記，其登記原因發生日期，以被繼承人死亡日爲準。

5. 內政部87年9月9日台（87）內地字第8709531號函——大陸地區人民，就其原所有之不動產，得處分或設定負擔。

6. 內政部88年9月6日台（88）內中地字第8807128號函——公司專案合併，於辦理產權移轉登記時，以經濟部商業司核准

合併之核准函日期爲其登記原因發生日期。

7.內政部營建署89年8月3日89營署建字第24029號書函——公
寓大廈經法院判決共有物分割，仍應受公寓大廈管理條例第
4條第2項規定之限制。

第二節　申請登記之文件

第三十四條（申請登記之文件）
申請登記，除本規則另有規定外，應提出下列文件：
一、登記申請書。
二、登記原因證明文件。
三、已登記者，其所有權狀或他項權利證明書。
四、申請人身分證明。
五、其他由中央地政機關規定應提出之證明文件。
前項第四款之文件，能以電腦處理達成查詢者，得免提出。

解說

　　本條主要在規定申請登記應提出之各項文件。由於各類型
登記所須提出之文件往往互不相同，因此極難加以規範，不過
若不在登記規則中做重點式的規範，則不論登記申請人或地政
機關，恐怕必將產生極大的分歧，故本條特對申請登記時應提
出之文件做概括性之規定，以規範登記作業之內容。

　　任何登記案件所須檢附之文件不外包括：

（一）登記申請書：目前係由地政機關將之簡化，製作成同一
　　　格式。

（二）**登記原因證明文件**：如買賣契約書、抵押權設定契約書等，通常亦均採用地政機關所核定之統一格式。

（三）**所有權狀等權屬證明文件**：由於國人仍對所有權狀或他項權利證明書等產權證明文件極端重視，因此在申辦登記時，自應檢附，以證明其權屬。

（四）**當事人身分證明文件**：包括自然人之戶籍謄本、戶口名簿影本、身分證影本及法人之經濟部執照影本、營利事業登記證影本、負責人資格證明影本等。此一身分證明文件，不論權利人或義務人均須檢附。

（五）**當事人之意思表示證明文件**：為證明當事人之意思表示確實出於當事人之真意，因此在申辦土地登記時，義務人之一方除須檢附身分證明文件之外，尚須檢附證明其意思表示確為其真意之證明文件，如印鑑證明等或親自到場並在申請文件上簽名。

（六）**其他證明文件**：如授權書、完稅證明等相關證明文件。

重要解釋函令

1. 內政部44年4月16日台（44）內地字第67064號函——國內無戶籍之僑民以護照等文件姓名為本名。

2. 內政部63年7月1日台（63）內地字第592848號函——對已歸化日本之旅日華僑處分其在國內財產之證明手續。

3. 內政部67年5月15日台（67）內地字第792259號函——移轉登記時原權狀遺失應具切結並予公告，無需補給原權利書狀。

4. 行政院68年5月24日台68內字第4978號函——保護旅日僑胞

在國內財產權益之規定，可擴大範圍而適用於其他地區之華僑。

5. 內政部70年7月11日台（70）內地字第6765號函——婚姻關係存續中，以妻名義登記之不動產，於夫妻離婚後，由妻出售申辦移轉登記，無須檢附贈與稅繳納證明文件。

6. 內政部71年4月13日台（71）內地字第85060號函——海外僑團驗發之授權書應向僑委會查證。

7. 內政部72年6月1日台（72）內地字第157980號函——修正旅外僑民有關成年人遺產繼承權拋棄書格式。

8. 內政部72年10月18日台（72）內地字第187897號函——法院提存書所載提存金額低於執行名義判決所命對待給付之金額，提存書難謂係對待給付證明書。

9. 內政部73年5月12日台（73）內地字第226915號函——稅務機關有查驗旅外國人授權書之必要，可洽土地所在地地政事務所辦理。

10. 內政部73年9月12日台（73）內地字第258926號函——法人為債務人，辦理抵押權設定時，免提出法人代表人之身分證明。

11. 內政部74年4月2日台（74）內地字第305332號函——非屬核發授權書機構核發之授權書，登記機關無從配合查驗。

12. 內政部74年8月10日台（74）內地字第328165號函——逾核課期間免補稅處罰之移轉登記案應檢附「逾核課期間案件同意移轉證明書」。

13. 內政部77年12月22日台（77）內地字第660154號函——有償撥用之公有土地移轉登記時，得以「公有土地有償撥用清冊」替代土地移轉現值申報及免稅證明。

14. 內政部78年6月24日台（78）內地字第717482號函——買賣數不動產，訂於同一移轉契約書上，而其中一不動產因欠缺其他證明文件致無法辦理移轉登記時，其他不動產仍得以該移轉契約書申辦移轉登記。

15. 內政部78年9月2日台（78）內地字第736669號函——因抵繳遺產稅經移轉登記之土地，因更正稅額，就溢繳部分回復所有權免檢附完稅證明。

16. 內政部79年8月20日台（79）內地字第828047號函——抵押權義務人變更登記須否檢附義務人所有權狀及印鑑證明。

17. 內政部79年8月22日台（79）內地字第826100號函——祭祀公業管理人持憑法院調解筆錄申辦土地所有權移轉登記仍應提出同意處分之證明文件。

18. 內政部80年12月6日台（80）內地字第8073685號函——法院確定判決如屬不附對待給付而單純命債務人為意思表示者，得由權利人單獨申辦登記，無須檢附支付價金證明及契約書。

19. 內政部81年12月10日台（81）內地字第8115724號函——當事人持憑法院確定判決申請辦理祭祀公業土地所有權移轉登記得免附派下員全體同意或土地法第34條之1規定之證明文件。

20. 內政部82年2月5日台（82）內地字第8201846號函——土地登記申請案件檢附大陸地區文書，其文書應由申請人向海基會申請驗證。

21. 內政部82年9月29日台（82）內地字第8212497號函——就遺產為破產之宣告，破產管理人就破產財團之財產所為之處分申辦土地登記時，免檢附遺產稅繳清或免稅等證明文

件。

22. 內政部82年10月18日台（82）內地字第8213151號函──因
合併而存續或另立之公司承受消滅公司所有不動產者，無需
申報繳納契稅。

23. 內政部82年11月2日台（82）內地字第8213256號函──申
辦抵押權設定登記時，債務人非義務人者，毋庸檢附其身分
證明文件。

24. 內政部83年8月16日台（83）內地字第830978號函──以票
據繳稅之土地或建物移轉登記案件，需提出票據已兌現之證
明憑辦。

25. 內政部84年8月28日台（84）內地字第8411359號函──旅
外僑民以授權書委任親友辦理不動產登記，仍須檢附申請人
身分證明。

26. 內政部84年10月5日台（84）內地字第8413585號函──股
份有限公司解散後，公司主管機關即無由核發「清算人」資
格印鑑證明，尚非不核發「董事長」資格印鑑證明。

27. 內政部84年11月23日台（84）內地字第8415291號函──持
憑依遺產及贈與稅法第41條規定核發之同意移轉證明書申
辦遺產分割繼承登記，無同法第41條之1後段規定之適用。

28. 內政部84年12月1日台（84）內地字第8486638號函──旅
外僑民辦理不動產登記，應附之申請人身分證明。

29. 內政部86年10月13日台（86）地字第8688488號函──經財
團法人海峽交流基金會驗證之大陸地區公證書，仍應審查其
內容之真實性。

30. 內政部86年12月29日台（86）內地字第8612895號函──土
地所有權因信託行為成立，依信託法規定由委託人移轉與受

託人之登記案件無需申報土地移轉現值，惟仍應檢附無欠稅（費）證明文件辦理移轉登記。

31.內政部87年3月17日台（87）內地字第8703576號函——金融機構因概括承受向地政事務所申辦不動產權利移轉登記，不宜以函文方式辦理，以後續辦時，得援用第一件有關證明文件。

32.內政部87年3月26日台（87）地字第8704097號函——土地所有權因信託行為成立，於向地政機關申辦土地所有權移轉登記時，應檢附無欠稅（費）證明文件。

33.內政部87年4月1日台（87）內地字第8703970號函——金融機構經財政部核准概括承受信用合作社，其申辦抵押權移轉登記不必檢附合併後公司執照。

34.內政部87年4月21日台（87）內地字第8704667號函——權利人為法人申辦權利變更登記時，其登記書類所蓋之印章如與所附資格證明內之圖記不同亦應受理。

35.內政部87年4月21日台（87）內地字第8704801號函——旅外國人護照加簽為僑居身分後，如仍具中華民國國籍者，其取得或移轉國內不動產權利與國人相同。

36.內政部87年6月10日台（87）地字第8706372號函——香港居民身分之認定。

37.內政部87年8月5日台（87）內地字第8708266號函——香港居民於86年7月1日前取得之華僑身分證明效期之認定事宜。

38.內政部87年12月30日台（87）內地字第8713688號函——國民住宅及基地之拍定人持憑產權移轉證明書申請移轉登記，登記機關無須再審查國民住宅主管機關核准證明文

件。

39. 內政部88年4月23日台（88）內地字第8805020號函——台灣省省有土地精省後移轉為國有時，得以移接清冊替代土地增值稅免稅證明書。

40. 內政部88年9月8日台（88）內中地字第8884633號函——經濟部工業局開發之工業區內土地承購（配）人申辦產權移轉登記事宜。

41. 內政部88年9月17日台（88）內中地字第8885915號函——關於金融機關辦理抵押權信託移轉登記予信託公司之案件，其援用已函送地政事務所備查之文件者，應由總機構行文敘明。

42. 內政部89年5月12日台（89）內中地字第8909072號函——經濟部工業局開發之工業區內土地承購（配）人申辦產權移轉登記事宜。

43. 內政部89年8月7日台（89）內中地字第8979865號函——戶政事務所核發之戶籍謄本係證明核發當時之戶籍登載狀況，並無時效問題。

44. 內政部89年12月28日台（89）內中地字第8971992號函——有關依農業發展條例第17條第2項規定申請更名為寺廟所有之農業用地，其地上農舍應循一般移轉規定及程序辦理。

45. 內政部90年2月12日台（90）內中地字第908026號函——工業區土地在經濟部工業局核發核准移轉文件後辦理分割，其申辦移轉登記時免再要求興辦工業人重新申請核准文件。

46. 內政部90年3月5日台（90）內中地字第9002764號函——關於地政機關受理信託登記時受託人為法人，其資格之審認。

47. 內政部90年8月7日台（90）內中地字第9011883號令——登記機關於受理房屋移轉或設定典權登記時，審查配合查驗事宜。

48. 內政部91年2月22日台內中地字第0910083262號令——申辦工業區土地或建築物所有權移轉登記時，免檢附工業主管機關核准之文件。

49. 內政部91年6月10日台內中地字第0910008587號函——公司依企業併購法規定進行分割、合併取得不動產所有權，有關契稅疑義。

50. 內政部91年10月1日台內中地字第0910014326號函——公正第三人認可及其公開拍賣程序辦法第12條及第28條登記事宜。

51. 內政部94年12月22日內授中辦地字第0940056578號函——為配合推動戶籍謄本減量，民眾申辦登記案件時，如檢附電子謄本，登記機關應予受理。

52. 內政部95年3月13日內授中辦地字第0950042794號函——辦理跨轄區之繼承案件時，後受理登記之地政事務所得以先受理登記之地政事務所核發之已歸檔證明文件影本據以受理。

53. 內政部95年8月18日內授中辦地字第0950049678號函——稽徵機關未於核發之契稅繳款書加蓋欠稅章戳之建物移轉登記案，申請人得檢附移轉當期已繳清之房屋稅繳款書正本作為房屋稅完稅證明，免再向稽徵機關辦理查欠。

54. 內政部96年4月20日內授中辦地字第0960044520號函——辦理私有原住民保留地所有權移轉及他項權利設定登記事宜。

55. 內政部96年8月27日內授中辦地字第0960050438號函——私立醫療機構依醫療法第38條第3項規定辦理土地移轉登記時,無需檢附贈與稅完稅證明文件。

56. 內政部96年12月10日內授中辦地字第0960727915號函——民法第1030條之1規定配偶剩餘財產差額分配之登記申請事宜。

57. 中華民國98年7月3日內授中辦地字第0980724822號令——地政機關受理祭祀公業法人依同條例第28條規定申辦更名登記,其登記之申請及應附文件事宜。

58. 內政部中華民國99年10月13日內授中辦地字第0990725639號令——地政機關受理祭祀公業依祭祀公業條例第50條第1項第3款規定申辦所有權變更登記及直轄市、縣(市)主管機關依同條第3項規定囑託登記機關辦理均分登記為派下員分別共有之相關登記事宜。

59. 內政部100年1月4日內授中辦地字第0990726316號令——有關被繼承人生前繼續扶養之人,依民法第1149條規定申請酌給遺產之土地權利移轉登記事宜。

60. 內政部100年8月10日內授中辦地字第1000725215號令——有關繼承人以第三人土地抵繳被繼承人遺產稅,發生應退稅款予納稅義務人之土地權利移轉登記事宜。

61. 內政部101年8月17日內授中辦地字第1016037946號函——祭祀公業之規約中已明確約定授權管理人得代表派下員就祭祀公業之不動產為處分或設定負擔者,得逕由管理人提出身分證明及其印鑑證明辦理登記。

62. 內政部102年11月19日內授中辦地字第1026005737號函——各直轄市、縣(市)政府未依辦理寺廟登記須知修正後第

26點第1項規定，訂定相關規定規範換領寺廟登記證辦理期間者，依修正前寺廟登記規則核發之舊寺廟登記證，證明效力至102年12月31日止。

63.內政部102年11月20日內授中辦地字第1026040683號函——有關辦理寺廟登記須知第10點但書之執行規定。

王勤於84年向建商購買一戶預售屋，約定85年5月完工交屋，日前屢獲建商通知謂將於85年4月初提前交屋，請問：

（一）辦理產權過戶，王勤要具備哪些文件？

（二）工地在85年1月8日提出使用執照之申請，同時即要求王勤繳交外水、外電、代書費、契稅及各項規費，是否合理？

（三）建商要王勤交三份印鑑證明，以供法院公證、地政事務所過戶及銀行貸款之用，是否應如數提供？

有關預售屋過戶交屋問題，茲答覆如下：

（一）王勤辦理過戶，由於係取得權利，故僅須出具身分證明文件（如戶籍謄本、戶口名簿影本、身分證影本等任一均可），惟如至法院辦理公證或辦理抵押權設定登記，始各須一份印鑑證明。

（二）建商要求繳交外水、外電、代書費等費用，若係依王勤與建商所簽訂的買賣契約所提出的要求，恐怕只能依約給付，不過屆時可要求建商提出各項單據之確實證明。

（三）由於法院公證僅按房屋課稅現值收取千分之一公證費，而鄉鎮市公所監證卻按房屋課稅現值收取百分之一監證費，故王勤可要求建商至法院辦理公證，以節省費用。

第三十五條（免提書狀之場合）

有下列情形之一者，得免提出前條第一項第三款之文件：

一、因徵收、區段徵收、撥用或照價收買土地之登記。

二、因土地重劃或重測確定之登記。

三、登記原因證明文件為法院權利移轉證書或確定判決之登記。

四、法院囑託辦理他項權利塗銷登記。

五、依法代位申請登記者。

六、遺產管理人或遺產清理人之登記。

七、法定地上權之登記。

八、依國民住宅條例規定法定抵押權之設定及塗銷登記。

九、依土地法第三十四條之一第一項至第三項規定辦理之登記，他共有人之土地所有權狀未能提出者。

十、依民法第五百十三條第三項規定之抵押權登記。

十一、依本規則規定未發給所有權狀或他項權利證明書者。

十二、其他依法律免予提出者。

解說

　　本條主要在明示申辦土地登記時，得免提出所有權狀及他項權利證明書之條件。由於土地權狀或他項權利證明書是代表權屬之重要文件，因此若登記案件是基於徵收、照價收買、法院判決、共有人代位辦理、法定抵押權或法定地上權等各種並未經原所有權人或權利人同意而申辦之土地登記案件，得免予提出權利書狀或他項權利證明書。

　　不動產所有權人在其不動產遭受徵收、照價收買或法院判決移轉、設定時，通常其權益難免受到某種程度之損害，因此

所有權人原則上均對此一登記採取排斥之態度，此時若要求所有權人配合提供權利書狀或他項權利證明書，那無疑是癡人說夢話，故特規定在類似情況下，登記申請得免提出權利書或他項權利證明書。

相關法條

1. 民法：第513條。
2. 土地法：第34條之1。
3. 土地登記規則：第34條。
4. 國民住宅條例（現已廢止）：第17條、第27條。

第三十六條（登記申請書簽章）
登記申請書除本規則另有規定外，應由申請人簽名或蓋章。由代理人申請者，代理人並應於登記申請書或委託書內簽名或蓋章；有複代理人者，亦同。

解說

　　本條主要是為了證明申請人的真意，故規定登記申請書必須由申請人簽名或蓋章，其次，為了釐清申請人與代理人之關係，並落實代理人之責任，特規定若為代理人代為申請之登記案件，代理人或複代理人必須在申請書內簽名或蓋章。

　　不論任何性質之土地登記案件，對於權利人來說，都會產生各種程度之影響，為了預防日後申請人是否確有提出是項申請之爭議，當然有必要要求申請人必須在申請書上簽名或蓋

章。申請人若為義務人，則其所蓋之圖章應以所檢附之印鑑證明上的印鑑章為限。此外，申請人若委託代理人（即地政士）代為申請時，基於民法委任之法律關係，當然必須在申請書上簽名或蓋章，複代理亦同。

重要解釋函令

1. 內政部89年1月26日台（89）內中地字第8826651號函——申辦繼承登記，繼承人為未滿7歲之未成年人，如登記申請書已由法定代理人代為意思表示並簽名或蓋章，未成年人無須再行用印。
2. 內政部93年10月19日內授中辦地字第0930014234號函——金融機構申辦抵押權設定登記，檢附登記申請書及契約書權利人之印章以統一彩色印刷方式產製，與本人親自簽章，在法律上具有相同之效力。

第三十七條（代理人、複代理人申請登記）

土地登記之申請，委託代理人為之者，應附具委託書；其委託複代理人者，並應出具委託複代理人之委託書。但登記申請書已載明委託關係者，不在此限。

前項代理人或複代理人，代理申請登記時，除法律另有規定外，應親自到場，並由登記機關核對其身分。

解說

　　本條主要在明示土地登記若委託代理人為之者，除應附具委託書外，代理人並應親自到場，且須經由登記機關核對其身分。代理人若再行委託複代理人，則應由代理人出具複代理人之委託書。此規定之目的在於表示代理人之責任。

　　地政士代表當事人出面向地政機關申辦各項案件，係屬民法上之委任關係，因此本條特規定須出具委託書，以證明當事人確有委託代理人之真意。若代理人轉委託複代理人時，亦同。代理人除了是當事人的受託人之外，同時必須對於當事人之身分予以確認，因此內政部特別規定代理人應於委託書內註明「委託人確為登記標的物之權利人，如有虛偽不實，本代理人願負法律責任」字樣。此規定之主要目的就是在落實代理人之責任。

重要解釋函令

1. 內政部70年9月11日台（70）內地字第41448號函——限制行為能力人得為土地登記代理人或複代理人。
2. 內政部72年7月6日台（72）內地字第168436號函——委託他人代理申請登記之規定。
3. 內政部85年5月15日台（85）內地字第8505178號函——釋土地登記規則第37條「親自到場」規定。
4. 內政部86年8月1日台（86）內地字第號函——持憑土地登記申請案件之收據及原收件印章欲領回需補正之案件，土地登記專業代理人仍應親自到場。
5. 內政部87年4月14日台（87）內地字第8704225號函——債權

人持憑法院核准函申辦繼承登記時，尚無另辦特別代理人登記之必要。

第三十八條（特別授權代理）

代理申請登記檢附之委託書具備特別授權之要件者，委託人得免於登記申請書內簽名或蓋章。

前項委託書應載明委託事項及委託辦理登記之土地或建物權利之坐落、地號或建號與權利範圍。

解說

本條主要在明示土地登記若委託代理人代為申請時，委託人得免於在申請書上簽名或蓋章之情況。例如申請人旅居國外，經出具業經我國駐外單位簽證之授權書，授權國內第三人代為申辦各項登記案件時，如其授權書合於民法第534條特別授權之要件者，則僅須檢附國內被授權人之身分及意思表示證明文件，至於旅居國外之申請人則不必在申請書上簽名或蓋章。

根據民法債編對於委任之規定，委任可分為特別委任或概括委任。所謂特別委任係指受任人就委任事務之處理，得為委任人為一切必要之行為，不過必須在委任書中列明該不動產之坐落、地號、面積、權利範圍、授權範圍等詳細內容，始為特別委任。一旦委任屬特別委任性質，則委任人已授權受任人對該不動產得為一切必要之法律行為，屆時當無再要求委任人於申請書上簽名或蓋章之理。

重要解釋函令

1. 內政部67年4月18日台（67）內地字第785229號函——授權出售不動產時，授權書列明不動產之座落地號者，為特別授權。

2. 內政部69年5月12台（69）內地字第15153號函——申請書備註欄註記事項涉及委託人權利義務者，須由委託人簽章。

第三十九條（父母及監護人處分未成年子女所有之土地申請登記）

父母處分未成年子女所有之土地權利，申請登記時，應於登記申請書適當欄記明確為其利益處分並簽名。

未成年人或受監護宣告之人，其監護人代理受監護人或受監護宣告之人購置或處分土地權利，應檢附法院許可之證明文件。

繼承權之拋棄經法院准予備查者，免依前二項規定辦理。

解說

　　本條主要在規定父母處分未成年子女財產之要件，及所應檢附之證明文件。由於民法第1088條規定：「未成年子女之特有財產，由父母共同管理。

　　父母對於未成年子女之特有財產，有使用、收益之權。但非為子女之利益，不得處分之。」故本條特別規定父母在處分未成年子女之財產時，必須符合民法上開規定始得為之。

　　再則民法第1101條規定：「監護人對於受監護人之財產，

非爲受監護人之利益，不得使用、代爲或同意處分。

監護人爲下列行爲，非經法院許可，不生效力：

一、代理受監護人購置或處分不動產。

二、代理受監護人，就供其居住之建築物或其基地出租、供他人使用或終止租賃。

監護人不得以受監護人之財產爲投資。但購買公債、國庫券、中央銀行儲蓄券、金融債券、可轉讓定期存單、金融機構承兌匯票或保證商業本票，不在此限。」

所以本條文在98年7月修訂後增列：「未成年人或受監護宣告之人，其監護人代理受監護人或受監護宣告之人購置或處分土地權利，應檢附法院許可之證明文件」

未成年子女由於是無行爲能力或限制行爲能力人，因此本身並無單獨處分其財產之能力，而必須仰賴其父母代爲處理。不過若對於父母代爲處分財產不加以某種規範，則恐怕損及未成年子女之利益。但父母是否確爲未成年子女之利益而處分其財產，實非地政機關所能探其究竟，因此只能要求其父母在申請書適當欄記明確係爲其利益而處分。日後如父母與未成年子女對此有所爭議時，只能循司法途徑予以解決。

不過若是處分係屬繼承權之拋棄，則由於拋棄繼承必須經過法院備查，故可免切結即可辦理登記。

重要解釋函令

1. 內政部46年6月13日台（46）內地字第114627號函──未成年養子女與本生父母之關係未回復，其本生父母一方之親屬尚不得組成親屬會議行使同意權。

2. 內政部53年10月28日台（53）內地字第156579號函——未成年之未婚母親，依法仍為限制行為能力人。

3. 內政部54年5月1日台（54）內地字第177025號函——受監護人財產之處分，除有民法第1105條規定情形外，應經親屬會議之允許。

4. 內政部57年5月7日台（57）內地字第271711號函——監護人處分限制行為能力人之財產，不因受監護人無親屬在台，而免經親屬會議允許。

5. 內政部65年1月8日台（65）內地字第662602號函——限制行為能力人得經法定代理人之允許將其土地出售與其母。

6. 內政部75年3月24日台（75）內地字第394434號函——民法繼承編修正後，未成年子女拋棄繼承權申請登記，父母無須於申請書記明確為子女利益處分之事由。

7. 內政部77年10月28日台（77）內地字第643337號函——親屬會議之成員是否符合民法規定，由同意處分之會員簽註負責。

8. 內政部81年6月19日台（81）內地字第8187325號函——法定代理人代未成年子女與自己訂立贈與契約書，受贈未成年子女之不動產，有違民法第106條禁止自己代理之規定。

9. 內政部82年4月22日台（82）內地字第8205103號函——業已拋棄繼承權之未成年子女之父代理渠三名未成年子女與其他繼承人訂立遺產分割協議書無民法第106條有關雙方代理之問題。

10. 內政部83年10月27日台（83）內地字第8313382號函——監護人為親屬會議會員與民法規定不符，該親屬會議之決議應為無效。

11. 內政部83年12月5日台（83）內地字第8314979號——已拋棄繼承權之母代理其二名未成年子女間訂立遺產分割協議書，有違民法第106條禁止雙方代理之規定。

12. 內政部85年4月28日台（85）內地字第8504614號函——未成年子女之父或母，基於贈與之意思，使其未成年子女同為數區分所有建物之所有權人，進而代理該數未成年子女就區分所有建物共同使用部分訂定分配協議書，無違反民法第106條禁止雙方代理之規定。

13. 內政部86年10月16日台（86）內地字第8610213號函——禁治產人與其監護人同為繼承人協議分割遺產時，應以次順序之監護人為其法定代理人。

14. 內政部86年12月3日台（86）內地字第8610853號函——未成年子女之生母能否行使法定代理權，不以生母是否再嫁或與該未成年子女同住為認定之唯一標準，應依個案審認之。

15. 內政部87年5月28日台（87）內地字第8782219號函——夫妻離婚者，對於未成年子女權利義務之行使或負擔，依協議由一方或雙方共同任之。

16. 內政部87年11月23日台（87）內地字第8712256號函——未成年子女申辦不動產登記除法令另有規定外，應由父母共同行使權利或負擔義務。

17. 內政部88年2月10日台（88）內地字第8802864號函——父母代理未成年子女辦理不動產贈與登記，其一方因受民法第106條規定禁止自己代理致不能行使權利時，得由他方行使之。

18. 內政部88年7月1日台（88）內地字第8806855號函——未繼

承不動產之未成年子女，其法定代理人於代理其協議分割遺
產時，仍需切結確爲其利益處分。

19.內政部88年8月16日台（88）內地字第8881881號函——限
制行爲能力之未成年人辦理不動產權利取得登記，應由父母
共同行使權利或負擔義務。

20.內政部89年3月4日台（89）內中地字第8903756號函——未
成年人之父母於離婚後協議由其母親爲監護人，代理該未成
年人與他人訂立移轉契約，申辦所有權移轉登記，地政機關
應予受理。

21.內政部89年9月18日台（89）內中地字第8917481號函——
多名未成年子女以同居之祖父母爲法定監護人與其母協議分
割遺產，無違反民法第106條禁止雙方代理之規定。

22.內政部92年4月9日內授中辦地字第0920004814號函——限
制行爲能力人受贈不動產，如經贈與人切結，贈與係無負
擔，受贈人乃純獲法律上之利益者，得以自己之名義爲受
贈之意思表示，毋須得其法定代理人之同意及代爲意思表
示。

23.內政部94年6月3日內授中辦地字第0940046842號函——未
成年人或禁治產人之法定監護人爲父母、祖父母，其與未成
年人或禁治產人同爲繼承人而協議分割遺產，縱分割後該未
成年人或禁治產人取得之持分與應繼分之比例相同時，仍應
受民法第106條之限制。

24.內政部97年8月11日內授中辦地字第0970049929號函——父
或母與未成年子女申辦遺產協議分割時，有民法第106條禁
止代理之情形，應依民法第1086條第2項規定辦理。

25.內政部98年7月14日內授中辦地字第0980046530號函——無

行為能力之未成年子女純獲法律上之利益，受贈父或母之不動產，父母之一方復不能行使代理權時，該贈與得不受民法第106條禁止自己代理規定之限制。

26.內政部100年3月4日內授中辦地字第1000723954號函——經第一審法院選定為監護人，於抗告程序中除經抗告法院裁定停止原裁定之執行外，監護人應依法執行法定代理人職務。

第四十條（登記義務人未領有國民身分證之處理）

申請登記時，登記義務人應親自到場，提出國民身分證正本，當場於申請書或登記原因證明文件內簽名，並由登記機關指定人員核符後同時簽證。

前項登記義務人未領有國民身分證者，應提出下列身分證明文件：

一、外國人應提出護照或中華民國居留證。

二、旅外僑民應提出經僑務委員會核發之華僑身分證明書或中央地政主管機關規定應提出之文件，及其他附具照片之身分證明文件。

三、大陸地區人民應提出經行政院設立或指定之機構或委託之民間團體驗證之身分證明文件或臺灣地區長期居留證。

四、香港、澳門居民應提出護照或香港、澳門永久居留資格證明文件。

五、歸化或回復中華民國國籍者，應提出主管機關核發之歸化或回復國籍許可證明文件。

解說

由於土地登記對於登記當事人而言，其影響相當巨大，因此在證明登記當事人眞意方面，是一樣相當重要的課題，特別是在喪失權利的義務人方面。故本條文主要在明定土地登記時義務人應到場，並提出中華民國國民身分證，當場於申請書或登記原因證明文件內簽名，並由登記機關指定人員核符。此一規定主要是爲了證明義務人申辦登記時之眞意，以確保其權益。不過若當事人並未領有中華民國國民身分證，例如外國人、旅外僑民、大陸地區人民、香港、澳門居民、歸化或回復中華民國國籍者，辦理土地登記事項時，所需檢附之可證明其身分之證件。

重要解釋函令

1. 內政部81年11月10日台（81）內地字第8189503號函——自82年7月1日起，申請抵押權設定登記或抵押權內容變更登記之權利人爲金融機構、義務人爲自然人者，得免附義務人之印鑑證明。

2. 內政部82年12月21日台（82）內地字第8215784號函——金融機構爲辦理抵押權登記函送地政事務所備查印鑑內容及格式統一使用規定。

3. 內政部84年3月9日台（84）內地字第8402711號函——修正農漁會函送地政事務所備查之圖記證明格式。

4. 內政部85年1月10日台（85）內地字第8578094號函——修正本國銀行爲辦理抵押權設定、塗銷及內容變更登記，函送地政事務所備查之委託書暨印鑑卡處理規定。

5. 內政部85年2月5日台（85）內地字第8573492號函——減少申辦地政業務使用印鑑證明之場合。

6. 內政部86年3月20日台（86）內地字第8603190號函——金融機構所屬分支機構之經理或主任辦理地上權登記，不宜援用本部規定之本國銀行函送地政事務所備查之委託書暨印鑑卡格式。

7. 內政部86年5月27日台（86）內地字第8605384號函——土地登記印鑑設置及使用自86年5月1日起實施。

8. 內政部86年7月18日台（86）內地字第8607061號函——銀行以外之金融機構亦得向地政機關辦理委託書及印鑑證明核備。

9. 內政部86年7月31日台（86）內地字第8684763號函——金融機構辦理地上權登記，需經特別授權。其援用已函送地政事務所備查之文件者，應由總機構行文敘明。

10. 內政部86年9月23日台（86）內地字第8609222號函——保險公司申請抵押權設定或內容變更登記，義務人為自然人者，得免附義務人印鑑證明。

11. 內政部86年11月20日台（86）內地字第8611329號函——外國金融機構在台分支機構為辦理抵押權設定、塗銷及內容變更登記或地上權登記，得比照本國金融機構之規定辦理。

12. 內政部87年9月3日台（87）內地字第8709774號函——金融機構辦理地上權登記，由總行行文另行檢附印鑑卡備查者，免再逐案檢附。

13. 內政部95年2月24日內授中辦地字第0950724967號函——自95年4月1日起，申請抵押權設定或內容變更登記，權利人為金融機構、義務人為公司法人者，登記機關免再核對該公司法人及其代表人之印鑑章。

14. 內政部96年9月13日內授中辦地字第0960727243號函——金融機構為辦理抵押權登記函送地政事務所備查印鑑內容及格式統一使用規定。
15. 內政部103年1月24日台內地字第1030071780號令——金門縣旅外僑民申請被繼承人於該縣戰地政務終止前登記之土地繼承登記應附之文件。

第四十一條（申請登記時當事人免到場之情況）

申請登記時，有下列情形之一者，當事人得免親自到場：

一、依第二十七條第四款規定，得由權利人單獨申請登記。

二、登記原因證明文件及同意書經依法公證、認證。

三、與有前款情形之案件同時連件申請辦理，而登記義務人同一，且其所蓋之印章相同。

四、登記原因證明文件經依法由地政士簽證。

五、登記義務人為無行為能力人或限制行為能力人，其法定代理人已依第三十九條規定辦理並親自到場。

六、登記義務人依土地登記印鑑設置及使用作業要點於土地所在地之登記機關設置土地登記印鑑。

七、外國人或旅外僑民授權第三人辦理土地登記，該授權書經我駐外館處驗證。

八、大陸地區人民或香港、澳門居民授權第三人辦理土地登記，該授權書經行政院設立或指定之機構或委託之民間團體驗證。

九、祭祀公業土地授權管理人處分，該契約書依法經公證或認證。

十、檢附登記原因發生日期前一年以後核發之當事人印鑑證明。

十一、土地合併時，各所有權人合併前後應有部分之價值差額在一平方公尺公告土地現值以下。

十二、建物所有權第一次登記協議書與申請書權利人所蓋印章相符。

十三、依第四十三條第三項規定辦理更正登記所提出之協議書，各共有人更正前後應有部分之價值差額在一平方公尺公告土地現值以下。

十四、依第一百零四條規定以籌備人公推之代表人名義申請登記提出協議書。

十五、其他由中央地政機關規定得免由當事人親自到場。

解說

　　申請土地登記案件時，登記義務人及登記權利人應到場，提出身分證明文件，並在登記申請書中簽名及蓋章，以確認其申請登記之眞意。

　　但在符合某些情況下，如果要求當事人都必須到場的話，不但不是便民的規定，而且並不實際，況且可能會使得登記案件的執行，處於窒礙難行的狀態中。因此在本條文中針對某些已經檢附可證明申請當事人眞意的案件，排除當事人須到場的規定，以符合實際上的需求。例如得以由權利人或登記名義人單獨辦理的案件、提出足以證明當事人眞意之證件等，在此情況下，則當事人可免到場。

　　登記證明文件中對於原因證明文件若採協議書，通常係指權利人之間對於權利變換或取得達成某一共識，而以書面加以

表示。這種情況與一般之買賣或設定並不完全符合，但對於當事人之權益當然會有所影響，故原則上申請人仍應到場。但是若所調整之權利極為微小或對當事人之權益並無重大影響時，或協議書簽章與申請書簽章相同時，則當事人可免到場，以資便民。

按依公證法第4條、第5條規定，就特定法律行為或私權之事實，除得請求公證人作成公證書外，亦得請求其就私證書為認證，為使上開條文更為明確，90年9月修訂時，特別在上開條文第3款增訂「或認證」之文字。

地政士為代理土地登記之專業人士，就某些符合特定規定之優良地政士，經政府認證後，地政機關則賦予其對登記當事人初步審核的責任，因此經過認證地政士簽證的土地登記案件，當事人就可以免到場。

相關法條與重要解釋函令

（一）相關法條

土地登記規則：第27條、第39條、第43條、第104條。

（二）重要解釋函令

1. 內政部84年12月7日台（84）內地字第8416383號函——設定有抵押權之土地辦理合併事宜。

2. 內政部85年12月6日台（85）內地字第8511169號函——設定有抵押權之土地，辦理合併登記，如各所有權人合併前後應有部分之價值差額在一平方公尺公告土地現值以下者，得免提出土地所有權人及抵押權人之印鑑證明。

第四十二條（法人申請應附之文件）

申請人為法人者，應提出法人登記證明文件及其代表人之資格證明。其為義務人時，應另提出法人登記機關核發之法人及代表人印鑑證明或其他足資證明之文件，及於登記申請書適當欄記明確依有關法令規定完成處分程序，並蓋章。

前項應提出之文件，於申請人為公司法人者，為法人登記機關核發之設立、變更登記表或其抄錄本、影本。

義務人為財團法人或祭祀公業法人者，應提出其主管機關核准或同意備查之證明文件。

解說

　　本條主要在明示法人辦理土地登記案件時必須提出之身分證明文件，及證明其行為眞意之意思表示證明文件。此外，由於法人在處分不動產時，除須受民法之規範外，尚須受各該特別法之規範，因此當然必須在登記申請書適當欄記明已依有關法律規定完成處分程序。

　　法人，根據民法總則之規定，是一種透過法律程序組成具有行為能力之「擬人化」組織，因此若法人在申辦土地案件時，自然必須檢附法人之身分證明文件，如經濟部公司執照影本、營利事業登記證影本及負責人資格證明影本。此外若法人為義務人時，還須檢附法人印鑑證明之正本。法人在申辦土地登記時，由於其相關法律如公司法、人民團體法等對於法人取得或處分財產均有較民法更為嚴密之規定，法人必須符合其規定方能取得或處分財產，但地政機關實在無法查證其是否符合各該管理法律之規定，故只能要求申請登記之法人必須在申請書之適當欄位予以記明。

　　因經濟部已於87年4月1日廢除核發公司印鑑證明，90年9月修訂時，特別在本條第1項增訂「或其他足資證明之文件」以保持彈性。

　　有關公司法人申請土地登記時，須檢附公司執照及其代表人資格證件，其為義務人時應另提出代表人印鑑證明或其他足資證明之文件。惟因經濟部已停發公司及其負責人印鑑證明書，並改以公司設立（變更）登記表正本、影本或抄錄本及其影本以為替代，因上開替代之文件除留有公司及負責人印鑑樣章外，尚登記有公司名稱、公司所在地、公司統一編號、公司董事（含董事長）與監察人姓名、身分證統一編號、住所等資料，為避免檢附三種資料重疊之證件，造成申請人困擾，亦增加審查人員重複比對文件資料之處理時間，故有關公司法人申請登記時，如已檢附公司設立（變更）登記表正、影本或抄錄本及其影本者，得免予提出公司執照及其代表人之資格證明，90年9月修訂時，特別增訂第2項規定。

　　由於財團法人之性質為公益法人，其財產之取得，來自社會大眾之奉獻，且經內政部函詢各法人主管機關並彙整其意見，大多均希望地政機關能配合要求其檢附主管機關同意備查或核准之證件，以利其監督管理，藉以保障民眾之權益，預防社會問題之產生，90年9月修訂時，特別增訂第3項規定。又財團法人處分其財產時，於報其主管機關核准或同意備查前，須先依其內部章程規定完成處分程序，故財團法人為義務人時，仍須於登記申請書適當欄記明確依有關法令規定完成處分程序，並蓋章。

　　社團法人因其種類眾多，涉及有關法令及其內部章程規定甚為複雜，地政機關審查人員不易瞭解，又其所有之財產並非

全部來自社會大眾之捐贈，故尚無須要求其檢附主管機關核准或同意備查之文件，僅須於登記申請書簽註切結即可。

重要解釋函令

1. 內政部62年11月14日台（62）內地字第570226號函——公法人之認定。
2. 司法院秘書長72年5月21日秘台廳（1）字第10359號函——日據時期之財團法人，光復後未踐行法定申請登記程序，不再認為法人。
3. 內政部85年2月26日台（85）內地字第8573698號函——因債務清償，申辦抵押權塗銷登記，其義務人為法人者，無土地登記規則第42條第1項後段規定之適用。
4. 內政部86年10月8日台（86）內地字第8608808號函——因抵押權拋棄，申辦抵押權塗銷登記時，其義務人為法人者，無土地登記規則第42條第1項後段規定之適用。
5. 內政部86年10月30日台（86）內地字第8610543號函——公營事業機構申辦土地登記應提出之證明文件，准向地政事務備查。
6. 內政部87年6月5日台（87）內地字第8782347號函——經濟部自87年4月1日起停止核發公司及負責人印鑑證明書後因應處理方式。
7. 內政部87年8月6日台（87）內地字第8783029號函——法人依法合併，或金融機構因財政部指示概括承受，申請不動產權利變更登記事宜。
8. 內政部88年1月8日台（88）內地字第8713729號函——公司

法人申請土地登記，檢附公司設立（變更）登記事項卡可作為法人登記證明及代表人資格證明之文件。

9. 內政部88年3月15日台（88）內地字第8803687號函──公司經主管機關撤銷登記或解散，由董事長為公司代表人申辦土地登記之釋疑。

10. 內政部88年7月12日台（88）內地字第8880081號函──抵押權設定登記，公司董事長為法人，應依公司法第27條規定辦理。

11. 內政部88年8月3日台（88）內中地字第8803706號函──公司法人申請土地登記，其為義務人時，所檢附公司主管機關核發之公司設立（變更）登記事項卡正本或抄錄本之印鑑印文模糊，登記機關因應處理方式。

12. 內政部88年8月27日台（88）內中地字第8809531號函──公司登記主管機關原核發之公司設立（變更）登記事項卡自88年6月1日起改為核發公司設立（變更）登記表。

13. 內政部89年4月28日台（89）內中地字第8906926號函──公司法人將清算之賸餘財產依股東股份或出資比例分派事宜。

14. 內政部89年7月24日台（89）內中地字第8914296號函──公司法人申請土地登記，其為權利人時，如已檢附公司設立（變更）登記事項卡影本或抄錄本影本者，免再檢附正本。

15. 內政部89年10月21日台（89）內中地字第8920861號函──公司法人董事長辭職後，新任董事長未及補選出前，得以副董事長為法定代理人申辦登記。

16. 內政部90年5月24日台（90）內中地字第9082613號函──

經濟部自87年4月1日起停止核發公司及負責人印鑑證明書後因應處理方式。

17. 內政部91年12月30日台內中地字第0910020348號函——法人持憑法院核發之法人登記簿謄本向地政機關申請辦理取得財產登記，地政機關應承認法人登記簿謄本效力。

18. 內政部92年1月28日內授中辦地字第0920001180號函——僅置董事長一人之有限公司代表人為自己與公司為法律行為時，如何另選公司代表人事宜。

19. 內政部95年5月23日內授中辦地字第0950725050號函——台灣糖業股份有限公司既屬公營事業機構，亦屬公司法人，申辦土地登記時得自由選擇以公營事業機構或公司法人身分，依本部86年10月30日台（86）內地字第8610543號函釋。

20. 內政部96年12月28日內授中辦地字第0960728156號函——公司法人申辦合併、收購及分割等登記事宜。

21. 內政部97年3月24日內授中辦地字第0970722810號函——公司法人申辦合併、收購及分割等登記事宜。

22. 內政部101年9月25日內授中辦地字第1016039187號函——依經濟部前亦曾以95年8月10日經商字第09502107280號函釋，公司法人分派賸餘財產係在清算人向法院聲報清算完結之前，又其依股東股份或出資比例分派之結果是否得當，非登記機關審查範圍，故賸餘財產分派登記准由申請人於登記申請書適當欄位依據土地登記規則第42條規定記明確依有關法令規定完成處分程序並蓋章後，辦理登記。

23. 內政部101年10月23日內授中辦地字第1016039485號函——公司法人申辦合併、收購及分割登記事宜。

24. 內政部104年12月16日內授中辦地字第1041311238號函——
公司法人申辦合併、收購及分割登記事宜。
25. 內政部105年3月11日內授中辦地字第1050408507號函——
重行規定公司法人申辦法人合併或分割登記之原因發生日期
及申請期限。

第四十三條（共有土地持分記載方式）

申請登記，權利人為二人以上時，應於登記申請書內記明應
有部分或相互之權利關係。

前項應有部分，應以分數表示之，其分子分母不得為小數，
分母以整十、整百、整千、整萬表示為原則，並不得超過六
位數。

已登記之共有土地權利，其應有部分之表示與前項規定不符
者，得由地政機關通知土地所有權人於三十日內自行協議後
準用更正登記辦理，如經通知後逾期未能協議者，由登記機
關報請上級機關核准後更正之。

解說

　　本條主要在明示共有土地之持分記載方式。隨著經濟發
展，國內建築物的型態日趨大型化與複雜化，因此一棟大樓或
一個社區之土地共有人動輒數十、數百、甚至數千人，故對於
共有土地持分之登記，若不明示應按十、百、千、萬為分母，
則持分在經過細分之後，必須極為繁複，不但對登記作業造成
困擾，而且對當事人也會造成諸多不便。

　　早先地政界在處理土地持分時，通常都是依重新分配土地

的人數直接乘上原有持分，例如持分四分之一的土地，如果因被繼承人死亡而交由六個繼承人繼承，則每人的持分就變成持分二十四分之一，如此看似簡單，但如經數度細分之後，則分母與分子間之關係往往變得極爲複雜，使得當事人及地政機關均不勝其擾。因此將共有持分之分母歸納爲十、百、千、萬，實有其必要。

隨著社會經濟快速變遷，房地產價值日益高昂，共有關係亦日趨複雜，共有人之權利範圍分母數，萬位數已不敷因應。爲因應實際需要，符合民眾需求並兼顧登記實務作業，宜放寬分母位數至六位數，90年9月修訂時，特別修正第2項後段文字。

查共有土地權利持分分母超過六位數，與本條第2項規定不符者，如共有人不協議更正，則造成既成事實與法令規定明顯不符之情形，且地政機關於地籍管理上亦有困難。又分母超過六位數，如通知共有人後逾期未能辦理協議更正者，登記機關逕爲辦理更正爲六位數，尚不妨害共有人權益，如有共有人認其權益受損者，得向登記機關請求損害賠償。故爲落實本條第2項之規定之精神，簡化複雜之土地權利持分，90年9月修訂時，特別修正本條第3項部分文字。

重要解釋函令

1. 內政部69年9月11日台（69）內地字第45229號函——共有人就其持分移轉與他人或移轉後與他共有人持分合併而申請登記，免受土地登記規則第43條第2項規定限制。

2. 內政部69年11月28日台（69）內地字第70040號函——共有

持分記載方式如增加管理上之困擾者，得依當事人協議辦理

第四十四條（第三人之同意）
申請登記須第三人同意者，應檢附第三人同意書或由第三人在登記申請書內註明同意事由。
前項第三人除符合第四十一條第二款、第五款至第八款及第十款規定之情形者外，應親自到場，並依第四十條規定程序辦理。

解說

本條主要在明示申請登記如須第三人承諾時之處理情形。所謂登記須第三人承諾，係指在辦理登記時，若登記原因必須得到第三人之同意或許可，亦即若以第三人之承諾為其登記原因法律行為是否有效之要件者，如果未得到第三人之承諾而申請登記，地政機關如仍准其登記，則可能使無效之法律行為轉而變成有效，違反登記生效要件之基本精神，故必須在此條予以明定。

根據本規則第107條第1項之規定，分別共有土地，部分共有人就應有部分設定抵押權，於辦理共有物分割登記時，如欲該抵押權僅轉載於原設定人分割後取得之土地上時，應經抵押權人同意。

則當事人申辦此類登記就必須取得抵押權人同意，而檢附抵押權人之同意證明，並請抵押權人親自到場。

類似此種必須取得第三人同意之規定，主要是因為此一法律行為會損及該第三人之權益，因此必須事先經過該第三人之

同意，並要求該第三人親自到場，以免日後衍生糾紛。

　　但符合：1.登記原因證明文件及同意書經依法公證或認證、2.登記義務人為無行為能力人或限制行為能力人，其法定代理人已依第39條規定辦理並親自到場、3.大陸地區人民或香港、澳門居民授權第三人辦理土地登記，該授權書經行政院設立或指定之機構或委託之民間團體驗證、4.檢附登記原因發生日期前1年以後核發之當事人印鑑證明。該第三人則可免到場。

　　此條文第2項原本為檢附印鑑證明，因應戶政單位簡化使用印鑑證明之政策，因此在102年8月修訂後更改為當事人應親自到場之規定。但在本規則第41條第1項第10款中仍然規定檢附登記原因發生日期前1年以後核發之當事人印鑑證明者，當事人也可免到場。

相關法條與重要解釋函令

（一）相關法條

土地登記規則：第40條、第41條。

（二）重要解釋函令

1. 內政部75年11月10日台（75）內地字第455418號函——債務人以外第三人提供抵押物設定之最高額抵押權移轉契約應經該抵押物設定人承諾。

2. 內政部77年8月29日台（77）內地字第630428號函——公司重整人處分不動產應得重整監督人許可。

3. 內政部82年9月20日台（82）內地字第8280993號函——監護人檢附親屬會議允許其處分受監護人所有土地之文件申請登

記時，應加附同意處分之親屬會議會員之印鑑證明。

4. 內政部99年8月19日內授中辦地字第0990049230號函——輔助宣告註記登記及受輔助宣告之人處分相關事宜。

第三節　登記規費及罰鍰

第四十五條（登記規費之種類）
登記規費，係指土地法所規定之登記費、書狀費、工本費及閱覽費。

解說

　　本條主要在規定辦理土地登記過程中所須繳納各項規費之種類。

　　土地登記不論是總登記或權利變更登記及其他相關登記，都是土地權利當事人為了維護其本身之利益，要求土地登記機關透過國家公權力之行使，來協助其達成目的。這種國家為特定當事人利益而為某種行為所須要之成本，基於受益者付費之原則，自然應該由該特定當事人來負擔。因此，地政機關辦理各項土地登記，當然要向當事人收取費用。此即土地登記規費之由來。

重要解釋函令

內政部93年1月28日內授中辦地字第0930000873號函——民眾親至登記機關（或以網路查詢方式）申請以建物門牌查詢地建

號，因故無法查得所需資料者，無須繳納相關之查詢閱覽費
用。

第四十六條（登記規費之繳納標準）
土地登記，應依土地法規定繳納登記規費。登記費未滿新臺
幣一元者，不予計收。但有下列情形之一者，免繳納：
一、抵押權設定登記後，另增加一宗或數宗土地權利為共同
　　擔保時，就增加部分辦理設定登記者。
二、抵押權次序讓與、拋棄或變更登記。
三、權利書狀補（換）給登記。
四、管理人登記及其變更登記。
五、其他法律規定免納者。
以郵電申請發給登記簿或地籍圖謄本或節本者，應另繳納郵
電費。
登記規費之收支應依預算程序辦理。

解說

　　本條主要在規定各項登記規費之繳納標準，並特別對於抵
押權設定登記後，另增加一宗或數宗土地權利為共同擔保時，
對於增加設定之部分，如果設定金額並未增加，應免納登記
費，至於申請抵押權次序讓與、拋棄或變更登記者，同理也應
免納登記費。

　　此外，配合地政作業資訊化，如以電傳視訊系統查詢地籍
資料等，本條特規定，以郵電申請發給登記簿或地籍圖謄本或
節本者，應另繳納郵電費。

　　土地登記規費之收取原則，主要是根據受益者付費之基本精神而來。因此，在當事人申辦抵押權設定登記時，地政機關業已依照擔保權利總金額千分之一向當事人收取規費在案。故在當事人並未增加擔保權利總金額而申辦擔保物增加，或抵押權次序讓與、拋棄或變更登記時，自不應再向當事人收取登記規費，以示公平。

　　按登記規費應依土地法規定繳納或免納，另為利於實務執行，90年9月修訂時，特別將「土地登記規費及其罰鍰計徵補充規定」第4點免繳納登記費之各款情形納入，以資周延，故增列第1項第3款至第5款。

重要解釋函令

1. 內政部89年12月8日台（89）內中地字第8922848號函——地政事務所使用「土地登記複丈地價地用整合性應用軟體」規費子系統印製之規費聯單，其相關稽核改以參照明細表方式處理部分，請依國庫法施行細則第22條規定本權責處理。
2. 內政部94年9月22日內授中辦地字第0940052122號函——存續金融機構繼受消滅金融機構之信託財產，申辦受託人變更登記，適用金融機構合併法第17條之規定，免納登記費。
3. 內政部95年1月23日內授中辦地字第0950040890號函——依企業併購法規定申請之法人合併登記，應繳納登記規費。

第四十七條（登記規費之繳納）
登記規費應於申請登記收件後繳納之。

解說

　　按登記規費及罰鍰分別於收件、審查時計收，90年9月修訂時，特別將原條文第141條第1項內容規定調整至本條，並將第2項條文內容調整為修正後條文第50條第2項。

第四十八條（建物權利價值之認定）
申請建物所有權第一次登記，於計收登記規費時，其權利價值，依下列規定認定之：
一、建物在依法實施建築管理地區者，應以使用執照所列工程造價為準。
二、建物在未實施建築管理地區者，應以當地稅捐稽徵機關所核定之房屋現值為準。

解說

　　本條主要在規定土地登記中對於建物權利價值之認定標準，原則上係依該管直轄市、縣（市）政府依土地法公布之改良物法定價值為準。若其尚未公布者，應以使用執照所列工程造價為準。

　　地政機關收取地政規費係按申請登記標的價值之一定比例課徵之，而不動產之價值，在土地部分，有地政機關每年公告之公告現值作為依據，至於建物部分，因地政機關未如土地一般每年公告其價值，必須仰賴其他機關來認定建物之價值。在實務上，申辦建物所有權第一次登記時，係依使用執照上所記載之建物造價為準，至若辦理建物所有權變更登記時，則係依房屋稅單上或契稅單上所記載之建物價值為準。

　　本條文第2款所稱「當地稅捐稽徵機關所核定之房屋現值」係指該房屋之起課現值。

第四十九條（他項權利登記之計算標準）

申請他項權利登記，其權利價值為實物或非現行通用貨幣者，應由申請人按照申請時之價值折算為新臺幣，填入申請書適當欄內，再依法計收登記費。

申請地上權、永佃權、不動產役權、耕作權或農育權之設定或移轉登記，其權利價值不明者，應由申請人於申請書適當欄內自行加註，再依法計收登記費。

前二項權利價值低於各該權利標的物之土地申報地價或當地稅捐稽徵機關核定之房屋現值百分之四時，以各該權利標的物之土地申報地價或當地稅捐稽徵機關核定之房屋現值百分之四為其一年之權利價值，按存續之年期計算；未定期限者，以七年計算之價值標準計收登記費。

解說

　　本條主要在規定辦理他項權利登記時之收費標準，其中若其權利價值為實物或外國通用貨幣者，必須折算為新台幣來計徵登記費。此外，若申請為地上權、永佃權、不動產役權、耕作權或農育權之設定或移轉登記者，由於其權利價值往往並不明確，故應請申請人於契約書上自行加註其價值，以便地政機關據以計徵登記規費。

　　地政機關係根據政府行政職能辦理土地登記，故收取各項地政規費時，自然必須以法定貨幣單位之新台幣作為計徵標

準，且對於權利價值不明之他項權利登記案件，應要求當事人註明其權利價值，以利地政機關據以計徵登記規費。

　　為避免申請人於申請設定或移轉登記時，以顯著不相當之權利價值填載或加註，規避登記費之繳納，同時考量登記機關之行政成本及所負損害賠償責任，90年9月修訂時，特別依遺產及贈與稅法施行細則第31條第2項、第3項規定增訂第3項。

　　再則於民法第851條規定：「稱不動產役權者，謂以他人不動產供自己不動產通行、汲水、採光、眺望、電信或其他以特定便宜之用為目的之權。」由此可知，不動產役權係可將權利設定在建物上，因此在99年6月修訂時，因為不動產役權之建物權利價值的評定準則，係依稅捐稽徵機關評定之房屋現值為評定標準。於是特將稅捐稽徵機關評定之房屋現值增列在本條文第3項中。

重要解釋函令

內政部85年2月6日台（85）內地字第8502016號函——登記機關應將契約書上所載之權利價值登載於土地登記簿他項權利價值欄。

第五十條（逾期申請登記之罰鍰）

逾期申請登記之罰鍰，應依土地法之規定計收。

土地權利變更登記逾期申請，於計算登記費罰鍰時，對於不能歸責於申請人之期間，應予扣除。

解說

　　本條主要在明示土地登記逾期罰鍰之標準，必須依土地法之規定計徵。

　　土地登記主要在追求將地籍、地權及地用現況適時登載於地籍圖冊上。因此，必須規定當事人須在法定期間（一般權利變更登記為1個月）內向地政機關提出申請，故對於逾期者，自然必須課予罰鍰。

重要解釋函令

1. 內政部88年7月21日台（88）內中地字第8890286號函──債權人依「未辦繼承登記不動產辦理強制執行聯繫辦法」第1條規定，代債務人申辦繼承登記，應依土地登記規則第50條規定繳納登記費罰鍰。

2. 內政部89年1月17日台（89）內中地字第8978265號函──建物與其基地於同一申請案件內申辦夫妻贈與登記，建物未逾期，土地逾期申辦，得以建物有無逾法定登記期限計徵登記費罰鍰。

3. 內政部89年11月30日台（89）內中地字第8971940號函──申辦土地登記案件，行政爭訟期間，於計徵登記費罰鍰時，得視為不可歸責於當事人之期間，予以扣除。

4. 內政部90年1月17日台（89）內中地字第8924537號函──拍定人持憑不動產權利移轉證書申辦土地所有權移轉登記，應予受理，該管地政事務所並應向債務人追繳欠繳之費用

5. 內政部92年12月11日內授中辦地字第0920085116-2號函──申請人於繼承事實發生後，如確已積極申辦被繼承人之所有

財產之繼承登記，倘仍有遺漏，其再次申辦繼承登記時，因非屬申請人之故意或過失，得視為不可歸責於當事人之期間。

第五十一條（已繳之登記費及書狀費得申請退還之情形）
已繳之登記費及書狀費，有下列情形之一者，得由申請人於五年內請求退還之：
一、登記申請撤回者。
二、登記依法駁回者。
三、其他依法令應予退還者。
申請人於五年內重新申請登記者，得予援用未申請退還之登記費及書狀費。

解說

本條主要在規定土地登記規費之退還條件及其期限。至若當事人於5年內重新申請登記者，應可援用未申請退還之登記費及書狀費，不必重新繳納。

地政機關向登記當事人收取各項登記規費後，若該登記案件因申請撤回、依法駁回、或依其他法令予以退還者，原先收取之規費自應予以退還，以示公平。不過登記規費之退還，若不規定其申請期限，勢必對地政機關造成許多困擾。因此本條乃規定規費退還之申請以5年為限。

92年7月修訂時，將原本3個月的期限更改為5年。

第五十二條（登記費罰鍰之規定）

已繳之登記費罰鍰，除法令另有規定外，不得申請退還。

經駁回之案件重新申請登記，其罰鍰應重新核算，如前次申請已核計罰鍰之款項者應予扣除，且前後數次罰鍰合計不得超過應納登記費之二十倍。

解說

本條主要明示土地登記所繳納之罰鍰，不得申請退還。至若經駁回之案件重新申請登記時，其罰鍰應重新核算，不得抵用原罰鍰。

由於登記罰鍰係對於登記當事人逾期提出申請之處分，屬行政罰之一種。故對於已繳納之罰鍰自不得申請退還。此外，經駁回之案件重新申請登記時，除應重新核算其罰鍰外，對於以前繳納之罰鍰，基於不重複處罰之原則，自應扣除該部分之款項。

重要解釋函令

內政部85年12月8日台（85）內地字第8511452號函——因土地重劃致不能辦理繼承登記者，其已繳之登記費罰鍰得予退還。

第四節　登記處理程序

第五十三條（登記程序）

辦理土地登記程序如下：

一、收件。

二、計收規費。

三、審查。

四、公告。

五、登簿。

六、繕發書狀。

七、異動整理。

八、歸檔。

前項第四款公告，僅於土地總登記、土地所有權第一次登記、建物所有權第一次登記、時效取得登記、書狀補給登記及其他法令規定者適用之。第七款異動整理，包括統計及異動通知。

解說

　　本條主要在規定土地登記之程序。由於我國對土地登記係採用實質審查及絕對效力之基本精神，因此對於土地登記之程序自有詳加規範之必要，以免對審查造成困擾，同時也確保登記之效力。

　　在土地登記當中，雖然只有登簿、校對及加蓋登簿及校對人員章是確定登記完成的關鍵，但是在此之前，若對於當事人的申請、繳費、審查、公告等流程不加以明確的規範，則恐怕

無法確保登簿之正確性及合法性，其次，在登簿及校對之後，若不對於地政機關內部資料之異動整理及歸檔加以明確規範，則恐怕不易保持地政機關資料之正確性，且不利爾後該案件之各項登記及管理。因此本條特對土地登記流程之各個關卡，從收件以至於歸檔，訂定其先後次序，以確保登記之權威性。

重要解釋函令

1. 內政部78年3月31日台（78）內地字第708154號函——相同所有權人之土地及建物併同移轉予同一人所有，得免分件申請登記。

2. 內政部88年8月19日台（88）內中地字第8884312號函——同一移轉案件中，義務人不同之標的同時移轉於同一權利人之情形，如分別訂立契約日期相同者，得免分件辦理。

3. 內政部89年9月26日台（89）內中地字第8980748號函——多筆土地設定用益物權辦理收件登記作業相關事宜。

4. 內政部89年10月18日台（89）內中地字第8919401號函——關於申請登記案件內所蓋用之印章有關事宜。

5. 內政部89年11月24日台（89）內中地字第8971943號函——同一義務人同時移轉不同標的物予不同權利人，因屬個別不同之法律行為，應分別訂立契約，並分件辦理。

6. 內政部100年8月23日台內地字第1000170995號函——登記機關受理祭祀公業及神明會之土地更名登記為法人所有，或派下員、會員或信徒分別共有或個別所有，應於登記完畢後辦理通知。

第五十四條（收件作業方式）

登記機關接收登記申請書時，應即收件，並記載收件有關事項於收件簿與登記申請書。

前項收件，應按接收申請之先後編列收件號數，登記機關並應給與申請人收據。

解說

　　本條主要在規範登記機關受理登記案件時，辦理收件之方式。由於收件之先後是登記先後之主要決定因素，而登記之先後又對於當事人之權益有重大影響，故收件之作業也就極為重要，而必須加以明確規範。

　　根據本條第1項之規定，登記機關接受登記申請時，應即收件，並記載收件有關事項於收件簿與登記申請書。上開所謂「收件有關事項」，係指收件簿內各欄之內容，如收件號數、收件日期、坐落、權利人、登記標的、收件日期、申請人、代理人等，均應詳實記載，且應將收件號數、日期等記載於登記申請書上。其次，收件號數之編列必須按收件先後順序為之，並發給收據。

第五十五條（審查、登簿）

登記機關接收申請登記案件後，應即依法審查。辦理審查人員，應於登記申請書內簽註審查意見及日期，並簽名或蓋章。

申請登記案件，經審查無誤者，應即登載於登記簿。但依法應予公告或停止登記者，不在此限。

解說

　　本條主要在明示土地登記機關收件後，辦理審查、登簿之作業規範。由於我國土地登記制度係採用托崙斯登記制之實質審查主義，因此辦理審查人員在審查之後，當然必須在申請書內簽註審查意見，以決定是否准予登記，並應註明日期及簽名或蓋章，以明確審查人員之權責。

　　審查人員根據托崙斯登記制之精神，對登記案件中登記事項是否確實予以實質審查並加以認定，亦即對權利人取得權利是否確實，範圍大小，有無糾紛，是否有效、無效或得撤銷之原因等，均應詳加審查，不但要立即依法審查，且要明確簽註意見及審查日期，以利登記作業。對審查證明無誤之案件，當應立即登載於登記簿。

重要解釋函令

1. 行政院56年4月1日台（56）內字第2359號令——法院依無效之契約為裁判之依據，非登記機關審查之範圍。
2. 內政部63年5月1日台（63）內地字第579357號函——訴訟繫屬標的已移轉予第三人，經判決確定，其判決效力認定事宜。
3. 內政部69年7月17日台（69）內密創地字第1501號函——法院依無效之契約為裁判之依據非當然無效，亦非地政機關審查範圍。
4. 內政部70年9月26日台（70）內地字第44965號函——法院之確定判決是否得當，非地政機關審查範圍。
5. 內政部71年2月27日台（71）內地字第69915號函——經再訴

願決定撤銷之案件應依原駁回申請書件再予審查。

6. 內政部76年11月3日台（76）內地字第545438號函——公司董事長任期屆滿後之改選，登記機關無須審查。

7. 內政部81年1月30日台（81）內地字第8170985號函——地政機關於受理土地所有權移轉或設定典權登記時，是否發現該土地公告現值、原規定地價或前次移轉現值有無錯誤，與土地登記案件審查事項無涉。

8. 內政部84年1月28日台（84）內地字第8475759號函——申請土地或建物所有權買賣移轉登記案件，地政機關是否審查有遺產及贈與稅法第5條視為贈與之情形有關事宜。

9. 內政部84年4月20日台（84）內地字第8478968號函——金融機關抵押權塗銷登記案件應注意核對所蓋印鑑。

10. 內政部84年9月14日台（84）內地字第8413194號函——申請土地或建物所有權買賣移轉登記案件，地政機關是否審查有遺產及贈與稅法第5條視為贈與之情形有關事宜。

11. 內政部85年7月1日台（85）內地字第8577708號函——經財團法人海峽交流基金會驗證之大陸地區公證書，仍應確實審查其實質內容之真實性及適法性。

12. 內政部85年7月13日台（85）內地字第8506813號函——公寓大廈管理條例施行後始拍賣移轉之不動產移轉應符合該條例第4條第2項規定。

13. 內政部86年2月22日台（86）內地字第860182號函——法院判決之被告或其管理人與登記簿所載不符者，原告持憑法院確定判決書申辦土地所有權移轉登記，登記機關仍應依法審查。

14. 內政部87年8月29日台（87）內地字第8709785號函——地政機關協助稅捐機關查緝稅賦獎金分配規定。

15. 內政部88年11月8日台（88）內中地字第8819526號函——行政法院所為確定判決，於未依再審程序予以廢棄變更前，其效力仍屬存在。

16. 內政部89年6月30日台（89）內中地字第8911917號函——公司申辦抵押權移轉登記，尚無義務人應由監察人為公司代表之限制。

17. 內政部90年5月2日台（90）內中地字第9006983號函——持憑法院和解筆錄申辦合併、分割及共有物分割登記，登記機關仍應依有關法規審查之。

18. 內政部96年9月26日內授中辦地字第0960727398號函——地政機關受理民眾申請案件，不得以當事人姓氏書寫方式不同，據以駁回其申請。

第五十六條（應補正之場合）

有下列各款情形之一者，登記機關應以書面敘明理由或法令依據，通知申請人於接到通知書之日起十五日內補正：

一、申請人之資格不符或其代理人之代理權有欠缺者。

二、登記申請書不合程式，或應提出之文件不符或欠缺者。

三、登記申請書記載事項，或關於登記原因之事項，與登記簿或其證明文件不符，而未能證明其不符之原因者。

四、未依規定繳納登記規費者。

解說

　　本條主要在明示辦理土地登記時應予補正之場合。通常當事人申請登記時，若因文件欠缺或格式不符，地政機關在協助

當事人辦理登記之宗旨下，實不應逕予駁回，而應通知當事人予以補正。

　　所謂「補正」，係指申請登記之案件經地政機關審查結果，認為不夠完備，而要求申請人補辦改正之謂。地政機關為了避免補正過於浮濫，原則上均要求審查人員就應補正事項一次通知申請人全部補正。以資便民。且在通知補正時，應將登記案件全案退回申請人，並俟補正完畢重新申請登記時，仍沿用原有申請書及收件字號繼續辦理。

重要解釋函令

1. 內政部71年7月2日台（71）內地字第94329號函──和解成立之當事人與土地登記簿登記名義人不符，應通知申請人補正。
2. 內政部75年11月1日台（75）內地字第454970號函──委託書委託處理事務之特約事項係委託人與受託人間之約定，與登記機關應審查事項無涉。
3. 內政部88年5月15日台（88）內地字第8804908號函──登記機關受理不動產移轉登記時，申請人所附買賣契約之部分標的已為限制登記之處理方式。
4. 內政部93年7月16日內授中辦地字第0930009290號函──資產管理公司辦理金融機構合併法第15條第1項第3款規定之不動產拍賣，在欠稅未繳清前，地政機關仍不得辦理移轉登記或設定典權登記。

第五十七條（駁回之場合）

有下列各款情形之一者，登記機關應以書面敘明理由及法令依據，駁回登記之申請：

一、不屬受理登記機關管轄者。

二、依法不應登記者。

三、登記之權利人、義務人或其與申請登記之法律關係有關之權利關係人間有爭執者。

四、逾期未補正或未照補正事項完全補正者。

申請人不服前項之駁回者，得依訴願法規定提起訴願。

依第一項第三款駁回者，申請人並得訴請司法機關裁判。

解說

　　本條主要在明示辦理土地登記案件應予駁回之場合。所謂「駁回」，係指申請登記案件，經地政機關審查結果，認為該案不合法定程序或要件，而以書面敘明理由，不予受理登記申請之謂。

　　登記案件之駁回，代表地政機關認定該案件無法辦理登記，這對於登記申請人來說，當然會有重要之影響，因此其作業自以慎重為要。登記案件在經駁回後即告結案。並應在登記收件簿內之備註欄上註明「駁回」，並加註日期，以備查考。通常地政機關在駁回案件通知書上均會註明申請人應注意事項，其內容如下：

（一）申請人不服駁回者，依土地登記規則第57條第2項規定，得依訴願法規定提起訴願，駁回之事由涉及私權爭執者，申請人得訴請司法機關裁判。

（二）申請人為防止其登記申請受到妨害，得於提起訴願或訴

　　　　請司法機關裁判時，依土地法第79條之1規定，申辦預
　　　　告登記。

（三）地政事務所對司法機關之裁判不服時，應於法定期間內
　　　提起抗告：逾期不抗告或經裁判確定者，應依裁判內容
　　　辦理之。

（四）經補正或經裁判確定，准予登記之案件，應檢附有關書
　　　件，連同駁回理由書或法院裁判證明文件，重新申請登
　　　記，另行收件編號。

（五）駁回之登記申請案件重行申請時，如已逾法定申請期限
　　　及第1項規定之期限者，除別有規定外，應依法計徵登
　　　記費罰鍰。惟對於法院受理異議之期間或向政府機關請
　　　領證件之期間，應予扣除。

（六）經駁回之登記案件，如其土地或建物權利，於重行申請
　　　登記前，經第三人取得並申請登記完竣，原申請人如欲
　　　取得該項權利及保全登記請求權，應向法院提起塗銷登
　　　記之訴及聲請假處分。

重要解釋函令

1. 內政部66年1月4日台（66）內地字第707581號函——確定判
決之效力無法確認，可予駁回。

2. 內政部69年9月18日台（69）內地字第45105號函——土地登
記規則第57條之適用。

3. 內政部70年7月30日台（70）內地字第26083號函——登記案
件尚未送請登記機關收件，無土地登記規則第57條規定之適
用。

4. 內政部71年6月7日台（71）內地字第94899號函——債權人代位申辦繼承登記如涉及私權爭執，可駁回登記之申請。

5. 內政部74年12月16日台（74）內地字第356074號函——以詐欺取得之土地申請抵押權設定登記，應予駁回。

6. 內政部82年9月10日台（82）內地字第8280871號函——申請時效取得地上權登記，於審查中或公告期間土地所有權人提出異議之處理。

7. 內政部85年1月29日台（85）內地字第8575935號函——登記案件尚未收件前，登記名義人聲明事項之處理。

8. 內政部85年10月24日台（85）內地字第8510170號函——依土地法第34條之1申辦土地所有權移轉登記涉及共有物分割之訴之異議處理。

9. 內政部87年8月28日台（87）內地字第8778197號函——未檢具國民住宅主管機關之同意書，誤辦登記之處理事宜。

10. 內政部87年9月4日台（87）內地字第8793374號函——依法院確定判決申辦土地所有權移轉登記，義務人主張時效抗辯及異議之處理。

11. 內政部89年9月21日台（89）內中地字第8916841號函——申請人因不服登記機關調處結果而依法起訴，原申請案得予以駁回。

第五十八條（駁回之處理）

駁回登記之申請時，應將登記申請書件全部發還，並得將駁回理由有關文件複印存查。

解說

本條主要在明示登記申請案件經駁回時，應將原件發還，但必要時得影印存查。

地政機關在駁回登記之申請時，如不發還相關文件，則當事人日後另行申請，或當事人之間意見有變時，想要取得他方蓋章或相關文件，勢必有所困擾，以致影響其權益。因此地政機關在駁回時，應將申請書全部發還申請人，不過可以將駁回理由有關文件影印存查，以便萬一將來申請人如不服駁回而提起訴願或民事訴訟時，作為答辯之依據。

重要解釋函令

內政部90年1月18日台（90）內中地字第8924146號函──因應行政程序法施行後，登記機關辦理案件駁回及退費案件准駁等行政處分之送達事宜。

第五十九條（申請撤回附件之發還）
申請登記案件，於登記完畢前，全體申請人以書面申請撤回者，登記機關應即將登記申請書及附件發還申請人。

解說

本條主要在明示土地登記案件在登記完畢前，若經全體申請人以書面申請撤回，地政機關在尊重當事人本意之前提下，應將登記全案發還給申請人。

我國的土地登記制度雖然具有絕對效力，但是並未強迫當

事人必須辦理申請登記，而僅係對於已經登記完畢之案件承認其法律上的效力。換句話說，該案件是否辦理登記，當事人本來就具有絕對的自由意志，所以對於尚未完成登記之案件，如果當事人本人或彼此之間改變申請登記之本意，而向地政機關要求撤回該登記案件時，地政機關自然沒有拒絕之道理，而應該立即將登記案件之書類發還給當初提出申請之當事人。

查案件被駁回時，係將登記申請書件全部發還申請人，因撤回與駁回後均須重新申請，且將登記申請書件全部發還申請人亦無妨礙，90年9月修訂時，特別修正部分文字。

第六十條（駁回案件重新申請）
已駁回或撤回登記案件，重新申請登記時，應另行辦理收件。

解說

本條主要在明示土地登記案件被駁回時，日後重新申請登記時，應另行辦理收件，亦即重新編號審理。

申請登記案件一經駁回後，其原有收件號數業已註銷，因此日後如經補正或訴願、訴訟判決確定而重新申請登記時，自應另行辦理收件，不過不須再行計徵登記規費。

第六十一條（登記機關辦理登記之次序）
登記，應依各類案件分別訂定處理期限，並依收件號數之次

序或處理期限為之。其為分組辦理者亦同。除法令另有規定外，同一宗土地之權利登記，其收件號數在後之土地，不得提前登記。

登記程序開始後，除法律或本規則另有規定外，不得停止登記之進行。

解說

　　本條主要在明示土地登記機關辦理登記之次序。由於登記之先後影響當事人之權益甚鉅，因此本條特別明示辦理登記之原則應該依收件之先後為之，以示公允。

　　登記案件一經收件以後，在尚未登記完畢以前，若發生可以限制登記者，應先辦理該限制登記以達成該限制登記之要求。

　　登記先後之次序固應依收件先後次序為之，但對於規模較小之地政事務所，固可依前所收件之次序為之，但對於規模較大之地政事務所，通常會依鄉鎮或區段分別收件編號，此時則須依該分別之編號所排列之次序來決定登記之先後。

　　其次，為了保障當事人權益，收件在後之登記案件雖然不得提前辦理登記，但是對於依法律規定得提前登記之案件，例如法院囑託辦理查封、假扣押、假處分或破產等登記案件，則應優先予以登記，否則恐怕無法達成該查封登記之目的。

　　查土地登記案件之審查、登記，於實務作業上，不同登記原因案件，依其難易度不同，而有不同之處理時效，其為分組辦理者，各組承辦人審查速度不一，故難真正落實修正前條文第54條第1項之規定。惟登記案件仍應有一定之處理原則，基於同一土地權利之登記，如未照收件號數次序為之者，恐產

生脫產及不法之情事發生。經考量公平正義原則及實務作業情形，90年9月修訂時，特別修正本條文字。

重要解釋函令

1. 內政部47年10月27日台（47）內地字第20434號函——債權人不得依民法第151條規定，請求地政機關暫行停止他人不動產物權之登記。

2. 內政部47年10月28日台（47）內地字第19180號函——停止他人不動產移轉登記應經法院裁判。

3. 內政部60年8月25日台（60）內地字第429807號函——軍公機關協議收購中之土地不得禁止抵押權設定或權利移轉登記。

4. 內政部61年12月15日台（61）內地字第508096號函——原登記案件訴請行政法院審理中，登記名義人辦理移轉登記，登記機關不得停止登記及其申請行爲。

5. 內政部64年7月11日台（64）內地字第642441號函——夫欲停止妻處分不動產申請登記，應訴由法院裁判後爲之。

6. 內政部66年3月28日台（66）內地字第725677號函——稽徵機關函知地政機關限制欠稅人財產不得移轉或設定他項權利登記，無須法院之裁定稽徵機關函知地政機關限制欠稅人財產不得移轉或設定他項權利登記，無須法院之裁定。

7. 內政部69年12月19日台（69）內地字第71840號函——法院判決確定互負對待給付之當事人給付遲延，在未經法院囑託辦理查封等登記前，可受理移轉登記。

8. 內政部70年4月27日台（70）內地字第18345號函——法院兩

次給付判決效力同等，應依收件之先後辦理登記。

9. 內政部70年9月24日台（70）內地字第35929號函——同一標的物經法院先後判決與二不同之原告，應依收件之先後處理登記。

10. 內政部71年9月15日台（71）內地字第102681號函——土地登記規則第61條第2項規定之適用。

11. 內政部72年1月13日台（72）內地字第134661號函——民法第759條規定之法院判決係指形成判決。

第六十二條（登記校對人員蓋章）
應登記之事項記載於登記簿後，應由登簿及校對人員分別辦理並加蓋其名章。

解說

本條主要在明示土地登記完竣後應由登記及校對人員加蓋其名章，以示負責。

登記案件在經過審查之後，則轉由登簿人員負責予以登簿。由於登記簿是土地登記當中最重要的法定文件，因此登簿的工作自然疏忽不得，所以登簿人員必須在登簿後加蓋其名章，並註明時間，以示負責。

其次，為防萬一，特設校對人員，負責在登簿之後予以校對，以免因發生錯誤或遺漏，產生損害賠償問題，同樣的，校對人員也應在校對完成之後，加蓋其名章，並註明時間，以備日後查考。

第六十三條（非登記事項不宜登記）
登記原因證明文件所載之特約，其屬應登記以外之事項，登記機關應不予審查登記。

解說

　　本條主要在明示土地登記之事項若非屬土地登記規則所訂之事項時，登記機關應不予登記，俾統一登記簿之格式及內容，減少紛爭。

　　在登記實務上，雖然由中央地政機關訂定各種統一表格，但由於各項不動產的買賣或設定他項權利及分割、合併等，內容均不盡相同，所以當事人彼此之間除了簽訂主管機關所規定之格式（即通稱之「公契」）以外，通常均會就各該案件之特點，另行簽訂各項契約（即通稱之「私契」）或附帶注意事項（如抵押權之其他約定事項），而這些公定格式以外之內容，可以說是包羅萬象，地政機關事實上無法予以登記，故本條特做此一規定。

重要解釋函令

1. 內政部59年4月11日台（59）內地字第356793號函——保證人之特約非屬應登記之事項，毋庸予以登記。
2. 內政部61年12月29日台（61）內地字第503400號函——以抵押物移轉或設定負擔應徵得抵押權人同意之特約，不予登記。
3. 內政部62年1月18日台（62）內地字第504048號函——訂立契約之當事人如有其他特約事項，可於契約書「申請登記以

外之約定事項」欄內載明。

4. 內政部76年6月9日台（76）內地字第508010號函——抵押權設定契約書「聲請登記以外之約定事項」欄所載其他約定事項，登記機關無須審查。

5. 內政部86年3月20日台（86）內地字第8602765號函——未涉及物權之公示性土地資料，不宜登載於土地登記簿。

第六十四條（權利人、義務人應全部登載）

權利人為二人以上時，應將全部權利人分別予以登載。義務人為二人以上時，亦同。

解說

本條主要在明示土地登記時，共有土地權利人或義務人應全部予以登載。

我國實施土地登記之初，對於兩人以上共有之權利人或義務人，僅將排名第一位之當事人予以登記，並發給書狀，至其餘之共有人則以附表方式載明於第一位代表人所取得之書狀背面。惟共有人之權利義務既然相等，地政機關僅發給排名第一位之共有人書狀正本，顯然有失公平。故其後修正本規則時，特加列本條，以使共有之權利人或義務人均居於平等地位。

第六十五條（權利書狀之發給）

土地權利於登記完畢後，除本規則或其他法規另有規定外，登記機關應即發給申請人權利書狀。但得就原書狀加註者，

於加註後發還之。

有下列情形之一，經申請人於申請書記明免繕發權利書狀者，得免發給之，登記機關並應於登記簿其他登記事項欄內記明之：

一、建物所有權第一次登記。

二、共有物分割登記，於標示變更登記完畢者。

三、公有土地權利登記。

登記機關逕為辦理土地分割登記後，應通知土地所有權人換領土地所有權狀；換領前得免繕造。

解說

　　本條主要在明示土地登記辦妥之後，應該發給權利書狀之場合。不過如果該項登記僅係標示變更等不影響實質內容之登記時，基於簡化工作內容，可僅在權狀背後予以加註即可。其次，如果登記案件係屬共有之案件，則應發給每一位共有人權利書狀，以示公平。

　　土地登記之效力於地政機關登簿及校對完竣並加蓋登簿及校對人名章後即已產生，故是否發給權利書狀正本並不影響土地登記之效力。不過由於國人數千年來均習慣將書狀正本視為權利之表徵，因此本規則特在本條明定在登記完畢後應發給權利書狀正本，以滿足國人之心理。

　　不過所辦理的登記如果是下述情況，則可於書狀背後予以加註即可：

（一）因地類、地目、等則之變更、面積增減（接近河川之土地坍沒消滅或回復准予發還）申請標示變更登記。

（二）所有權持分移轉（未全部移轉）登記，更名登記（包括

管理人及管理機關變更），更正登記及住址變更登記。

（三）他項權利因新增設定、權利內容變更，部分清償之塗銷（如全部清償塗銷時，他項權利證明書應予收回註銷作廢）等所為之變更登記。

（四）按土地法第62條、第75條規定於辦妥土地權利登記及土地權利變更登記時，應即發給申請人土地所有權狀或他項權利證明書。此係明定發給權利書狀係地政機關對民眾之義務，換言之，即為民眾之權利。如民眾對發給權狀無特別表示者，依上開規定，地政機關自應於權利辦妥登記後，繕發權狀予申請人。但如民眾欲放棄其權利而要求地政機關免發權狀者，地政機關自得免發。惟權狀仍為一項重要的土地權利憑證，為保護交易安全並兼顧便民及避免資源浪費，故應明定得請求免發給權狀之情形。

（五）建築公司於蓋妥公寓大廈後，即出售予購屋者，其辦理建物所有權第一次登記後隨即須辦理所有權移轉登記，常造成紙張資源及金錢的浪費，為避免不必要的資源浪費，爰明定辦妥建物所有權第一次登記者，得申請免繕發權狀。

（六）有關因辦理共有物分割登記，須同時辦理之標示變更登記，於標示變更登記完畢，免繕發所有權狀，內政部76年8月19日台（76）內地字第528447號函已有明釋，爰明定申請免繕發權狀。

（七）公有土地，常有地籍異動情形，為方便有關機關管理公有土地，爰明定公有土地權利登記得申請免繕發權狀。

（八）登記機關依都市計畫法第23條及平均地權條例施行細則

第3條規定、或因實施重劃常須辦理土地逕為分割，往年登記機關於逕為分割登記完畢後，即行繕狀，並通知土地所有權人領回其所有權狀，惟土地所有權人常未至登記機關領回其所有權狀，致登記機關常須保管逕為分割後之土地所有權狀，不但容易發生權狀遺失之情形，且保管上亦有困難，爰明定登記機關於土地所有權人換領其所有權狀前，得免繕造。又逕為分割登記係登記機關主動所為之登記，尚非由民眾申請，與本條第2項規定之情形有別，故將其列為第3項。

重要解釋函令

1. 內政部70年4月20日台（70）內地字第17330號函——日據時期土地台帳無登記之效力。

2. 內政部71年11月20日台（71）內地字第125490號函——土地台帳為日本徵收地租之冊籍，其性質與土地所有權狀有別。

3. 內政部76年1月19日台（76）內地字第469926號函——共有人取得他共有人之應有部分辦理移轉登記換發新權狀事宜。

4. 內政部76年5月11日台（76）內地字第495881號函——加強宣導換發書狀及改進土地登記簿謄本核發事宜。

5. 內政部83年4月20日台（83）內地字第8304841號函——實施地籍資料電子處理作業土地，申請登記案件附有人工繕寫之權利書狀，應否換發電腦列印之權狀暨收取書狀費事宜。

6. 內政部90年11月13日台（90）內中地字第9084407號函——有關土地登記規則第65條、第83條及第117條辦理註記事宜

第六十六條（共有權利書狀之發給）

土地權利如係共有者，應按各共有人分別發給權利書狀，並於書狀內記明其權利範圍。

共有人取得他共有人之應有部分者，於申請登記時，應檢附原權利書狀，登記機關應就其權利應有部分之總額，發給權利書狀。

同一所有權人於同一區分所有建物有數專有部分時，其應分擔之基地權利應有部分，得依申請人之申請分別發給權利書狀。

解說

　　為落實土地建物權利一體化之精神，對於同一所有權人分次取得同一公寓大廈之區分所有建物及其基地持分之情形者，應無強制基地持分合併之必要；至於一般土地分次取得則應強制合併。

　　本條文所敘之土地權利包含所有權與他項權利。

重要解釋函令

1. 內政部91年2月27日台內中地字第0910002584號函——依土地登記規則第66條規定辦理分別發給權利書狀登記及地價辦理方式事宜。

2. 內政部91年8月5日台內中地字第0910011776號函——依土地登記規則第66條規定辦理分別發給權利書狀登記及地價辦理方式事宜。

3. 內政部91年9月23日台內地字第09100669741號函——依土地

登記規則第66條規定辦理分別發給權利書狀登記及地價辦理方式事宜。

4. 內政部95年4月12日內授中辦地字第0950725008號函——依土地登記規則第66條第3項規定申請分別發給地上權權利書狀，登記機關應予受理。

5. 內政部96年1月16日內授中辦地字第0960723528號函——依土地登記規則第66條規定辦理分別發給權利書狀登記及地價辦理方式事宜。

6. 內政部98年4月6日內授中辦地字第0980724151號號令——非法定停車空間或攤位得比照土地登記規則第66條規定依申請人之申請分別發給權利書狀。

第六十七條（權利書狀公告作廢之場合）

土地登記有下列各款情形之一，未能提出權利書狀者，應於登記完畢時公告註銷：

一、申辦繼承登記，經申請之繼承人檢附切結書者。

二、申請他項權利塗銷登記，經檢附他項權利人切結書者，或他項權利人出具已交付權利書狀之證明文件，並經申請人檢附未能提出之切結書者。

三、申請建物滅失登記，經申請人檢附切結書者。

四、申請塗銷信託、信託歸屬或受託人變更登記，經權利人檢附切結書者。

五、申請都市更新權利變換登記，未受分配或不願參與分配者；或經登記機關於登記完畢後通知換領土地及建築物權利書狀，未於規定期限內提出者。

六、合於第三十五條第一款至第五款、第九款及第十二款情形之一者。

解說

本條主要在明示權利書狀失效公告作廢之場合。由於登記規則第65條明文規定登記完竣應發給權利書狀，故本條特對於應將權利書狀公告作廢之場合予明定，以配合條文之規定。

登記當事人在申請所有權或他項權利移轉登記時，地政機關依本規則第65條之規定必須發給所有權狀或他項權利證明書正本，則對於原有之權利書狀自應收回註銷，以免造成弊端。其次，所有權因拋棄或他項權利因混合、拋棄、存續期間屆滿、清償、撤銷等原因，使所有權或他項權利消滅而申辦塗銷登記時，亦應將原發權利書狀收回註銷。

土地或建物有法定抵押權或法定地上權之負擔者，僅生限制該所有權之權能而已，但該所有權並不因其法定抵押權、法定地上權之登記而消滅，故其所有權狀不得於登記完畢時公告作廢，為求明確，90年9月修訂時，特別改以列舉方式修正本條規定，又為配合行政程序法文字用語，修正「作廢」為「註銷」。

為因應時代變遷，情況的需要，95年6月再度修正時，增加列舉建物滅失、信託塗銷及都市更新權利變換的情況，也就是第3款、第4款、第5款的部分。

相關法條

土地登記規則：第35條。

第六十八條（申請書件處理方法）
登記完畢之登記申請書件，除登記申請書、登記原因證明文件或其副本、影本及應予註銷之原權利書狀外，其餘文件應加蓋登記完畢之章，發還申請人。

解說

　　本條主要在規定登記完畢後，其申請書件之處理方式。由於登記完畢之申請案件除申請書及登記原因證明文件副本或影本屬公文性質，故登記機關應予存參外，其餘文件事實上並無保留之必要，而應發還申請人自行保管。

　　登記案件當事人提出申請時，除申請書外，通常必須依登記案件之性質檢附各項相關文件，如遺產稅、土地增值稅、契稅、工程受益費等稅捐之繳納證明文件，或子孫繼承系統表、遺產分配協議書、遺囑等各項文件，對當事人來說，均各有其他用途，因此地政機關在辦妥登記之後，自應將這些文件加蓋登記完畢之章，發還給當事人。

重要解釋函令

1. 內政部80年6月21日台（80）內地字第932684號函——複代理人代理，申辦土地登記，於登記完畢後，得由原代理人或複代理人之一代為領件。

2. 內政部80年10月18日台（80）內地字第8078845號函——代理人或複代理人，代理申辦土地登記案件，得由申請人本人或申請人之一代為領件。

第六十九條（單獨申請登記完畢通知義務人）

由權利人單獨申請登記者，登記機關於登記完畢後，應即以書面通知登記義務人。但有下列情形之一者，不在此限：

一、無義務人者。

二、法院、行政執行分署或公正第三人拍定之登記。

三、抵押權人為金融機構，辦理抵押權塗銷登記，已提出同意塗銷證明文件者。

前項義務人為二人以上時，應分別通知之。

解說

　　本條主要在明示土地登記案件若是由權利人單獨申請者，在登記完畢之後，登記機關應以書面通知義務人，以確保義務人之權益。

　　根據土地法第73條的規定，土地權利變更登記時，應由權利人及義務人會同申請之。不過對於不須義務人會同登記之案件，如查封登記或經法院判決、和解、調解之權利變更登記案件、法院拍定後之權利移轉及抵押權人為金融機構，辦理抵押權塗銷登記，欲強求義務人會同辦理登記，事實上根本不可能，因此自有同意權利人單獨申請登記之必要。惟為減少紛爭及確保義務人之權益，登記機關應於辦妥登記後，以書面通知義務人。

重要解釋函令

內政部69年11月3日台（69）內地字第51066號函——持消滅時效已完成之法院判決書申辦地上權塗銷登記時，義務人未提出

拒絕之抗辯者，應予受理，並於登記完畢後通知義務人。

第七十條（停止受理申請登記之場合）

政府因實施土地重劃、區段徵收及依其他法律規定，公告禁止所有權移轉、變更、分割及設定負擔之土地，登記機關應於禁止期間內，停止受理該地區有關登記案件之申請。但因繼承、強制執行、徵收、法院判決確定或其他非因法律行為，於登記前已取得不動產物權而申請登記者，不在此限。

解說

　　本條主要在明示土地登記機關停止受理申請登記之場合。由於政府為了行使公權力而實施重劃、徵收等行為時，為避免產生困擾，自有公告暫停受理登記案件之必要。但是在停止受理登記案件申請期間，如果因為繼承、強制執行、徵收、法院判決確定或其他非因法律行為，於登記前已取得不動產物權等情況而申請登記時，登記機關自應予以受理。

　　政府為了實施土地重劃、區段徵收，得依據法律的規定，公告禁止所有權的移轉、變更、分割及設定負擔。而地政機關在公告期間，自應停止受理該地區有關登記案件之申請，以避免土地權利關係複雜化，而損及重劃或徵收之作業。

重要解釋函令

1. 內政部60年11月23日台（60）內地字第437868號函——未繳清工程受益費土地不得限制或禁止設定抵押權。

2.內政部72年9月26日台（72）內地字第183610號函——已公告一併徵收之建物不得移轉。

3.內政部78年5月12日台（78）內地字第705362號函——土地登記規則第70條所謂「停止受理所有權移轉登記案件之申請」，係以收件爲準。

4.內政部79年12月7日台（79）內地字第849555號函——土地登記規則70條但書所稱「法院判決」，係指形成判決。

5.內政部83年10月27日台（83）內地字第8386953號函——自辦市地重劃區原公告禁止期限屆滿後，申請展延之禁止期限未公告前，有關該區登記案件之申請，應予受理。

6.內政部84年10月12日台（84）內字第8414059號函——重劃公告禁止移轉期間，以重劃前地號出售並申報繳納土地增值稅者，駁回登記時應通知稅捐主管機關。

第四章
總登記

第一節　土地總登記

> **第七十一條**（土地總登記之申請）
> 土地總登記，所有權人應於登記申請期限內提出登記申請書，檢附有關文件向登記機關申請之。
> 土地總登記前，已取得他項權利之人，得於前項登記申請期限內，會同所有權人申請之。

解說

　　本條主要在明示土地總登記時，權利人應於限期內檢附相關證明文件，申辦總登記。此外，若是在土地總登記以前已經取得他項權利之當事人，可以根據土地法第51條的規定，會同所有權人申辦他項權利之登記。

　　從我國的土地登記制度來看，土地登記的聲請是申請人對於國家機關請求登記之行為，此一行為乃公法上之行為，但其目的卻在於私法上財產變更之登記，因此登記之聲請應可認定為私法上行為，故其行為能力自應比照民法總則有關行為能力之規定。

　　本條所稱之有關文件，係指各項證明文件，如所有權移

轉契約書、遺囑、贈與契約書等各項文件。另所謂「取得他項權利之人」則係指已依法取得抵押權、地上權、典權等權利之人。

第七十二條（總登記公告）

登記機關對審查證明無誤之登記案件，應公告十五日。

解說

本條主要在明示總登記之公告期間。依土地法規定辦妥之登記，就具有絕對之效力，因此為求登記事項之真實無誤，以加強登記之公信力，對於經審查無誤之登記案件，自應依土地法第55條、第57條、第58條之規定予以公告。至於公告之期間，則依土地法第58條的規定，定為15天或30天。

土地登記不僅是該土地各項權利之證明，且根據現行法令，是土地權利取得、設定、移轉、變更或消滅生效之要件，因此地政機關受理登記之聲請後，除必須先審查證明無誤外，對於較為重要之案件，如土地總登記、所有權第一次登記、權利書狀遺失申請補發登記，自應予以公告，以昭公信。

第七十三條（應公告之內容）

前條公告，應於主管登記機關之公告處所為之，其內容應載明下列事項：

一、申請登記為所有權人或他項權利人之姓名、住址。

二、土地標示及權利範圍。

三、公告起訖日期。

四、土地權利關係人得提出異議之期限、方式及受理機關。

解說

　　本條主要在規定登記公告之內容。由於土地登記之公告係對於較重要而必須徵求異議之登記案件所為，因此對於公告之內容自應予以明確規範，以避免各地政機關各自為政，且可以達成徵求異議或昭公信之目的。

　　土地登記之公告，既然是為了徵求異議，以昭公信，則在公告內容當中，首先必須表明申請登記之當事人姓名及住所；其次，對於登記之土地標示及權利範圍尤應予以明示，否則利害關係人又如何能得知是否須提出異議。其後，對於公告之起訖時間當然必須表明，以免利害關係人延誤時機。再者，提出異議之期限、方式及受理機關均應在公告中予以闡明，以便利害關係人可以根據公告之規定，適時、合法的向受理機關提出異議。

　　有關文件經登記機關公告時，即產生公告效力，如須再行公告於村里辦公處所等地方，因郵寄時間關係，常產生公告時間與公告文所載始期不符之情形，故為避免不必要之糾紛，90年9月修訂時，特別刪除修訂前條文第68條第2款並修正第1款部分文字後，將之移列至本條。

相關法條與重要解釋函令

（一）相關法條

土地登記規則：第72條。

（二）重要解釋函令

內政部101年3月27日內授中辦地字第1016650490號函──登記機關辦理公寓大廈管理條例公布施行前之區分所有建築物地下層補辦所有權第一次登記之公告處所事宜。

第七十四條（發現錯誤之處理方式）
依前條公告之事項如發現有錯誤或遺漏時，登記機關應於公告期間內更正，並即於原公告之地方重新公告十五日。

解說

　　本條主要在明示土地登記機關在公告期間，若發生登記案件有錯誤或遺漏時，不論是當事人發現或登記機關發現，均應立即予以更正，並重新公告15日，以昭慎重。

　　公告本來就是為了徵求異議，因此一旦發現錯誤或遺漏，自應立即更正。所謂錯誤係指登記事項與實際不符而言；至所謂遺漏則係指因登記之事項漏未登記而言。

相關法條

土地登記規則：第73條。

第七十五條（權利爭執調處之時機）
土地權利關係人於公告期間內提出異議，而生權利爭執事件者，登記機關應於公告期滿後，依土地法第五十九條第二項規定調處。

解說

　　本條主要在明示土地登記機關處理權利爭執事件之時機及法令依據。由於土地或建物登記案件之公告，主要是爲了讓利害關係人提出異議，因此對於因異議而生之權利爭執，登記機關自應於公告期滿後根據土地法第59條第2項規定予以調處。不過如果當事人不服調處的話，則必須在接到調處通知後15日內，向司法機關提起訴訟。

　　登記案件在公告期間，若有人提出異議，登記機關本來可立即調處，但由於若尚未公告期滿，則可能有同類或相關異議再度提出，故有關調處之進行，自應俟公告期滿後再行爲之。其次，有關調處，則必須根據土地法第59條第2項規定之內容來進行。

相關法條

土地法：第59條。

　　張氏四兄弟於日據時代末期向日本三和會社購買了大約七甲地的魚塭，但一直沒有過戶到張氏等任一兄弟的名下，產權仍然屬於三和會社所有。光復後這個魚塭一直由張氏四兄弟在經營，稅金也都按時繳納，幾年前張氏四兄弟已相繼過世，目前這個魚塭由一位後代子孫在養魚。請問：這個魚塭的產權有沒有辦法登記給下一代？如果有，應如何辦理登記？

　　有關日據時期會社土地處理問題，茲答覆如下：

　　關於日據時期會社土地之清理，內政部曾於66年6月4日以

「日據時期會社土地清理要點」加以規範（本要點於93年9月22日廢止），其中對於會社土地已以會社名義辦竣總登記者，規定應依下列程序辦理：

1. 會社土地經國有財產局清理審查確定並通知申請人後，其經審查確定之原權利人部分或全體，得檢附審定及有關文件，申請更正登記。

2. 地政機關受理前項更正登記申請案件，經審查無誤後，即予公告3個月，期滿無人提出異議者，依公告結果辦理更正登記；如有異議者，比照土地法第59條第2項規定處理。

3. 申請人依第1款申請更正登記時，並應加具切結書，載明「權利人如有遺漏或錯誤，由申請人負責損害賠償及有關法律責任」字樣。

此外，為了加速清理無人申請審查之日據時期會社土地，內政部及財政部曾於75年1月14日會銜發布「無人申請審查之日據時期會社土地處理要點」（本要點於92年4月7日廢止），規定就以會社名義辦竣總登記之會社土地，經該要點第2點公告期滿，仍無人申請審查者，由國有財產局根據其會社股東之國籍，將屬日人股東之財產登記為國有。

張氏四兄弟所養殖之魚塭，雖然歷年均依法繳納稅金，不過應先查明其產權之現況，如仍登記為「三和會社」所有，則應根據上開規定，逕洽國有財產局辦理相關登記手續，然後再向國產局申請承租。若登記為國有，則可逕洽國產局辦理租用手續。

第七十六條（本條文業已刪除）

> **第七十七條**（未登記土地辦理登記之程序）
> 土地總登記後，未編號登記之土地，因地籍管理，必須編號
> 登記者，其登記程序準用土地總登記之程序辦理。

解說

　　本條主要在規定該地區辦理土地總登記後，如發現未登錄地時，應辦理登記之程序。由於以往對於交通水利用地等土地，通常均依土地法第41條規定免予編號登記，不過隨著土地使用型態的改變，河川及道路常常因環境的變遷而改變用途，此時就必須對未辦理登錄之河川或道路用地補辦總登記。

　　在登記實務上，對於未編定地號辦理登記之土地，一般均稱為「未登錄地」，除常見之河川、溝渠用地及巷道、農路用地外，尚包括海埔新生地、河川新生地等。此類土地在做原有型態使用時，有無辦理登記並非重點，但一旦使用型態變更，例如變更為建地時，常常必須與相鄰之原有建地合併使用，此時若不儘速辦理土地所有權總登記，則除了本身之使用受到限制外，勢必影響相鄰建地之使用，故本規則中特明定此類未登錄地補辦登記之程序。

　　有關逾總登記期限未辦理編號登記之土地如新生地或免予編號登記之土地或國有林班地，因地籍管理，必須編號登記之土地等，均應辦理土地所有權第一次登記，90年9月修訂時，特別修正有關文字。

重要解釋函令

1.內政部55年3月15日台（55）內地字第194855號函——交通

水利用地得編號辦理登記。

2.內政部71年3月4日台（71）內地字第71478號函——廢棄之排水溝地，得編號辦理土地總登記。

第二節　建物所有權第一次登記

第七十八條（建物勘測）
申請建物所有權第一次登記前，應先向登記機關申請建物第一次測量。在中華民國一百零二年十月一日以後領有使用執照之建物，檢附依使用執照竣工平面圖繪製及簽證之建物標示圖辦理登記者，不在此限。

解說

　　本條主要在明示建物申辦所有權第一次登記前，必須先申請建物勘測，並由負責辦理測量之地政單位對於建物之位置、面積等，根據建築主管機關所核發之各項文件詳加核對測量，以作為登記之依據。

　　建築物不論新舊，只要符合相關規定，均可申辦建物所有權第一次登記。不過在申請登記前，應先依土地法第38條的規定向地政機關申請建物勘測，以確定建物之坐落、構造、式樣、種類、形狀、面積、門牌、用途等，俾取得建物勘測成果圖，作為建物登記之依據。

　　102年8月修訂時，增列：「在民國102年10月1日以後領有使用執照之建物，檢附竣工平面圖繪製及簽證的建物標示圖辦理登記者，不在此限」，因竣工平面圖及建物標示圖已經具有

建物勘測成果圖之功能。故規定，在申請建物所有權第一次登記，檢附依使用執照竣工平面圖繪製及簽證之建物標示圖辦理登記之案件，不需再申請建物第一次測量。

重要解釋函令

1. 內政部82年5月5日台（82）內地字第8205620號函——地下層廢水處理場得以附屬建物辦理建物第一次測量及所有權第一次登記。

2. 內政部82年6月5日台（82）內地字第8279813號函——未實施容積管制地區綜合設計鼓勵辦法所設計之建築物地面層開放空間不宜辦理測量登記。

3. 內政部90年11月29日台（90）內地字第9066208號函——雜項工作物既經核發使用執照，得辦理建物第一次測量登記。

第七十八條之一（建物標示圖繪製之規定）

前條之建物標示圖，應由開業之建築師、測量技師或其他依法規得為測量相關簽證之專門職業及技術人員辦理繪製及簽證。

前項建物標示圖，應記明本建物平面圖、位置圖及建物面積確依使用執照竣工平面圖繪製，如有遺漏或錯誤致他人受損害者，建物起造人及繪製人願負法律責任等字樣及開業證照字號，並簽名或蓋章。

依建物標示圖申請建物所有權第一次登記，申請人與委託繪

製人不同時，應於登記申請書適當欄記明同意依該圖繪製成果辦理登記，並簽名或蓋章。

解說

102年8月修訂後，增訂此條文，主要是因為在本規則第78條後段增列：「在中華民國102年10月1日以後領有使用執照之建物，檢附依使用執照竣工平面圖繪製及簽證之建物標示圖辦理登記者，不需辦理建物第一次測量登記之申請。」也就是將此責任委由經過政府相關單位認證之專業建築師、測量技師或其他依法規得為測量相關簽證之專門職業及技術人員辦理繪製及簽證。再則建物第一次登記之案件對當事人影響重大，也因標示圖或竣工平面圖具有建物勘測成果圖之功能，而可在建物第一次登記之案件中，代替建物測量成果圖，所以只要檢附標示圖，就可不用申請建物第一次測量。因此建物標示圖或竣工平面圖若非經政府有關機關認證許可之專業人士或機構繪製完成，則將會有該建物標示圖因品質或正確性，而遭致他人受有損害的危機之疑慮存在。因此要求建物標示圖，應由開業之建築師、測量技師或其他依法規得為測量相關簽證之專門職業及技術人員辦理繪製及簽證。

而為了防止因建築師、測量技師或其他依法規得為測量相關簽證之專門職業及技術人員所製成之建物標示圖有所遺漏或錯誤而遭致他人受有損害，因此要求建物標示圖，應記明建物平面圖、位置圖及建物面積確依使用執照竣工平面圖繪製，如有遺漏或錯誤致他人受損害者，建物起造人及繪製人願負法律責任等字樣及開業證照字號，並簽名或蓋章。

第七十九條（建物所有權第一次登記應檢附之文件）

申請建物所有權第一次登記，應提出使用執照或依法得免發使用執照之證件及建物測量成果圖或建物標示圖。有下列情形之一者，並應附其他相關文件：

一、區分所有建物申請登記時，應檢具全體起造人就專有部分所屬各共有部分及基地權利應有部分之分配文件。

二、區分所有建物之專有部分，依使用執照無法認定申請人之權利範圍及位置者，應檢具全體起造人之分配文件。

三、區分所有建物之地下層或屋頂突出物，依主管建築機關備查之圖說標示為專有部分且未編釘門牌者，申請登記時，應檢具戶政機關核發之所在地址證明。

四、申請人非起造人時，應檢具移轉契約書或其他證明文件。

前項第三款之圖說未標示專有部分者，應另檢附區分所有權人依法約定為專有部分之文件。

實施建築管理前建造之建物，無使用執照者，應提出主管建築機關或鄉（鎮、市、區）公所之證明文件或實施建築管理前有關該建物之下列文件之一：

一、曾於該建物設籍之戶籍證明文件。

二、門牌編釘證明。

三、繳納房屋稅憑證或稅籍證明。

四、繳納水費憑證。

五、繳納電費憑證。

六、未實施建築管理地區建物完工證明書。

七、地形圖、都市計畫現況圖、都市計畫禁建圖、航照圖或政府機關測繪地圖。

八、其他足資證明之文件。

前項文件內已記載面積者，依其所載認定。未記載面積者，由登記機關會同直轄市、縣（市）政府主管建築、農業、稅務及鄉（鎮、市、區）公所等單位，組成專案小組並參考航照圖等有關資料實地會勘作成紀錄以為合法建物面積之認定證明。

第三項之建物與基地非屬同一人所有者，並另附使用基地之證明文件。

解說

　　本條主要在明示建物辦理所有權第一次登記時，應檢附之相關證明文件。由於台灣地區早先並未全面實施建築管理，因此對於檢附文件之規定，自應依是否實施建築管理所興建之建築物，而有不同之規定。

　　申辦建物所有權第一次登記時，由於係屬物權之創設登記，因此地政機關在審查時，除了必須顧及該申請登記之建物各項「有形條件」外，對於其權利部分之「無形條件」尤須加以注意。為了使地政機關得以順利審查及登記，本條特別要求當事人在申請建物所有權第一次登記時，必須檢附相關之證明文件，以昭慎重。

　　對於未實施建築管理以前所興建之建築物，由於欠缺使用執照、竣工圖、甚或建造執照等建築管理證明文件，而必須仰賴戶籍謄本、門牌證明、水電繳納證明等旁證，來作為佐證，因此新修正的土地登記規則特在第3項中予以明列。

　　按建築法第98條及第99條規定，得免適用建築法全部或一部之建物，如其係得免發使用執照者，應提出主管建築機關核

發之證件，90年9月修訂時，特別修正本條第一項文字。再則根據本規則第78條規定，當申請建物所有權第一次登記，已然提出建物標示圖時，則可免提出建物測量成果圖。

而在102年8月修訂時，對第1項第1款部分稍作修改並移至第2款，另增加第1及第3款，將原第2款移至第4款。

修訂後第1項第1款規定：「區分所有建物申請登記時，應檢具全體起造人就專有部分所屬各共有部分及基地權利應有部分之分配文件。」現今之建物多爲集合式住宅之區分所有建物，而區分所有建物則包括區分所有權人自己單獨使用之專有部分及區分所有建物中全部所有權人都可使用俗稱公共設施之共用部分。然而以現今的情況下，專有部分與共用部分之價格在建物銷售時，並無區別，也就是兩者價格相同。根據公寓大廈管理條例第3條第3款規定：「專有部分：指公寓大廈之一部分，具有使用上之獨立性，且爲區分所有之標的者。」由此可知專有部分是區分所有權人自己單獨使用，而在該條例第3條第4款中規定：「共用部分：指公寓大廈專有部分以外之其他部分及不屬專有之附屬建築物，而供共同使用者。」所以共用部分係是區分建物之全部所有權人都可使用。

而一般消費者都會有一種共識，就是專有部分才是消費者購買該建物之主要因素部分，也就是購屋者其實想買的部分只有專有部分而已，而共用部分則是不得不的選擇。所以一般都會認定，如果共用部分占所有權的比例愈少那麼將會愈理想，也就是公設比例愈少愈好。而在區分所有建物的買賣習慣上，仍然是以專有部分加上共用部分之面積，也就是所謂登記建坪計算價金，所以公設比率就會成爲消費者購屋時，一項很重要的考慮因素之一。而基地持份面積倒是爲一般消費者所忽略，

但基地持份面積其實對所有權人的權益影響相當重大。例如將來都更時，就是以土地權利價值來計算將來分配都更後之權利價值比例。所以在第1項第1款中特別規定：「區分所有建物申請登記時，應檢具全體起造人就專有部分所屬各共有部分及基地權利應有部分之分配文件。」

　　第1項第3款規定：「區分所有建物之地下層或屋頂突出物，依主管建築機關備查之圖說標示為專有部分且未編釘門牌者，申請登記時，應檢具戶政機關核發之所在地址證明。」，區分所有建物之地下層或屋頂突出物一般都登記為共同使用之共用部分。而在公寓大廈管理條例第3條第5款規定：「約定專用部分：公寓大廈共用部分經約定供特定區分所有權人使用者。」，也就是共用部分係可約定專用，但是如果共用部分約定特定區分所有權人使用，而成為專用部分時，除了約定外，仍必須在管理規約中註明，當區分建物中，部分所有權人產權移轉或讓與他人時，該受讓人始有依據可瞭解該約定，所以本款特別做此規定。

重要解釋函令

1. 內政部64年12月9日台內（64）營字第657708號函——以主管名義興建中央公教住宅得以代建證明申辦建物登記。
2. 內政部71年5月12日台（71）內地字第86068號函——建物產權誰屬未確定，應由申請人訴請司法機關確認其產權後再憑辦理。
3. 內政部75年3月12日台（75）內地字第391361號函——建物突出建築線外占用道路用地，該占用部分不准登記。

4. 內政部76年11月7日台（76）內地字第545441號函──未編
   列門牌建物不得辦理登記。

5. 內政部77年6月9日台（77）內地字第604777號函──雜項執
   照不得據以辦理建物所有權第一次登記。

6. 內政部78年7月24日台（78）內地字第724877號函──建物
   地下室天井不得辦理勘測及登記。

7. 內政部80年6月29日台（80）內地字第933336號函──實施
   建築管理前，原屬同一人所有之土地與房屋，因分別出賣予
   不同人，其申辦建物所有權第一次登記，無土地登記規則第
   79條第4項之適用。

8. 內政部80年7月1日台（80）內地字第8080010號函──建物
   使用執照起造人為無法人資格之工廠或商號，辦理建物所有
   權第一次登記事宜。

9. 內政部80年11月19日台（80）內地字第8079416號函──建
   物使用執照起造人為無法人資格之工廠或商號，辦理建物所
   有權第一次登記事宜。

10. 內政部80年12月23日台（80）內地字第8073992號函──建
    物使用執照起造人為無法人資格之工廠或商號，辦理建物所
    有權第一次登記事宜。

11. 內政部82年3月8日台（82）內地字第8203013號函──建物
    使用執照起造人為無法人資格之工廠或商號，辦理建物所有
    權第一次登記事宜。

12. 內政部84年5月30日台（84）內地字第8475182號函──依
    建築法及建築管理規則規定，不適用建築法之建物，可受理
    建物所有權第一次登記。

13. 內政部85年2月27日台（85）內地字第8573716號函──以

主建物登記之停車空間及市場攤位，其產權登記方式。

14. 內政部85年11月18日台（85）內地字第8510926號函——建物所有權第一次登記申請人非起造人，其辦理登記事宜。

15. 內政部86年2月22日台（86）內地字第8674201號函——建築在都市計畫公共設施用地上且領有使用執照之建物，得辦理建物所有權第一次測量登記。

16. 內政部86年9月15日台（86）內地字第8685309號函——建物所有權第一次登記後移轉於第三人於辦畢登記，建物使用執照經原核發機關撤銷，建物登記簿之註記事宜。

17. 內政部87年4月21日台（87）內地字第877211號函——整棟建物皆為同一權利主體，申辦建物所有權第一次登記原則。

18. 內政部87年7月21日台（87）內地字第870738號函——建物所有權第一次登記申請人非起造人，其辦理登記事宜。

19. 內政部89年3月20日台（89）內中地字第8904882號函——關於民國60年間取得使用執照之區分所有建物地下室申請建物測量、登記事宜。

20. 內政部91年11月7日台內中地字第0910017121號函——使用執照為非法人之商號及工廠申請建物所有權第一次登記事宜。

21. 內政部92年5月1日內授中辦地字第0920082830號函——預為抵押權登記之建物，於辦理建物所有權第一次登記時，其登記轉載事宜。

22. 內政部92年8月8日內授中辦地字第0920083875號函——農業發展條例修正後，農舍興建申請人為農舍基地共有人之一，申辦農舍建物所有權第一次登記時，免由基地全部共有

人共同切結。

23. 內政部93年8月26日內授中辦地字第0930011914號函——建物使用執照起造人為無法人資格之工廠或商號，仍應以全體合夥人名義申辦公同共有建物所有權第一次登記。

24. 內政部96年9月28日內授中辦地字第0960051711號函——農舍辦理建物所有權第一次登記，所檢附之權利證明文件為移轉契約書時，應檢附申請人具結僅有一戶農舍之書面聲明辦理登記。

25. 內政部101年3月27日內授中辦地字第1016650490號函——登記機關受理公寓大廈管理條例公布施行前之區分所有建築物地下層補辦所有權第一次登記之公告處所，除登記機關之公告處所外，一併於申請登記建物所在地之明顯處（如地下室出入口、一樓或管理委員會公布欄）或村（里）辦公處所揭示公告，該公告文件效力之發生以揭示於登記機關公告處所之公告為準。

26. 內政部101年4月2日內授中辦地字第1016650578號令——有關同一人所有之建築物以區分所有型態申請所有權第一次登記時，其各專有部分所屬共有部分及基地應有部分之分配，應按各專有部分面積與專有部分總面積之比例，定其共有部分及基地之應有部分。

27. 內政部102年10月30日內授中辦地字第1026652059號令——地政機關配合農業用地興建農舍辦法第12條規定辦理註記登記之處理方式。

28. 內政部103年4月10日內授中辦地字第1036650717號令——地政機關配合農業用地興建農舍辦法第12條規定辦理註記登記之處理方式。

29.內政部103年8月21日內授中辦地字第1036036972號函——
　　農業發展條例89年1月26日修正施行後取得之農業用地興建
　　之農舍，始有農業發展條例第18條第2項規定之限制。

實例

　　陳義於民國40年間以口頭方式向地主李儀租地建屋，並向
稅捐單位申報房屋稅設籍，並繳納房屋稅，請問是否能申請房
屋所有權登記？

　　又陳義每年均按時繳納土地租金，但今年李儀卻不收租
金，請問要如何辦理以確保陳義應有之權利？

　　有關租地建屋之問題，茲答履如下：

　　租用基地建築房屋，根據土地法第102條規定：「租用基地
建築房屋，應由出租人與承租人於契約成立後二個月內，聲請該
管直轄市或縣（市）地政機關為地上權之登記。」根據上開規
定，陳義有權要求李儀會同向地政機關聲請地上權設定登記。

　　至於辦理建物所有權第一次登記部分，陳義可檢具在40年
代即已興建房屋之相關資料，其中包括：

　　1.曾於該建物設籍之謄本。

　　2.門牌編釘證明。

　　3.繳納房屋稅憑證。

　　4.繳納水費憑證。

　　5.繳納電費憑證。

　　6.未實施建築管理地區建物完工證明書。

　　7.地形圖、都市計畫現況圖、都市計畫禁建圖、航照圖或
　　　政府機關測繪地圖。

　　8.其他足資證明之文件。

　　前項文件內已記載面積者，依其所載認定。未記載面積者，由登記機關會同直轄市、縣（市）政府主管建築、農業、稅務及鄉（鎮、市、區）公所等單位，組成專案小組並參考航照圖等有關資料實地會勘作成紀錄以為合法建物面積之認定證明。

　　不過建物與基地非屬同一人所有，並另附使用基地之證明文件。

　　現在李儀拒絕收取陳義的租金，顯然有解除租賃契約之意圖，陳義最好按期將應付之租金到法院辦理提存，以確保權益。

第八十條（區分所有建物之登記）
區分所有建物，區分所有權人得就其專有部分及所屬共有部分之權利，單獨申請建物所有權第一次登記。

解說

　　本條主要在明示區分所有建物登記得由所有權人單獨申請辦理。由於數人區分所有同一建物時，無論如何劃分其區分所有部分，其個人區分所有部分均極為明確，因此為了使各區分所有權人之權利得到保障，本條特別規定得個別申請登記。

　　隨著經濟發展及地價的高漲，平房或透天厝已愈來愈少見，而建築物的型態絕大部分都是集合建築，因此有關集合建築之登記也就日趨複雜。在複雜的集合建築登記當中，首先必須解決的就是各區分所有建物的登記。為了保障各區分所有權人之權利，本條例特別同意彼等得單獨申請建物所有權之第一

次登記。

　　至於單獨申請登記之條件大約有下述兩點：

（一）各區分建物專有部分應有明確之界線，例如各區分所有建物如以樓層劃分，則各層之分隔必須明確，且能分層測繪，並區分所有。如果是同一層區分為數部分，則應有固定之牆壁為界，另所屬共有部分之持份應明確，否則即不得單獨申請登記。

（二）各區分所有之專有部分須能單獨使用。所謂單獨使用係指各區分所有部分具有使用上之獨立性而言，尤其是要有單獨之出入門戶，至於使用性質則非所問。

重要解釋函令

1. 內政部76年8月7日台（76）內地字第524371號函——構造及使用上不具獨立之建物，或未能增編門牌者，不得以區分所有建物辦理登記。

2. 內政部86年3月27日台（86）內地字第8674765號函——同一所有權人在同一建築基地上擁有數個區分所有建物時，各區分建物應分擔之基地應有部分之登載方式。

3. 內政部87年11月25日台（87）內地字第8712357號函——同一所有權人在同一建築基地上擁有數個區分所有建物時，各區分建物應分擔之基地應有部分之登載方式。

第八十一條（共同使用部分之登記方式）

區分所有建物所屬共有部分，除法規另有規定外，依區分所

有權人按其設置目的及使用性質之約定情形，分別合併，另編建號，單獨登記為各相關區分所有權人共有。

區分所有建物共有部分之登記僅建立標示部及加附區分所有建物共有部分附表，其建號、總面積及權利範圍，應於各專有部分之建物所有權狀中記明之，不另發給所有權狀。

解說

本條主要在明示建物辦理所有權第一次登記時，對於共同使用部分（即俗稱之公共設施）辦理登記之方式。公共設施之登記，原則上應依使用情形分別合併，另編建號，但是由於公共設施之所有權人通常較多，因此如每一公共設施均發給所有權狀，則不但增加地政機關之作業困擾，同時也欠缺正面之意義，故本條特別規定共同使用部分僅建立標示部及附加區分所有建物共同使用部分附表，用以表明各區分所有建物所擁有共同使用部分之持分。

民國83年修正地籍測量實施規則第297條之前（本條文業已刪除），有關公共設施之登記係以併入主建物為原則，單獨編列建號為例外，不過實施結果，建商當然將樓梯間等公共設施一律併入主建物當中，並以此來降低公設比例，以牟取較高之利益，使得地政機關無形中成為不法建商之幫兇。內政部有鑑於此，在83年修正地籍測量實施規則時，始將公共設施之登記更正為：以單獨編列建號為原則，併入主建物為例外，如此才逐漸將國內混亂的公設登記導入正軌。

其次，以往的公共設施登記係分別按各區分所有權人之持分比例予以登記，並發給權狀正本，使得一個集合建築的抵押權設定案件，其登記簿謄本動輒數十或數百張，製造了無窮的

困擾。其後，內政部認定區分所有權人對共同使用部分之應有部分權利，為各區分所有權之從權利，依民法第68條規定，嗣後區分所有建物之所有權移轉、設定、變更或限制等處分時，即當然包括共同使用部分之應有部分權利。因此，區分所有建物之共同使用部分僅建立標示部為已足，可不必再建立所有權部及他項權利部，亦不另發給所有權狀。惟為使各區分所有權人對共同使用部分之應有部分權利能於登記簿上明確提示，另於標示部後加列附表載明，真是官民兩便。

為求文意順暢，90年9月修訂時，特別增訂「之登記」部分文字，並增列「總面積及權利範圍」以符現行權狀上之資料狀態。

民國98年7月再修訂時將第1款後半部之「但部分區分所有權人不需使用該共有部分者，得予除外」刪除，以符現今情況。

重要解釋函令

1. 內政部71年10月20日台（71）內地字第101985號函——區分所有建物共同使用部分登記方式。
2. 內政部79年7月16日台（79）內地字第819823號函——有關區分所有建物共同使用部分經依法登記完畢，如經相關區分所有權人及他項權利人同意，當事人得申請權利範圍移轉變更登記。
3. 內政部80年9月18日台（80）內營字第8071337號函——區分所有建物停車空間及防空避難設備之產權登記。
4. 內政部81年8月1日台（81）內營字第8184759號函——區分

所有建物停車空間及防空避難設備之產權登記。

5. 內政部81年9月21日台（81）內營字第8104762號函——區分所有建物停車空間及防空避難設備之產權登記。

6. 內政部82年6月10日台（82）內地字第8207254號函——區分所有建物共同使用部分權利之調整，申請登記，地政機關應予受理。

7. 內政部83年5月13日台（83）內地字第8375317號函——區分所有建物停車空間及防空避難設備之產權登記。

8. 內政部83年7月15日台（83）內地字第8383079號函——兩個不同建照經全體起造人協議得將集中留設於其中一建照之「社區遊憩中心」作爲兩建照建物所屬之共同使用部分。

9. 內政部83年8月2日台（83）內地字第8309551號函——區分所有權人就區分所有建物專作停車空間用途之共同使用部分之權利移轉於同一建物之他區分所有權人者，登記機關得予受理。

10. 內政部84年8月15日台（84）內地字第8485344號函——區分所有建物經依法登記完畢，申請共同使用部分權利範圍移轉變更之登記，登記機關應予受理。

11. 內政部84年8月17日台（84）內地字第8487767號函——區分所有建物之共同使用部分，辦理權利範圍變更或移轉時，於電腦登記作業，建物標示部應維持第一次登記之資料。

12. 內政部85年2月27日台（85）內地字第8573716號函——區分所有建物內作爲共同使用部分之法定防空避難室或法定停車空間，不得合意由某一專有部分單獨所有。

13. 內政部85年5月29日台（85）內地字第8575108號函——依建築技術規則建築設計施工編第59條之1規定集中留設之法

定停車空間辦理建物所有權第一次登記事宜。

14.內政部85年6月27日台（85）內地字第8505406號函——法定停車空間之計算基礎事宜。

15.內政部85年9月7日台（85）內地字第8580947號函——以共同使用部分登記之停車空間其產權登記方式。

16.內政部85年11月26日台（85）內地字第882488號函——實施都市計畫地區建築基地綜合設計鼓勵辦法所設計之建築物地面層開放空間辦理測量、登記事宜。

17.內政部86年3月25日台（86）內地字第8674739號函——數區分所有建物所有權人協議共用其共同使用部分之某一特定停車位，其電子處理作業登記方式。

18.內政部86年3月31日台（86）內地字第8602456號函——已辦理編號登記之停車位與市場攤位，嗣後該相關所有權人互為調換或調整變更其分管使用之車位或攤位時，以「交換」為其登記原因。

19.內政部87年11月21日台（87）內地字第8790796號函——法定停車空間得併入主建物測繪登記之要件。

20.內政部87年11月25日台（87）內營字第8773373號函——法定停車空間或防空避難室，如係以共同使用部分登記為該區分所有建物全體或部分區分所有權人共有，其移轉承受人仍應以該區分所有權人為限。

21.內政部88年10月20日台（88）內中地字第8886363號函——同棟區分所有建物內之法定停車空間與增設停車位辦理移轉，其適用之登記原因及登記方式。

22.內政部90年2月16日台（90）內中地字第9080272號函——有關區分所有建物登記相關執行事宜。

23. 內政部90年12月24日台（90）內中地字第9084443號函——早期取得建造執照但未併同主建物辦理登記之區分所有建物地下層，自始即為該區分所有建築物之管理委員會管理，得由部分區分所有權人代全體區分所有權人申辦登記。

24. 內政部96年9月5日內授中辦地字第0960727268號函——區分所有建物共有人分管之法定停車位註記登記事宜。

25. 內政部97年4月9日內授中辦地字第0970044237號函——區分所有建物共有人分管之法定停車位註記登記事宜。

26. 內政部98年10月16日台內地字第0980195168號函——登記機關應於建物測量成果圖上加註共有部分之項目，並於建物標示部其他登記事項欄登載共有部分之詳細項目內容。

27. 內政部102年10月24日台內地字第1020310050號函——一般建物不得加註汽車停車位、裝卸位及機車停車位之數量及編號。

第八十二條（本條文業已刪除）

第八十三條（申請建物所有權第一次登記時，應記明基地權力種類）

區分建物所有權人申請建物所有權第一次登記時，除依第七十九條規定，提出相關文件外，並應於申請書適當欄記明基地權利種類及範圍。

登記機關受理前項登記時，應於建物登記簿標示部適當欄記明基地權利種類及範圍。

解說

根據公寓大廈管理條例第4條規定：「區分所有權人除法律另有限制外，對其專有部分，得自由使用、收益、處分，並排除他人干涉。專有部分不得與其所屬建築物共用部分之應有部分及其基地所有權或地上權之應有部分分離而為移轉或設定負擔。」

為配合公寓大廈管理條例第4條上開規定，並避免於辦理所有權移轉時滋生疑義，90年9月修訂時，特別增訂本條規定。

相關法條與重要解釋函令

（一）相關法條

土地登記規則：第79條。

（二）重要解釋函令

1. 內政部90年11月13日台（90）內中地字第9084407號函——有關土地登記規則第65條、第83條及第117條辦理註記事宜。

2. 內政部91年2月6日台內中地字第0910001589號函——區分建物所有權人於申請建物所有權第一次登記時，記明基地權利種類及權利範圍所附基地權利證明文件事宜。

3. 內政部91年9月11日台內中地字第0910085086號函——關於申請建物所有權第一次登記時，依土地登記規則第83條規定記明基地權利種類及其範圍，勿須檢附基地所有權人印鑑證明。

第八十四條（土地總登記程序之準用）
建物所有權第一次登記，除本節規定者外，準用土地總登記
程序。

解說

　　本條主要在明示建物所有權第一次登記除適用本款之規定
外，準用土地登記之程序。由於建物所有權第一次登記係屬於
物權之創設登記，因此其性質略同於土地總登記，故有關登記
之程序，除本款規定者外，自應沿用土地總登記之規定。

　　所謂「土地總登記」係對從未辦理登記地區之土地依土地
法第48條所規定之程序辦理登記，而此正是國父在建國大綱中
所念茲在茲的開國重要工作。建物所有權第一次登記，其重要
性雖不若土地總登記，但對所有權人來說，創設一個新的物權
是何等重要之事，故土地登記規則中對於建物所有權第一次登
記除在第3章第2節總登記中特設第2款建物所有權第一次登記
予以規範外，並特設本條規定，若本款規定不足者，得援用土
地總登記之程序，以利建物所有權第一次登記之執行。

第五章

標示變更登記

第八十五條（標示變更登記）
土地總登記後，因分割、合併、增減及其他標示之變更，應
為標示變更登記。

解說

　　本條主要在明示土地標示若有變更時，應即申辦標示變更
登記，以求登記簿上關於土地標示之記載和實際相符。

　　土地標示包括使用分區、編定種類、面積等，為記載土地
相關資料之重要依據，因此一旦土地標示有所變更時，自應立
即辦理標示變更登記，以求登記內容與實際相符。

重要解釋函令

1. 行政院58年1月6日台（58）內字第0071號函——軍事設施禁
   建區內已建築房屋在不影響實施禁建規定之原則下，可照實
   際使用情形為地目變更。
2. 內政部65年5月25日台（65）內地字第685443號函——都市
   範圍「建」「雜」地目土地之等則免填。
3. 內政部65年8月12日台（65）內地字第690911號函——保護

區農地變更地目以其變更使用是否合法為准駁依據。

4. 內政部67年8月3日台（67）內地字第796975號函——農業用地編定前已變更使用者，可申辦地目變更登記。

5. 內政部72年12月28日台（72）內地字第202802號函——供公眾使用之法定空地縱單獨分割為一筆，仍不得變更地目為「道」。

6. 內政部73年11月23日台（73）內地字第273773號函——實施建管前建物之基地一部分被劃為公共設施預定地，准其申請變更地目為「建」。

7. 內政部80年7月24日台（80）內地字第8074358號函——都市計畫農業區「田」地目土地變更地目應以合法變更使用者為準。

8. 內政部87年4月9日台（87）內地字第8704158號函——都市計畫保護區之土地，部分依法變更建築使用，得就其建築基地範圍申辦土地分割及地目變更。

9. 內政部88年3月3日台（88）內地字第8888644號函——逐步漸進廢除地目等則制度之處理原則。

10. 內政部88年6月30日台（88）內地字第880751號函——實施建築管理前建築之建物基地為「田」地目申辦建物所有權第一次登記之釋疑。

11. 內政部89年6月15日台（89）內地字第8961021號函——都市計畫內農業區加油站用地變更為建地目，應就實際興建加油站及相關建築設施之建築基地範圍辦理土地分割及地目變更。

12. 內政部89年8月2日台（89）內地字第8973288號函——已完成使用編定之非都市土地，自89年9月1日起停止辦理地目

變更登記及銓定作業。

13.內政部89年9月13日台（89）內地字第8912506號函——非都市地區第一次登錄測量之土地應儘速辦理使用編定，免再銓定地目。

14.內政部89年9月13日台（89）內地字第8977503號函——實施建築管理前合法建物及其面積認定之辦理方式。

15.內政部90年6月28日台（90）內地字第9009516號函——地目變更申請書得增訂委任關係欄。

16.內政部91年5月6日台內地字第0910006331號函——都市計畫農業區之土地於限制建地擴展實施辦法公布前已存在之合法房屋，因九二一震災倒塌損毀，原所有權人得向直轄市、縣（市）主管機關提出重建之申請。

17.內政部91年6月27日台內地字第0910008559號函——非都市土地之地目與使用編定不符者，准予受理民眾申請塗銷該土地之地目，並將其地目欄以空白方式處理。

18.內政部91年9月2日台內地字第0910011381號函——非都市土地之地目與使用編定不符者，准予受理民眾申請塗銷該土地之地目，並將其地目欄以空白方式處理。

19.內政部91年9月9日台內地字第0910061611號函——都市土地之地目與使用分區不符者，准予民眾申請塗銷該土地之地目，並將地目欄以空白方式處理。

20.內政部92年5月2日台內地字第0920006653號函——不同地目之非都市土地申請合併後，縱然使用舊有地號，其地目欄仍以空白方式處理。

21.內政部93年3月3日台內地字第0930063090號函——都市計畫同一使用分區不同地目土地申請合併後，不予銓定地目而

將其地目欄以空白方式處理。

22. 內政部94年10月21日台內地字第0940078604號函──受理民眾申請塗銷地目，登記機關無需派員赴現場勘查。

23. 內政部100年1月10日內授中辦地字第1000723535號令──土地所有權人死亡，繼承人於辦理繼承登記前，得先行申請土地標示分割登記。

24. 內政部102年6月19日內授中辦地字第1026651152號令──土地所有權人死亡，繼承人於辦理繼承登記前，得先行申請土地標示合併登記。

25. 內政部102年12月24日台內營字第1020813101號函──有關農業用地興建農舍辦法102年7月1日修正前已申請農舍之農業用地分割，及已興建農舍之耕地依農業發展條例第16條規定辦理分割者，其辦理解除套繪事宜一案，請查照。

26. 內政部103年1月2日內授中辦地字第1026042363號函──農業用地興建農舍辦法102年7月1日修正前已申請農舍之農業用地分割，及已興建農舍之耕地依農業發展條例第16條規定辦理分割者，其辦理解除套繪事宜。

27. 內政部104年2月5日台內營字第1040800966號函──已興建農舍之共有農業用地，經鄉鎮市區公所調解委員會調解分割成立或直轄市縣（市）不動產糾紛調處委員會調處分割確定，屬共有物之協議分割，應經解除套繪管制後，始得辦理分割登記。

28. 內政部105年10月27日台內地字第1050436952號函──地目等則制度自106年1月1日廢除，並停止辦理地目變更登記。

第八十六條（土地之部分合併於他土地，應先行申辦分割登記）
一宗土地之部分合併於他土地時，應先行申請辦理分割。

解說

本條主要在規定若將一宗土地中之一部分合併於他宗土地時，必須先行辦理分割登記，將該宗土地中擬與他宗土地合併之部分，單獨分割出來，然後再將之與他宗土地合併。

土地若僅就一宗土地中之一部分與他宗土地合併時，若不先行將該部分單獨分割出來，則其位置與面積在地籍上勢必無法確認，當然更無法合併。故在合併前必須將該宗土地內擬合併之部分單獨分割出來，以確認其位置與面積。

第八十七條（土地部分設定用益物權，辦理分割登記之作業方式）
一宗土地之部分已設定地上權、永佃權、不動產役權、典權或農育權者，於辦理分割登記時，應先由土地所有權人會同他項權利人申請勘測確定權利範圍及位置後為之。但設定時已有勘測位置圖且不涉及權利位置變更者，不在此限。

解說

本條主要在規定若一宗土地上之部分設定地上權等用益物權而申辦分割登記時，必須先由土地所有權人會同用益物權之權利人申請勘測，確定權利範圍及位置後，始得辦理該分割登記。

　　他項權利中之地上權、永佃權、不動產役權、典權或農育權均屬用益物權之一種，故其存在係以占有為要件。而原先在共有土地情況下，僅就一宗土地之部分設定上開用益物權時，應已確認其所實際占有之位置。故在辦理分割登記時，當須先行勘測，以確認其實際占有之位置，以免在分割後損及其他共有人之權益。

　　實務上，已時效取得地上權之他項權利人與土地所有權人立場對立，多不願會同所有權人申請勘測位置圖，且一宗土地之部分設定用益物權時，均已有勘測位置圖，為避免所有權人困擾與勘測作業重複，90年9月修訂時，特別增列但書，以利執行。

重要解釋函令

內政部87年11月2日台（87）內地字第8711304號函——有關大眾捷運系統工程使用公、私共有道路等公共設施用地，私有持分部分設定地上權無須檢附公有持分所有權人之同意書。

第八十八條（他項權力不因土地合併而受影響）
二宗以上所有權人不同之土地辦理合併時，各所有權人之權利範圍依其協議定之。
設定有地上權、永佃權、不動產役權、典權、耕作權或農育權之土地合併時，應先由土地所有權人會同他項權利人申請他項權利位置圖勘測。但設定時已有勘測位置圖且不涉及權利位置變更者，不在此限。

前項他項權利於土地合併後仍存在於合併前原位置之上，不因合併而受影響。

設定有抵押權之土地合併時，該抵押權之權利範圍依土地所有權人與抵押權人之協議定之。

解說

　　本條主要在明示土地合併時，關於權利範圍應由各所有權人協議之。若合併土地有地上權、永佃權、不動產役權、典權、耕作權或農育權等用益物權時，則應先勘測其位置，以便合併後其權利範圍仍能存在於合併前原位置上。至於合併前之抵押權，則其範圍仍應由所有權人與抵押權人協議。至於耕地之合併，對於合併前原有之抵押權則應以該土地所有權人合併後取得之權利範圍全部為之。

重要解釋函令

1. 內政部70年6月8日台（70）內地字第21937號函——建物合併申請登記，其合併前已設定之抵押權以合併前各該建號主建物及附屬建物面積之和與合併後面積之和之比計算其權利範圍。
2. 內政部76年12月19日台（76）地字第58743號函——設定有抵押權之土地分割後再申請合併，如合併後抵押權與分割前抵押權內容一致得免檢附抵押權人之同意書。
3. 內政部87年6月4日台（87）內地字第8706280號函——設定抵押權內容完全一致之多筆土地合併，免經抵押權人同意。
4. 內政部101年6月28日內授中辦地字第1016651125號函——有

關共有人依土地法第34條之1規定辦理土地合併複丈登記，未會同之共有人有抵押權，其所有權及該抵押權之權利範圍協議書之處理事宜。

第八十九條（建物基地分割或合併涉及基地號變更之規定）
申請建物基地分割或合併登記，涉及基地號變更者，應同時申請基地號變更登記。建物與基地所有權人不同時，得由基地所有權人代為申請或由登記機關查明後逕為辦理變更登記。
前項登記，除建物所有權人申請登記者外，登記機關於登記完畢後，應通知建物所有權人換發或加註建物所有權狀。

解說

本條主要在規定申辦建物基地分割或合併登記，如涉及基地號變更者，應同時辦理基地號變更登記，且若建物與基地分屬不同所有權人所有時，得由基地所有權人代理建物所有權人辦理建物之基地號變更登記手續。不過在基地號變更手續辦妥之後，應通知建物所有權人換發建物所有權狀，或在建物所有權狀上加註變更後之基地號。

隨著高樓大廈的興起，建築基地的面積日趨龐大，因此往往須合併數筆甚至數十筆土地，共同興建大樓。而大樓完工之後，由於區分所有權人動輒數十、數百人，因此自有必要將大樓之基地號予以合併，以簡化地籍管理，並減少當事人之困擾。而建物登記簿記載事項中，原本即列有坐落基地地號一項，故一旦基地號分割或合併，則建物登記簿上關於基地地號

之記載自應隨同辦理變更登記。

　　內政部97年4月22日內授中辦地字第0970723003號函——
申請建物基地分割或合併登記，涉及基地號變更，建物與基地
所有權人不同，且基地所有權人未代為申辦基地號變更登記
時，登記機關得逕為辦理變更登記。

第九十條（設定有他項權利之土地分割或合併登記後，權
　　　　　利書狀之換發或加註）
設定有他項權利之土地申請分割或合併登記，於登記完畢
後，應通知他項權利人換發或加註他項權利證明書。

解說

　　本條主要在規定設定有他項權利登記之土地辦理分割或合
併登記，於登記後對於原有之他項權利書狀，應予以換發或加
註分割或合併之事項。

　　在土地登記簿上或他項權利設定契約書、他項權利證明書
上，對於設定標的之地號、面積等均有詳細之記載，故這些土
地一旦辦理分割或合併登記完成，則與原他項權利證明書上所
記載之地號、面積等均已有所變更，自應隨即通知他項權利人
換發或加註他項權利證明書。

第九十一條（土地重劃變更登記方式）
因土地重劃辦理權利變更登記時，應依據地籍測量結果釐正
後之重劃土地分配清冊重造土地登記簿辦理登記。
土地重劃前已辦竣登記之他項權利，於重劃後繼續存在者，
應按原登記先後及登記事項轉載於重劃後分配土地之他項權
利部，並通知他項權利人。
重劃土地上已登記之建物未予拆除者，應逕為辦理基地號變
更登記。

解說

　　本條主要在規定土地重劃後必須根據地籍測量結果重造土
地登記簿，辦理登記。至於重劃前原已辦妥登記之他項權利，
若於重劃後繼續存在者，應轉載於重劃後所分配之土地上。至
於重劃前已登記之建物，自應辦理基地號變更登記。

　　不論農地重劃或市地重劃，基本上都是為了調整地形、地
塊，提高土地使用效力，而將原有土地之形狀予以整齊劃一，
並重分配之行為，而重劃後之地段、地號及面積，均和重劃前
有所不同，故除應依重劃結果辦理土地登記外，對於原地塊上
所附著之他項權利，自應隨之辦理相關登記手續。

　　王金水兄弟六人原本尚未分家時，共同買了5甲多的農
地，其後在76年分家並簽定協議書，不過因受到農地分割過戶
之限制還有好幾筆土地以老五和老六的名義登記。目前這些農
地正由政府辦理農地重劃中，其他兄弟趁此要求老五、老六將
其他兄弟應有部分登記到各兄弟名下，但老五、老六卻藉詞拒

絕。請問：

（一）王金水等四兄弟能不能夠拿分家協議書要求農地重劃主
　　　辦單位將農地分別登記到各兄弟名下？

（二）如主辦單位不肯時，是否可到法院告老五、老六要求按
　　　照分家協議書辦理？

　　　有關兄弟間農地分割登記問題，茲答覆如下：

（一）農地重劃後土地之分配，根據農地重劃條例第18條規
　　　定：「重劃區內之土地，均應參加分配，其土地標示及
　　　權利均以開始辦理分配日之前一日土地登記簿上所記載
　　　者為準；其有承租、承墾者，以開始辦理分配日之前一
　　　日，已依法訂約承租耕地之承租人或依法核准承墾土地
　　　之承墾人為準。」

（二）根據上開規定，重劃主管機關只能根據地政事務所所登
　　　記之資料來分配農地，恐怕無法根據四兄弟的陳請而來
　　　重分配農地。

（三）四兄弟對於農地分配如果有異議，可根據農地重劃條例
　　　第26條規定提出異議，其內容如下：

　　　「土地所有權人對於重劃區土地之分配如有異議，應於
　　　公告期間向該管直轄市或縣（市）主管機關以書面提
　　　出，該管直轄市或縣（市）主管機關應予以查處。其涉
　　　及他人權利者，並應通知其權利關係人予以調處。土地
　　　所有權人對主管機關之調處如有不服，應當場表示異
　　　議。經表示異議之調處案件，主管機關應於五日內報請
　　　上級機關裁決之。

　　　在縣設有農地重劃委員會或農地重劃協進會者，前項調
　　　處案件，應先發交農地重劃委員會或農地重劃協進會予

以調解。」

（四）為今之計，對於王金水最佳的辦法是和老五、老六兩個
　　　兄弟好好協商，萬一無法達成協議，只好檢具相關原始
　　　資料，請求法院判令他們兩個將多出來的農地拿出來還
　　　給其他兄弟。

第九十二條（地籍圖重測之登簿方式與相關規定）
因地籍圖重測確定，辦理變更登記時，應依據重測結果清冊
重造土地登記簿辦理登記。
建物因基地重測標示變更者，應逕為辦理基地號變更登記。
重測前已設定他項權利者，應於登記完畢後通知他項權利
人。

解說

　　本條主要規定地籍圖重測後應根據重測結果重新編列地
段、小段、地號及面積予以登記，並應隨即辦理他項權利及地
上物相關標示變更登記。

　　地政機關為了順利辦理地籍圖重測工作，內政部曾於77年
11月21日以台內地字第650201號函訂定發布「土地法第四十六
條之一至第四十六條之三執行要點」，全文共27點，就重測範
圍選定及相關作業細節予以規定。

|第六章|
所有權變更登記

第九十三條（所有權變更登記之場合）
土地總登記後，土地所有權移轉、分割、合併、增減或消滅時，應為變更登記。

解說

　　本條主要在明示土地總登記以後，土地權利發生變更，依民法第758條規定，非經登記，不生效力。

　　本條與土地法第72條幾乎完全一致，也就是將土地法第72條之規定予以更進一步的闡釋。由於土地總登記以後，土地權利常有移轉、分割、合併、設定、增減或消滅等變更，如果不及時為變更登記，則土地登記簿所登記之標示及權利狀態勢必與事實不符，從而失去土地登記之意義。因此，土地權利變更登記，其重要性並不亞於土地總登記。

重要解釋函令

1. 內政部五53年1月14日台（53）內地字第132562號函——拍賣之不動產如為第三人所有，則拍賣無效，不應准許辦理登記。

2. 行政院54年6月12日台54內字第4100號令——日據時期買受土地，於光復後仍由原出賣人登記所有權者，應向原出賣人請求移轉登記。

3. 內政部54年12月24日台（54）內地字第191060號函——已完成拍賣，承買人不得解除買賣。

4. 內政部59年6月10日台（59）內地字第368397號函——持憑已完成消滅時效之判決書申辦登記，如登記義務人未為拒絕移轉之抗辯者，應准予辦理。

5. 內政部59年12月11日台（59）內地字第394814號函——日據時期和解書記載系爭土地之登記應於1個月內為之，無消滅時效規定之適用。

6. 內政部61年10月9日台（61）內地字第481686號函——名稱及信徒不同之寺廟土地變更登記應為所有權移轉登記。

7. 內政部64年12月30日台（64）內地字第662115號函——土地經兩次拍賣，新拍定人得持憑法院權利移轉證書代為辦理移轉登記。

8. 內政部66年3月25日台（66）內地字第721458號函——單純受讓該權利標的物之人非確定判決效力之所及。

9. 內政部68年5月4日台（68）內地字第16579號函——原告勝訴之確定判決仍有拘束被告之繼承人移轉登記之效力。

10. 內政部68年12月8日台（68）內地字第45279號函——財產管理人非經法院許可，不得處分失蹤人不動產。

11. 內政部69年3月4日台（69）內地字第10755號函——土地與股票互相移轉，得準用買賣移轉登記辦理。

12. 內政部69年5月22日台（69）內地字第9269號函——調解書內容及附圖記載同意交換土地位置與分割地號四至不同，且

對造人不會同辦理登記，應訴請司法機關裁判確定後辦理登記。

13. 內政部70年3月5日台（70）內地字第7567號函——提存人已完成對待給付，債務人縱因另案判決確定，禁止其向提存所收取金錢債權，不影響原提存之效力。

14. 財政部70年9月19日（70）台財稅字第37984號函——凡於69年11月10日「台灣地區土地房屋強制執行聯繫辦法」修正發布前，取得法院拍賣之不動產，可憑執行法院核發之權利移轉證明書辦理權利變更登記，免依修正後第10條規定辦理。

15. 內政部71年7月14日台（71）內地字第88582號函——持憑法院不動產移轉登記證明書單獨申請持分移轉，登記機關應依重測後之土地標示辦理登記。

16. 內政部73年4月27日台（73）內地字第220957號函——查封拍賣之不動產，如有欠繳或應繳未到期之工程受益費，應依照工程受益費徵收條例第6條第3項規定辦理後，始得辦理移轉登記。

17. 內政部73年月29日台（73）內民字第230479號函——祭祀公業派下員經公告確定，仍可拋棄派下權，惟其效力不溯及既往。

18. 內政部73年8月22日台（73）內地字第250498號函——輔助勞工建購住宅貸款設定抵押權之土地及建物申辦贈與移轉登記，應徵得國宅機關之同意。

19. 內政部73年9月25日台（73）內地字第26148號函——法院確定判決第三人之不動產應移轉或設定於債權人，該債權人應繳納各項稅費後申請登記。

20. 內政部74年5月21日台（74）內民字第308234號函——已拋棄派下財產權之人，仍得依法院確定判決請求補列為祭祀公業派下員。

21. 內政部74年7月15日台（74）內地字第331178號函——法院拍賣之工業用地，承買人得持憑權利移轉證書，申辦產權移轉登記。

22. 內政部74年8月3日台（74）內地字第335964號函——法院核發之「不動產權利移轉登記請求權證明書」，僅得請求登記義務人辦理移轉登記，不得以該證明單獨申請移轉登記。

23. 內政部74年11月18日台（74）內地字第363958號函——共有土地共有人為使建物所占之基地面積與其應有持分相當，應就持分差額辦理移轉登記。

24. 內政部75年1月14日台（75）內地字第376414號函——祭祀公業土地移轉調解事件，當事人僅與管理人之一調解時，調解不合法；如再與未參與調解之其他管理人續行調解，可補正不合法之欠缺。

25. 內政部75年2月15日台（75）內民字第383801號函——祭祀公業之管理規約不得訂有各房分別所有及持分比率。

26. 內政部75年3月15日台（75）內地字第390640號函——二獨立法人之公司合併，被合併公司之不動產應以移轉登記方式由合併後存續公司承受。

27. 內政部75年8月28日台（75）內地字第429880號函——縣有土地作價投資自來水公司後，縣政府撤銷投資，申請為縣有登記，應以移轉登記方式辦理。

28. 內政部75年10月6日台（75）內地字第445814號函——和解

筆錄中有未到期之給付者，俟清償期屆至時，始有給付之義
務。

29. 內政部75年12月1日台（75）內地字第461224號函——祭
祀公業土地清冊之格式，由省、市地政機關依需要自行訂
定。

30. 內政部76年1月21日台（76）內地字第469925號函——持憑
本訴與反訴同時判決之判決書，可就本訴部分判決先行辦理
登記。

31. 內政部76年2月26日台（76）內地字第480524號函——以
「嘗」、「公業」或「祖嘗」辦理登記之土地應列入祭祀公
業土地清冊中管理。

32. 內政部76年3月2日台（76）內地字第480523號函——以死
亡業主姓名記載之土地，應視其實質判定為公業或私業所
有。

33. 內政部76年6月15日台（76）內地字第508779號函——募建
之寺廟未檢附寺廟登記證，其不動產之處分，仍有監督寺廟
條例第八條之適用。

34. 內政部76年7月17日台（76）內地字第522332號函——祭祀
公業於辦理法人登記前承購土地，辦理所有權移轉登記，應
登記為派下員全體公同共有。

35. 內政部76年10月23日台（76）內地字第543267號函——祭
祀公業土地之處分得依規約辦理。

36. 內政部77年5月7日台（77）內地字第594318號函——依確
定判決已登記完畢者，縱經再審判決廢棄原確定判決，應另
取得回復權利之判決，再行請求執行。

37. 內政部77年5月10日台（77）內地字第590903號函——返還

價金之判決不得據以申請不動產所有權移轉登記。

38.內政部78年1月9日台（78）內地字第664377號函——向法院拍賣取得不動產，如第三人就其拍賣效力提起異議之訴並由法院審理中，登記機關不得停止該建物申辦移轉登記。

39.內政部78年3月1日台（78）內地字第673295號函——簡化合作社社有不動產辦理土地登記作業。

40.內政部78年7月27日台（78）內地字第號函——確定判決之效力不及於當事人及訴訟繫屬後為當事人之繼受人以外之第三人。此項規定於訴訟上之和解，亦適用之。

41.內政部78年12月5日台（78）內地字第752253號函——法院確定判決之效力及於判決後依另一法律關係而取得土地權利之非善意第三人。

42.內政部79年6月19日台（79）內民字第800794號函——祭祀公業開漳聖王究應以祭祀公業或神明會辦理應以事實認定之。

43.內政部79年7月2日台（79）內地字第814510號函——祭祀公業土地之處分疑義事宜。

44.內政部79年8月2日台（79）內民字第823011號函——祭祀公業派下員喪失國籍是否喪失派下權宜視祭祀公業有無特約而定。

45.內政部80年2月26日台（80）內民字第900664號函——神明會信徒死亡繼承、管理人改選及規約變動辦理程序。

46.內政部80年3月18日台（80）內地字第914014號函——調解之標的係請求土地所有權移轉登記，並非派下權之爭執，則訴訟當事人是否即為祭祀公業全體派下員，非該調解確定力所及。

47. 內政部80年5月16日台（80）內地字第920989號函——被繼承人生前為不動產贈與，其繼承人應承受負為移轉登記之義務。

48. 內政部80年11月4日台（80）內地字第8076104號函——「獎勵投資條例」廢止後，原依該條例規定開發之工業區土地及廠房其移轉管制事宜。

49. 內政部81年12月4日台（81）內地字第8114492號函——權利人依法院確定判決等文件申辦土地所有權移轉登記，義務人有時效之抗辯權。

50. 內政部82年1月21日台（82）內地字第8278228號函——停車場法第16條第3項規定之執行事宜。

51. 內政部82年5月19日台（82）內地字第8275338號函——農會合併後，被合併農會之不動產應辦理移轉登記由合併後農會承受。

52. 內政部83年5月26日台（83）內地字第8306562號函——現居住於大陸地區之原台籍人民，出售大陸淪陷前原已登記其所有之台灣地區土地，應受台灣地區與大陸地區人民關係條例相關規定之規範。

53. 內政部84年2月25日台（84）內地字第8403266號函——遺產管理人持憑法院核准變賣遺產裁定書確定證明申辦土地及建物所有權移轉登記，登記機關應予受理。

54. 內政部85年2月5日台（85）內地字第8578394號函——關於公寓大廈管理條例第4條第2項規定，登記機關於受理登記案件時，配合執行事宜。

55. 內政部86年7月9日台（86）內地字第8606365號函——依促進產業升級條例開發之工業區範圍內公有土地，於提供開發

時，其權利變更登記方式。

56.內政部87年1月16日台（87）內地字第8785204號函——關於公寓大廈管理條例第4條第2項規定，登記機關於受理登記案件時，配合執行事宜。

57.內政部87年10月13日台（87）內地字第8796600號函——持憑公寓大廈管理條例公布施行前之法院判決，申辦移轉登記，仍應適用該條例第4條規定。

58.內政部89年1月12日台（89）內中地字第8901785號函——政府機關出售國宅土地，於辦理土地所有權移轉登記時，得以「國宅土地出售清冊」代替土地移轉現值申報及免稅證明。

59.內政部89年4月20日台（89）內中地字第8906983號函——申請人未具自耕能力，持憑土地法第30條修正前法院核發之不動產權利移轉證明書，申辦耕地拍賣所有權移轉登記時，地政機關應予受理。

60.內政部89年6月23日台（89）內中地字第8912252號函——寺廟申辦耕地移轉登記應受農業發展條例第33條規定之限制。

61.內政部89年7月21日台（89）內中地字第8913732號函——農業發展條例89年1月26日修正施行後取得之農業用地興建之農舍始有農業發展條例第18條第2項規定之限制。

62.內政部89年10月2日台（89）內中地字第8919465號函——配偶相互贈與之土地，其贈與契約訂立於婚姻關係存續中，而於婚姻關係消滅後申辦土地所有權移轉登記者，得以「夫妻贈與」為登記原因申辦所有權移轉登記。

63.內政部90年9月7日台（90）內中地字第9012555號函——

依農業發展條例第17條規定申請更名為寺廟所有之農業用
地，其農舍之移轉，無農業發展條例第34條應先申請移轉
許可之限制。

64. 內政部91年11月15日台內中地字第0910017662號函——關
於祭祀公業所有土地因徵收配售仍不得以祭祀公業名義申辦
所有權登記。

65. 內政部93年6月16日內授中辦地字第0930008485號函——經
濟部核准之公司（私法人）合併解散，其原持有「耕地」辦
理所有權移轉登記事宜。

66. 內政部94年5月9日內授中辦地字第0940044433號函——申
請人就已辦竣所有權買賣移轉登記之土地及建物，因解除買
賣契約申請回復所有權，不論係法院判決、和解，或鄉鎮市
調解委員調解，應辦理所有權移轉登記，並課徵土地增值
稅，但無需課徵契稅。

67. 內政部95年1月23日內授中辦地字第0950724930號函——
登記機關受理跨所辦理所有權交換登記案件之聯繫作業事
宜。

68. 內政部95年2月24日內授中辦地字第0950041281號函——在
公同共有關係未終止前，縱經全體公同共有人會同辦理，部
分公同共有人仍不得處分其潛在應有部分。

69. 內政部95年7月20日內授中辦地字第0950048420號函——申
請人就已辦竣所有權買賣移轉登記之土地及建物，因解除買
賣契約申請回復所有權，不論係法院判決、和解，或鄉鎮
市調解委員調解，應辦理所有權移轉登記，並課徵土地增值
稅，但無需課徵契稅。

70. 內政部96年5月17日內授中辦地字第0960045649號函——已

辦竣買賣所有權移轉登記之建物，事後因雙方合意解除契約，應以買賣為登記原因，無須訂定公定契約書，且免課徵契稅。

71.內政部96年9月12日內授中辦地字第0960051154號函——同一人因拍賣而同時取得二棟以上之農舍不符農地管理政策。

72.內政部97年7月31日內授中辦地字第09707238781號函、內政部100年8月23日內授中辦地字第1000725328號令——地政機關配合農業發展條例第18條第4項規定相關執行事宜。

73.內政部國98年2月24日內授中辦地字第0980723837號令——農業發展條例修正施行前取得農地興建之農舍，倘係於原已供興建農舍之建築基地（總面積百分之十）辦理現有農舍增建者，登記機關無需管制5年始得移轉。

74.內政部100年8月23日內授中辦地字第1000725328號令——農業發展條例修正前或後取得之農業用地興建之農舍，經建管單位核發使用執照者，嗣後農舍與其坐落用地併同移轉登記時，除應審查移轉之坐落用地面積有無符合建管法令規定原核准使用面積外，亦應審核該農舍及其農地之移轉持分比例有否相同。

75.內政部101年10月1日內授中辦地字第1016651724號函——殯葬設施之土地或建物所有權移轉登記，無殯葬管理條例第5條第2項規定之適用。

76.內政部101年10月16日內授中辦地字第1016040193號函——董事為自己或他人與公司為買賣，公司監察人有數人時，得由監察人之一單獨為公司之代表。

77.內政部104年2月25日內授中辦地字1041301703號函——配

合「農民團體農業企業機構及農業試驗研究機構申請承受耕地移轉許可準則」第9條第4項規定辦理註記登記事宜。

78.內政部104年6月23日台內地字第10404176173號函——農業發展條例第18條第4項所稱「坐落用地」之認定，及已興建農舍之耕地申請依農業發展條例第16條規定辦理分割，仍應受農業發展條例第18條第4項規定農舍應與其坐落用地併同移轉之限制。

79.內政部105年1月21日內授中辦地字第1050004639號函——財團法人榮民榮眷基金會得依臺灣地區與大陸地區人民關係條例第68條第4項規定，承受已故榮民無人繼承之耕地。

劉文、劉武兄弟繼承父親遺留下來的祖產及買入的土地，但大部分均登記在劉文的名下，現在二人年事已高，如要平分，將劉武應繼承部分過戶給劉武，卻又無法籌出龐大的增值稅，想出售又遇房地產的不景氣。請問：如此情形應如何辦理才能確保劉武應有的財產，而百年後能讓兒子繼承？

有關財產登記問題，茲答覆如下：

（一）不動產之登記，民法第758條規定如下：

「不動產物權，依法律行為而取得設定、喪失及變更者，非經登記，不生效力。」

因此，劉文跟劉武所共有的房地產既然登記在劉文名下，則根據上開規定，在法律上是會認定屬於劉文所有，對劉武相當沒有保障。

（二）如果移轉登記給劉武在實務上有所困難，則應採取一些效力較移轉登記為差的補救措施，例如：

1. 兩人應簽署「不動產信託登記協議書」，表明劉武將所擁有的持分暫時信託登記在劉文的名下，劉文不得使用、收益、處分劉武所擁有的部分，並且應該在劉武提出要求時，無條件配合辦理所有權移轉及他項權利設定等手續。此一信託登記協議書最好到法院公證，並找劉文的家人出任見證人，以減少日後的糾紛。

2. 另外亦可要求劉文將屬於劉武的持分部分按市價設定抵押權登記給劉武，不過必須注意債權憑證、資金流程等相關問題。

3. 兩人也可以簽訂一份土地移轉的契約書，將過程及日後過戶給劉武的承諾在契約中表示清楚，以防日後劉文或其繼承人賴帳，不肯辦理過戶。

（三）雖然現在辦理所有權移轉登記必須繳納鉅額稅捐，不過與其財產價值比起來，過戶恐怕還是較為有利的一條路。

第九十四條（共同使用部分之分割登記）

區分所有建物之共有部分，除法令另有規定外，應隨同各相關專有部分及其基地權利為移轉、設定或限制登記。

解說

本條主要在明示集合建築中之共有部分在辦理各項登記時，除法令另有規定外，應隨同區分所有建物移轉或設定負擔。

　　集合建築中之共有部分，根據公寓大廈管理條例第3條第4款之規定，係指「公寓大廈專有部分以外之其他部分及不屬專有之附屬建築物，而供共同使用者」。既然是不屬專有之附屬建物，而供共同使用，共同使用部分既然是區分所有建物之從物，當然必須隨主物來移轉、設定或為限制登記。

重要解釋函令

1. 內政部70年9月24日台（70）內地字第44169號函——法院拍賣區分所有建物，核發權利移轉證明書未列明共同使用部分，該共同使用部分應隨區分所有建物移轉。
2. 內政部85年7月18日台（85）內地字第8587174號函——公寓大廈之共用部分，不得讓售或設定專用使用權予未取得專有部分者。
3. 內政部87年12月22日台（87）內地字第8713378號函——補辦共同使用部分之附表登記，因故無法檢附其原核發共同使用部分建物權狀得免再公告1個月。
4. 內政部99年9月17日內授中辦地字第0990725341號函——區分所有建築物之專有部分滅失，該建物尚存之共有部分應與其坐落基地應有部分併同移轉登記。
5. 內政部104年4月22日內授中辦地字第1041302978號令——有關同一人所有之建築物以區分所有型態申請所有權第一次登記後，嗣後其各該專有部分與共有部分及基地權利應有部分併同移轉登記時，準用民法第799條第4項規定登記執行事宜。

第九十五條（依土地法第三十四條之一申請登記規定事項）

部分共有人就共有土地全部為處分、變更及設定地上權、農育權、不動產役權或典權申請登記時，登記申請書及契約書內，應列明全體共有人，及於登記申請書備註欄記明依土地法第三十四條之一第一項至第三項規定辦理。並提出他共有人應得對價或補償已受領或已提存之證明文件。但其無對價或補償者，免予提出。

依前項申請登記時，契約書及登記申請書上無須他共有人簽名或蓋章。

解說

　　本條主要在規定部分共有人如果根據土地法第34條之1規定，就共有土地全部申請移轉、設定或分割登記時，應遵守之程序及要件，以利於共有土地之處分。

　　土地法第34條之1的立法要旨，主要是因為根據民法第819條及第828條的規定，共有物之處分必須取得共有人全體之同意，但是在共有人數眾多且分散世界各地的情況下，光要連絡全體共有人就有其事實上的困難，因此共有不動產每每因少數共有人無法連絡或另有意見，以致無法做合理的開發使用，影響土地資源的有效利用。不過土地法第34條之1固然對共有物的整體處分加以規範，但仍須在土地登記規則中就有關執行的細節作扼要的規定。此外，內政部還特別訂定了「土地法第三十四條之一執行要點」，就執行層次作了一番詳盡的規定。

相關法條與重要解釋函令

（一）相關法條

土地法：第34條之1。

（二）重要解釋函令

內政部73年10月30日台（73）內地字第269043號函——祭祀公業依土地法第34條之1規定處分土地申辦登記，其所得價款不分配派下員者，得免予提出受領證明或提存證明。

實例

　　陳美麗是屏東鄉下一個養豬戶的媳婦，家中居住的是傳統的四合院建築，面積約有二百多坪，由公公的兄弟與公公這一方三個家族共有也共同居住使用中。

　　不過土地的所有權人仍一直登記在已過世的婆婆名下，現在有建商前來洽商合建事宜，陳美麗和他的先生一家都贊成透過合建方式將土地產權分割為各房單獨所有，不要再糾纏不清，不過先生的伯父由於年紀相當大，再加上續弦的伯母與小孩意見不同，以致一直無法和建商達成合建的協議。

　　請問陳美麗要怎麼樣才能夠達到將共有土地分割，並與建商合建的心願？

　　有關共有土地處理問題，茲答覆如下：

（一）所謂「共有」，根據民法第817條的規定，係指：「數
　　　　人按其應有部分，對於一物有所有權者，為共有人。各
　　　　共有人之應有部分不明者，推定其為均等。」
　　　　因此婆婆所留下的房地產是由當時繼承此房地產的所有
　　　　繼承人所共有，故陳美麗應先向地政事務所申請土地及
　　　　建物登記簿謄本，查明共有人之情況。

（二）共有人確定之後，則各共有人依法可按其應有部分對於
　　　共有物之全部有使用、收益之權，不過若對於整個共有
　　　物之處分、變更及設定負擔，則必須得到共有人全體之
　　　同意。

（三）若是共有人因人多嘴雜，意見無法一致時，可根據土地
　　　法第34條之1規定，以過半數共有人之意見予以處分，
　　　其內容如下：

「共有土地或建築改良物，其處分、變更及設定地上
權、農育權、不動產役權或典權，應以共有人過半數及
其應有部分合計過半數之同意行之。但其應有部分合計
逾三分之二者，其人數不予計算。

共有人依前項規定為處分、變更或設定負擔時，應事先
以書面通知他共有人：其不能以書面通知者，應公告
之。

第一項共有人，對於他共有人應得之對價或補償，負連
帶清償責任。於為權利變更登記時，並應提出他共有人
已為受領或為其提存之證明。其因而取得不動產物權
者，應代他共有人聲請登記。

共有人出賣其應有部分時，他共有人得以同一價格共同
或單獨優先承購。

前四項規定，於公同共有準用之。

依法得分割之共有土地或建築改良物，共有人不能自行
協議分割者，任何共有人得申請該管直轄市、縣（市）
地政機關調處，不服調處者，應於接到調處通知後十五
日內向司法機關訴請處理，屆期不起訴者，依原調處結
果辦理之。」

第九十六條（區分所有建物應連同基地權力一併處分）
區分所有建物，數人共有一專有部分，部分共有人依土地法第三十四條之一規定就該專有部分連同其基地權利之應有部分為處分、變更或設定負擔時，其基地共有人，指該專有部分之全體共有人；其基地權利之應有部分，指該專有部分之全體共有人所持有之基地權利應有部分。

解說

按公寓大廈管理條例第4條第2項規定，區分所有建物不得與其所屬建築物共用部分之應有部分及其基地所有權或地上權之應有部分分離而為移轉或設定負擔。如區分所有建物及其基地應有部分係屬共有，部分共有人依土地法第34條之1處分區分所有建物時，應連同其基地權利之應有部分一併移轉，並明定基地共有人、基地應有部分定義。

相關法條

土地法：第34條之1。

第九十七條（優先購買權之處理方式）
申請土地權利移轉登記時，依民法物權編施行法第八條之五第三項、第五項、土地法第三十四條之一第四項、農地重劃條例第五條第二款、第三款或文化資產保存法第二十八條規定之優先購買權人已放棄優先購買權者，應附具出賣人之切結書，或於登記申請書適當欄記明優先購買權人確已放棄其

優先購買權，如有不實，出賣人願負法律責任字樣。

依民法第四百二十六條之二、第九百十九條、土地法第一百
零四條、第一百零七條、耕地三七五減租條例第十五條或農
地重劃條例第五條第一款規定，優先購買權人放棄或視為放
棄其優先購買權者，申請人應檢附優先購買權人放棄優先購
買權之證明文件；或出賣人已通知優先購買權人之證件並切
結優先購買權人接到出賣通知後逾期不表示優先購買，如有
不實，願負法律責任字樣。

依前二項規定申請之登記，於登記完畢前，優先購買權人以
書面提出異議並能證明確於期限內表示願以同樣條件優先購
買或出賣人未依通知或公告之條件出賣者，登記機關應駁回
其登記之申請。

解說

　　本條主要在明示辦理土地所有權移轉登記時，各種具有優
先購買權條件者，在行使優先購買權或放棄優先購買權時，必
須採取之法律行為及其應檢附之證明文件。此外，並對於未取
得優先購買權人之同意而申辦所有權移轉登記者，若經優先購
買權人提出異議時，登記機關理當予以駁回。

　　土地登記法令中對於優先購買權之規定，主要是為了促
進地權的完整，提高土地利用效率，但若根據土地法第34條之
1、農地重劃條例第5條及民法物權編施行法第8條之5第3項、
第5項或文化資產保存法第28條規定，本於共有關係而主張行
使優先購買權時，如果一律要求放棄優先購買權者出具書面證
明，即在於集合建築盛行的今天，要求出賣人取得所有左鄰右
舍的基地共有人放棄優先購買權證明，事實上根本做不到，所

以特別規定只要出賣人在申請書適當欄記明優先購買權人確已放棄其優先購買權即可。但是如果是本於土地法第104條、107條等因土地與建物權屬不同而產生的物權優先購買權，由於優先購買權人是否放棄優先購買權對權益有相當重大之影響，當然必須取得放棄人之書面證明文件，以昭慎重。

　　民法第426條之2、第919條及農地重劃條例第5條第1款重劃區內耕地出售時，出租耕地之承租人之優先購買權性質與土地法第104條、第107條、耕地三七五減租條例第15條之優先購買權性質相當，故出賣人應檢附優先購買權人放棄優先購買權之證明文件；或出賣人已通知優先購買權人之證明文件並切結優先購買權人接到出賣通知後逾期不表示優先購買。

　　登記完畢前，優先購買權人以書面提出異議並能證明確於期限內表示願以同樣條件優先購買或出賣人未依通知條件出賣者，則認定有私權爭執而駁回其登記之申請。99年6月修訂時特增加「或公告」三字，對於無法經由通知之優先購買權人以公告代替，以資周延。

相關法條與重要解釋函令

（一）相關法條

1. 土地法：第34條之1、第104條、第107條。
2. 農地重劃條例：第5條。
3. 耕地三七五減租條例：第15條。
4. 民法：第425條之1、第426條之2。
5. 文化資產保存法：第28條。

（二）重要解釋函令

1. 內政部79年5月23日台（79）內地字第794199號函——以郵局存證信函通知優先購買權人，如該優先購買權人無正當理由而拒收，其通知仍生效力。

2. 內政部81年3月26日台（81）內地字第8172206號函——權利人依土地登記規則第27條第4款及第102條規定，單獨申請土地所有權移轉登記，有關優先購買權之處理。

3. 內政部87年5月11日台（87）內地字第8705210號函——附具切結書放棄優先購買權者，應附具其資格證明及印鑑證明。

4. 內政部89年8月18日台（89）內中地字第8915895號函——共有土地之部分共有人依土地法第34條之1規定出售全部共有土地，其他共有人死亡絕嗣，該遺產管理人得主張其優先購買權。

5. 內政部91年12月6日內授中辦地字第0910017524號函——土地及其上建物原同屬一人所有，同時或先後讓與相異之人，致其土地與其上建物非屬同一人所有，推定其土地與其上建物所有人間已具有租賃關係，故於嗣後再行出售他人時，其相互間享有優先承購權，如優先購買權人放棄其優先購買權者，應依土地登記規則第97條第2項規定辦理。

6. 內政部92年11月26日內授中辦地字第0920018954號函——民法第425條之1之執行，限於該法條增訂施行日（89年5月5日）起，土地及其上房屋同時或先後讓與相異之人時，始有其適用。

7. 內政部93年11月2日內授中辦地字第0930015211號函——農業用地於農業發展條例89年修正施行前已興建農舍，該農業用地與農舍分屬不同所有權人，農舍申辦所有權移轉登記事

宜。

8. 內政部94年5月9日內授中辦地字第0940045098號函——為執行文化資產保存法第28條規定之優先購買權，地政機關應配合於土地建物登記簿標示部其他登記事項欄註記「古蹟」。

9. 內政部101年08月08日內授中辦地字第1016651362號令——土地登記規則第97條有關民法物權編修正施行前，區分所有建物之專有部分或基地持分分離出賣時，關於該編施行法第8條之5規定優先購買權適用事宜。

第九十八條（共有人優先承購之例外）
土地法第三十四條之一第四項規定，於區分所有建物之專有部分連同其基地應有部分之所有權一併移轉與同一人所有之情形，不適用之。

解說

本條主要在明示優先購買權人如果是根據土地法第34條之1第4項之規定而主張其優先購買權時，基於房地產買賣實務上，集合建築之房地產買賣，通常係包括房屋所有權及基地持分之所有權在內，故不應由基地持分共有人來主張其優先購買權，以免衍生困擾。

任何一棟集合建築，其區分所有之棟數，均在數棟、數十棟、甚至數百棟之眾，故基地之持分共有人人數亦極為眾多，如果任一區分所有權人在出售其基地持分時，若欲取得其他共有人放棄優先購買權之意思表示，在處理實務上，根本做不到。因此本條之規定主要在根據現實狀況，解決區分所有建築

物基地共有持分買賣之困擾。

　　再則制定土地法第34條之1最主要的用意在於減少共有人數，以求增加不動產之使用效率，但在現今之區分所有建物及其基地之使用上，共有人之優先購買權並無法增加不動產的使用效率，因此訂此條文，將其排除。

相關法條與重要解釋函令

（一）相關法條
土地法：第34條之1。
（二）重要解釋函令
1. 內政部85年12月17日台（85）內地字第8511432號函——區分所有建物之所有人無基地應有部分，該基地應有部分移轉與該建物所有人，無土地法第34條之1第4項之適用。
2. 內政部95年1月17日內授中辦地字第0950724925號函——地下室停車位或攤位連同所屬基地應有部分一併移轉時，他共有人無優先購買權。

第九十九條（徵收、照價收買土地登記之程序）
因徵收或照價收買取得土地權利者，直轄市、縣（市）地政機關應於補償完竣後一個月內，檢附土地清冊及已收受之權利書狀，囑託登記機關為所有權登記，或他項權利之塗銷或變更登記。

解說

本條主要在明示徵收後照價收買土地之登記程序及向地政機關提出囑託登記申請之期限，以確保地籍資料之正確與時效性。

土地不論是徵收或照價收買，基本上都是政府基於上位所有權之法源，為促進公共利益，以公權力強行取得土地所有權。雖然根據民法第759條之規定，在完成徵收法定程序時，政府取得土地行為業已生效，但若不規定辦理徵收之徵地機關在一個期限內囑託登記機關辦理登記，則不但地籍資料與實際狀況無法吻合，且日後勢必因各種環境的改變及資料的喪失，而產生土地權利上的爭議。故本條特別對於徵地機關應限期辦理權利移轉登記。

重要解釋函令

1. 行政院61年10月14日台（61）內字第9954號函——徵收土地公告期滿補償完畢，應於1個月內囑託地政事務所為所有權移轉之登記。
2. 內政部84年11月9日台（84）內地字第8415156號函——因徵收或照價收買取得土地權利者，直轄市、縣（市）地政機關囑託登記機關為所有權登記，或他項權利之塗銷或變更登記，其未能收繳之權狀得免提出。
3. 內政部87年9月22日台（87）內地字第8710111號函——因區段徵收地價補償完畢，囑託所有權移轉登記，以「公告之日」為原因發生日期。
4. 內政部88年3月15日台（88）內地字第8803415號函——已核

准徵收之土地，未辦理徵收登記，因繼承、分割繼承而變更登記名義人，仍得補辦徵收登記。

第一百條（判決辦理共有物分割登記之程序）
依據法院判決申請共有物分割登記者，部分共有人得提出法院確定判決書及其他應附書件，單獨為全體共有人申請分割登記，登記機關於登記完畢後，應通知他共有人。其所有權狀應俟登記規費繳納完畢後再行繕發。

解說

　　本條主要在規定共有人若根據法院判決申辦共有土地分割登記時，其應提出之證明文件及程序。共有土地之分割若採判決分割方式，即屬共有人之一得單獨申請辦理登記之類別，故登記機關於分割登記完畢後當然必須通知其他共有人，使其他共有人能正確接獲共有土地業已分割之訊息。

　　不動產共有人之一人或數人，如果訴諸法院判決分割共有物，經法院准為原物分割確定者，當事人之任何一造均得依該確定判決，單獨為全體共有人申請分割登記，不需要等法院另行判決，再命對造協助辦理分割登記，否則就無法達成法院判決分割登記之目的。不過其他共有人日後若欲換發所有權狀，當然必須繳清登記規費後，始得換領，以示公平。

重要解釋函令

1.內政部60年3月24日台（60）內地字第411140號函──判決

確定後，另行協議分割，如協議分割內容與確定判決不同，申請人不得再執確定判決申請分割登記。

2. 內政部61年9月21日台（61）內地字第489375號函——依訴訟和解辦理分割登記，是項訴訟和解對拍定人仍有效力。

3. 內政部64年10月24日台（64）內地字第654986號函——與被繼承人共有不動產之共有人，應俟繼承人辦妥登記後，始能與繼承人協議分割。但經法院判決者，可依判決意旨辦理分割登記。

4. 內政部71年2月5日台（71）內地字第61743號函——法院判決分割確定後，雙方當事人可持憑分割協議書辦理。

5. 內政部72年4月20日台（72）內地字第153355號函——依法院判決申請分割登記，如申請人不願代繳稅款，得申請該管稽徵機關向繼承人催繳。

6. 內政部72年5月12日台（72）內地字第156095號函——判決書記載地號不符，應經法院裁定更正後，據以辦理登記。

7. 內政部72年12月15日台（72）內地字第201626號函——持憑法院確定判決申辦共有物分割登記，除有法定不許登記之原因外，應予受理。

8. 內政部74年1月7日台（74）內地字第283984號函——共有土地之共有人中一人或數人之應有部分經法院囑託辦理查封等登記後，未為塗銷前，他共有人得持憑法院確定判決申辦共有土地分割登記。

9. 內政部74年3月11日台（74）內地字第297498號函——共有「養」地目土地經法院判決共有物分割確定後，始編定為農牧用地，可依據判決結果辦理分割。

10. 內政部76年8月10日台（76）內地字第525506號函——判決

內容與光復前之繼承習慣有所不符者，在未依法變更前仍有確定力。

11. 內政部76年8月26日台（76）內地字第527352號函——訴訟上和解分割共有不動產，僅生協議分割之效力，非經辦畢分割登記不生取得單獨所有權之效力。

12. 內政部76年8月28日台（76）內地字第530712號函——法院判決繼承得按各繼承人應繼分分別計收規費。

13. 內政部77年4月9日台（77）內地字第585960號函——判決主文未就部分共有人應得部分一併判決，登記機關對其應有部分應依分割前原有持分比例計算之。

14. 內政部77年5月3日台（77）內地字第594065號函——共有人於和解共有物分割後未辦理登記前，將其部分持分移轉於第三人，該和解筆錄對該第三人亦有效力。

15. 內政部79年11月8日台（79）內地字第848040號函——分割共有物之確定判決除當事人外對訴訟繫屬後為當事人之繼受人者亦有效力。

16. 內政部81年2月27日台（81）內地字第817826號函——權利人持憑法院確定判決，申辦共有物分割登記，涉及金錢補償，應否提出已為對待給付之證明文件處理事宜。

17. 內政部81年12月23日台（81）內地字第8116509號函——分割共有物之訴成立訴訟上和解，對於訴訟繫屬後為當事人之繼受人亦有效力。

18. 內政部83年1月6日台（83）內地字第8216481號函——法院共有物分割判決，將有繼承權者漏列或無繼承權者誤列，登記機關得依法院判決主文辦理登記。

19. 內政部83年6月7日台（83）內地字第8379978號函——共有

土地經協議分割後，共有人之一訴請其他共有人協同辦理自己分得土地之分割登記，於勝訴判決確定後，該共有人持確定判決申請登記，地政機關應依判決主文辦理。

20.內政部84年3月6日台（84）內地字第8404103號函——部分共有人依據法院確定判決申請共有物分割登記，他共有人住址之登記得以其原登記住址爲之。

21.內政部84年4月6日台（84）內地字第8405112號函——共有土地經法院判決分割後，部分共有人之繼承人拒不辦理繼承登記，他共有人代爲申辦繼承登記時，得免代繳登記規費。

22.內政部84年11月9日台（84）內地字第841537號函——共有土地之部分共有人持憑法院確定判決申辦共有物分割登記，並因他共有人死亡代位申辦繼承登記，就未辦繼承登記而由政府代管之部分，申請人得免代繳登記規費、罰鍰、代管費用及有關事宜。

23.內政部86年10月8日台（86）內地字第8682708號函——法院確定判決後，再辦理與判決意旨不符之繼承登記，應予撤銷。

24.內政部86年11月10日台（86）內地字第8610714號函——農業發展條例公布施行前，經法院判決分割繼承之土地，嗣後編定爲農牧用地，得依據法院確定判決內容申辦分割登記。

25.內政部88年8月5日台（88）內地字第8808058號函——共有土地經協議分割後，部分共有人檢附判決確定證明書申請辦理分割登記。

26.內政部88年8月18日台（88）內中地字第8804614號函——

共有土地經法院判決分割確定後,於辦理登記前,共有人之一之部分應有部分經辦畢查封登記,於該查封登記未塗銷前,其他共有人持憑法院確定判決,申辦共有土地分割登記時,地政機關應先洽原囑託查封登記之法院。

27. 內政部89年9月6日台(89)內中地字第8917185號函──繼承人於法院確定判決前,即已申辦分割繼承登記完竣,其申辦繼承登記之繼承人與法院確定判決之繼承人相符者,得依該法院確定判決申辦共有物分割登記。

28. 內政部89年11月1日台(89)內中地字第8971914號函──土地登記規則第100條規定關於登記作業註記內容及其相關事宜。

29. 內政部99年10月7日內授中辦地字第0990725617號函──執行登記罰鍰事宜。

30. 內政部100年1月31日內授中辦地字第1000040834號函──有關法院確定判決共有物分割,其部分土地經法院裁定變價分割登記事宜。

實例

張忠、張孝、張仁兄弟三人共有一塊建地,惟一直未曾管理使用,目前遭附近民眾在上面種植蔬菜,請問:

(一)那塊土地能不能分割成三人分別單獨所有?如有人拒絕分割要怎麼辦?

(二)土地遭他人種菜,日後要收回會不會有困難?張忠等三人現在應該如何做,才可以確保權益?

有關土地分割及管理問題,茲答覆如下:

(一)土地分割可採二種方式辦理:

1. 協議分割：即由三人共同協議各人分配之土地、位置
   及面積，並繪製分割後草圖，共同向地政事務所申請
   分割測量及登記。
2. 判決分割：若三人無法達成一致協議時，可由其中任
   一人或全體向地方法院民事庭提起分割之訴，請求法
   院判決各人應分得之位置及面積，然後再向地政事務
   所申辦分割登記。

（二）根據民法第765條規定：「所有人，於法令限制之範圍
內，得自由使用、收益、處分其所有物，並排除他人之
干涉。」因此張忠、張孝、張仁三人，最好依法行使所
有權人之權利，不要讓他人任意種植蔬菜或任意使用，
否則日後想要回該宗土地時，若占用人要求給予補償或
要求其他費用，均會對自身造成相當的困擾。

第一百條之一（共有人之法定抵押權）

依民法第八百二十四條第三項規定申請共有物分割登記時，
共有人中有應受金錢補償者，申請人應就其補償金額，對於
補償義務人所分得之土地，同時為應受補償之共有人申請抵
押權登記。但申請人提出應受補償之共有人已受領或為其提
存之證明文件者，不在此限。

前項抵押權次序優先於第一百零七條第一項但書之抵押權；
登記機關於登記完畢後，應將登記結果通知各次序抵押權人
及補償義務人。

解說

　　共有物分割時，往往因為物之性質無法完全依照共有人之持份比例完成分割動作。因此部分共有人勢必在因為分割而取得比本身持份還要多的情況下，必須對取得應有持份因分割而減少之共有人進行金錢或其他補償。為保障此等因分割行為而減少其持份比例之共有人的考量下，因而發展出此等法定抵押權之規定。此情形於共有人只受金錢之補償，而未取得分割後之共有物的情況下一體適用。

　　與此條文類似的規定尚有土地法第34條之1之共有物處分進行移轉前，必須提出對他共有人已受領或為其提存之證明文件或切結書，始可進行移轉手續。而其中較大的差異之處在於，共有物分割並不一定有共有人以外之第三人參與。相對的，在依土地法第34條之1所進行之共有物處分時，一般都將共有物轉移予共有人之外的第三人。這是兩者間較大的差異之處。

相關法條與重要解釋函令

（一）相關法條

民法：第824條。

土地登記規則：第107條。

（二）重要解釋函令

1. 內政部98年10月9日內授中辦地字第0980050770號函——有關民法第824條之1規定抵押權次序登載事宜。

2. 內政部99年7月5日內授中辦地字第09907248791號函——申請法院判決共有物分割登記，涉及為應受補償之共有人申請

抵押權登記之作業方式。

3. 內政部101年10月5日內授中辦地字第1016651718號令──有
關判決共有物分割登記，負補償義務之共有人為給付或提存
之處理。

第一百零一條（此條文業已刪除）

第一百零二條（義務人或權利人死亡時之辦理方式）
土地權利移轉、設定，依法須申報土地移轉現值者，於申報
土地移轉現值後，如登記義務人於申請登記前死亡時，得僅
由權利人敘明理由並提出第三十四條規定之文件，單獨申請
登記。
登記權利人死亡時，得由其繼承人為權利人，敘明理由提出
契約書及其他有關證件會同義務人申請登記。
前二項規定於土地權利移轉、設定或權利內容變更，依法無
須申報土地移轉現值，經訂立書面契約，依法公證或申報契
稅、贈與稅者，準用之。

解說

　　本條主要在規定土地權利移轉或設定辦理過程當中，若登
記義務人或權利人在辦妥登記前突然死亡時之辦理方式。按土
地權利之移轉或設定契約書如經公證、監證、申報契稅或申報
土地移轉現值，應可認定其無倒填訂約日期之虞。又並非土地
權利之移轉或設定契約皆須經公證、監證，並申報土地移轉現

197

值或契稅之程序，爲了解決當事人突然死亡之意外狀況，特訂定本條，規定屆時得由對造檢具相關文件，單獨繼續辦妥土地權利移轉或設定登記。

地政機關在辦理土地權利之移轉或設定登記時，基於托崙斯登記制之實質審查主義，原本就負有確認當事人眞意之責任，若當事人之眞意業已獲得確認之後，當事人之一造突然死亡時，由於眞意確認無誤，若不准對造繼續辦妥登記，則對造勢必因他方之死亡而蒙受重大損失。故在能確認當事人眞意的前提下，自應准許對造單方繼續辦妥土地權利移轉或設定登記。

民國102年8月修訂中，將「檢附載有義務人死亡記事之戶籍謄本及其他有關之證明文件」修改成「提出本法第三十四條規定之文件」。由此可知當義務人死亡時，仍然准許權利人單獨繼續辦理登記手續。

相關法條與重要解釋函令

（一）相關法條

土地登記規則：第34條。

（二）重要解釋函令

1. 內政部70年4月28日台（70）內地字第14844號函——填發契稅繳納通知單係在出賣人死亡之前，可證明契約之眞實，買受人得單獨申請移轉登記。

2. 內政部71年10月20日台（71）內地字第116831號函——登記義務人於申請登記前死亡，申請人檢附證明文件，證明符合規定，無須於申請時具結。

3. 內政部76年10月14日台（76）內地字第542247號函——時效抗辯應由當事人自行主張，地政機關無須要求未爲抗辯之文件。

4. 內政部80年9月27日台（80）內地字第8078465號函——土地買賣經訂立契約並申報現值後，義務人及權利人均於申請登記前死亡，得由權利人之繼承人單獨申請買賣移轉登記，免辦繼承登記。

5. 內政部89年4月20日台（89）內中地字第8978856號函——登記義務人於申請登記前死亡，權利人未能檢附原權利書狀時，如何辦理權利變更登記事宜。

第一百零三條（破產財團管理人申請產權登記應附之文件）
破產管理人就破產財團所屬土地申請權利變更登記時，除依第三十四條規定辦理外，應提出破產管理人、監查人之資格證明文件與監查人之同意書或法院之證明文件。

解說

　　本文主要在對破產財團進行清算手續時，針對土地權利申請變更時所應檢附文件之規範。

　　因此等申請常會涉及脫產等不法行爲，故爲保障對造之權益及防止病端之發生，對於此等申請除依本規則第34條規定辦理外，並應提出破產管理人、監查人之資格證明文件與監查人之同意書或法院之證明文件，以資周延。

相關法條與重要解釋函令

（一）相關法條

土地登記規則：第34條。

（二）重要解釋函令

1. 內政部60年1月20日台（60）內地字第400895號函——已經全體破產財團管理人合意後，部分破產管理人死亡，得由其他破產管理人會同承買人申辦移轉登記。

2. 內政部65年6月25日台（65）內地字第688437號函——地政機關如發現申請標的應屬破產財團，而漏未為破產登記之處理事宜。

3. 內政部68年5月29日台（68）內地字第18495號函——破產管理人不動產物權之讓與，應經監查人同意。

4. 內政部70年10月12日台（70）內地字第47127號函——公司因合併而辦理產權移轉登記，破產管理人應檢附主管機關核准合併解散證明文件。

5. 內政部75年10月7日台（75）內地字第446895號函——登記機關對破產財團監查人資格之認定如有疑義，應依職權函管轄法院查明真意。

6. 內政部84年2月20日台（84）內地字第840247號函——破產管理人申辦破產財團之土地所有權移轉登記時，倘法院已函囑地政機關塗銷原破產登記，得免再檢附法院之證明文件。

7. 內政部85年2月6日台（85）內地字第8501582號函——法院發給准予處分破產財團所屬不動產之證明文件，屬土地登記規則第103條所稱「法院之證明文件」。

第一百零四條（法人未完成設立登記前，取得土地之登記
　　　　　　方式）

法人或寺廟在未完成法人設立登記或寺廟登記前，取得土地
所有權或他項權利者，得提出協議書，以其籌備人公推之代
表人名義申請登記。其代表人應表明身分及承受原因。

登記機關為前項之登記，應於登記簿所有權部或他項權利部
其他登記事項欄註記取得權利之法人或寺廟籌備處名稱。

第一項之協議書，應記明於登記完畢後，法人或寺廟未核准
設立或登記者，其土地依下列方式之一處理：

一、申請更名登記為已登記之代表人所有。

二、申請更名登記為籌備人全體共有。

第一項之法人或寺廟在未完成法人設立登記或寺廟登記前，
其代表人變更者，已依第一項辦理登記之土地，應由該法人
或寺廟籌備人之全體出具新協議書，辦理更名登記。

解說

　　本條主要在規定法人或寺廟未核准成立前取得土地之登記
方式。由於法人或寺廟在依法設立登記前尚未具備法人資格，
不得為權利主體，但在實務上，法人又有先行取得土地所有權
之必要，因此本規則特訂定本條，以解決此種「雞生蛋」或
「蛋生雞」之間的困擾。

　　由於不動產所需金額龐大，且又為某些法人如私立學校、
營造廠等成立之必要條件，因此若當事人有意設立私立學校或
營造廠等法人時，必須先行取得不動產，再向教育部或營建署
等申請核發設立許可。但此時私立學校或營造廠又尚未設立，
根本不具有法人資格，無法行使權利能力。故本規則中特別准

許當事人得以其籌備人公推之代表人名義申請登記。

　　不過當事人先以籌備人名義申辦登記，為預防日後該法人無法設立，而原先以籌備人名義取得之不動產究應如何處理產生糾紛，特在本條第3項中規定，當事人應在登記申請所附具的協議書中表明未來之處理方式，須就兩方式中約定其一。

　　此外，若以籌備人名義取得土地後，而在法人尚未核准設立前，其代表人業已變更者，應由全體籌備人出具新的協議書辦理更名登記，以利日後法人獲准籌設時，更正登記為法人所有。

重要解釋函令

1. 內政部73年5月23日台（73）內民字第225670號函——宗祠未辦理法人登記，無法人資格，不得為不動產登記之權利主體。

2. 內政部74年10月23日台（74）內地字第350761號函——登記規則修正前以公司籌備人登記之土地，如公司未成立，籌備人亦已死亡，籌備人之繼承人得申辦繼承登記。

第一百零五條（共有物分割登，涉及原有標示變更之規定）
共有物分割應先申請標示變更登記，再申辦所有權分割登記。但無須辦理標示變更登記者，不在此限。

解說

　　本條主要在共有物的分割如果涉及原有標示變更的話，必

須同時申辦標示變更登記及所有權分割登記。而所謂「標示變更登記」，即指分割或合併之登記而言。

　　一筆共有土地辦理分割登記時，通常係保留原有母地號，並新編一新地號，此時除涉及分割成兩筆土地之登記外，原有母地號之面積等標示亦隨之而改變，因此在辦理共有物分割登記時，應同時連件辦理標示變更登記，以符實際。

　　共有物分割包括物的分割與權的分割，自應辦理標示變更登記及所有權分割登記；例外之情形為辦理標示變更登記後未繼續辦理所有權分割登記者，嗣後自可僅就所有權辦理分割登記，90年9月修訂時，特別增列但書。

重要解釋函令

1. 內政部63年12月23日台（63）內地字第612976號函──多筆共有土地分割為個人，無須合併再行分割。
2. 內政部73年9月6日台（73）內地字第255080號函──共有土地分割，共有人中有未取得土地者，其辦理該分割登記應予受理。
3. 內政部76年4月14日台（76）內地字第491433號函──協議分割共有物，如共有人之一未受配土地或未領取金錢補償，亦未領取分配價金者，不視為共有物分割。
4. 內政部81年12月23日台（81）內地字第8116508號函──部分共有人間協議彼此之應有部分發生變動，與共有物分割之意旨不合。
5. 內政部87年2月9日台（87）內地字第8780559號函──區分所有建物為共有物分割標的之一時，其所屬建築物共用部分

之應有部分及其基地所有權或地上權之應有部分應併爲共有物分割之標的。

6. 內政部88年12月23日台（88）內地字第8815774號函——繼承人就已辦竣公同共有繼承登記之土地續辦分割繼承登記，其性質爲共有物分割，自應依規定計徵登記規費。

7. 內政部101年3月30日內授中辦地字第1016650605號函——繼承人依農業發展條例第16條第1項第3款規定，將其所繼承之耕地分割爲單獨所有，仍需先辦理繼承登記後，再辦理標示分割登記及共有物分割登記，或得於申辦繼承登記時連件辦理標示分割登記及共有物分割登記。

第一百零六條（數共有人併同辦理共有物分割登記之規定）
數宗共有土地併同辦理共有物分割者，不以同一地段、同一登記機關爲限。

解說

　　登記機關受理共有人持憑分割契約書申請共有物分割登記案件之審認標準，前經內政部82年9月29日台（82）內地字第8284085號函釋如下：

　　共有人依民法第824條第1項規定協議分割共有物時，其協議分割方法，土地登記審查實務上，時見紛歧，本部爰函准法務部82年8月6日法（82律）13707號函釋以：「按民法第824條第1項規定：『共有物分割，依共有人協議之方法行之。』故協議成立時，不論其協議之方法係原物分配、變更原物而分配價金，由一部分共有人取得原物而以金錢補償其他共有人，

或以其他方法消滅共有關係，均得爲之，且參酌最高法院69年
台上字第1831號判例意旨，分割共有物係以消滅共有關係爲目
的。」惟當事人所立分割契約書究有無「消滅共有關係」，認
定上亦易生分歧。爲齊一登記人員之審認標準，爰邀請司法院
民事廳、法務部、財政部台灣省政府財政廳、地政處、台北市
政府財政局、地政處、高雄市政府財政局、地政處會商獲致結
論：

一、共有人持憑分割契約書申請共有物分割登記時，其契約書
　　內容應符合左列情形：

　　（一）分割契約書應由全體共有人協議訂立。（二）如係
　　　　　數筆共有土地併同協議共有物分割者，各筆土地之
　　　　　共有人均應相同。

　　（三）共有土地分割後應合於左列情形之一：

　　　　　1.原共有人個別取得單獨所有。

　　　　　2.由原部分共有人取得單獨所有，並同時另成立新
　　　　　　的共有關係（含共有人數不變而取得單獨所有之
　　　　　　原共有人之應有持分減少者）。

　　　　　3.成立新共有關係且各筆土地共有人數較原共有人
　　　　　　數減少。

二、內政部編印81年版地政法令彙編第1363頁所列內政部70年
　　6月26日台內地字第23669號函釋「數筆土地，其共有人人
　　數不一，得僅就相同共有人之應有持分，協議辦理分割登
　　記」之內容與前開規定不合，應停止適用。

三、內政部訂定之「共有土地（所有權）分割改算地價原則
　　（見內政部編印81年版地政法令彙編第1769頁）應配合前
　　開規定修正之。」

　　為使條文規定更臻明確，90年9月修訂時，特別增訂本條文。

　　內政部92年7月15日內授中辦地字第0920010381號函——登記機關受理共有物分割登記案件之審查原則中第1項第2款中指出：「共有人不完全相同之數宗共有土地，如經共有人全體協議亦得辦理共有物分割，惟其協議分割後之土地，僅得分配予該宗土地之原共有人或原共有人之一」。據此，本條文將原「共有人均相同」規定，在92年7月修訂時予以刪除。

重要解釋函令

1. 內政部77年1月8日台（77）內地字第557637號函——不屬同一登記機關管轄之數宗土地或建物，辦理共有物分割登記應分向土地所在地之登記機關申請登記。
2. 內政部92年6月20日內授中辦地字第0920082881號函——登記機關受理跨所辦理共有物分割登記案件之聯繫作業程序。
3. 內政部92年7月15日內授中辦地字第0920010381號函——登記機關受理共有物分割登記案件之審查原則。

第一百零七條（共有物分割抵押權之轉載方式）
分別共有土地，部分共有人就應有部分設定抵押權者，於辦理共有物分割登記時，該抵押權按原應有部分轉載於分割後各宗土地之上。但有下列情形之一者，該抵押權僅轉載於原設定人分割後取得之土地上：
一、抵押權人同意分割。

二、抵押權人已參加共有物分割訴訟。

三、抵押權人經共有人告知訴訟而未參加。

前項但書情形，原設定人於分割後未取得土地者，申請人於申請共有物分割登記時，應同時申請該抵押權之塗銷登記。

登記機關於登記完畢後，應將登記結果通知該抵押權人。

解說

本條主要在規定分別共有土地若部分共有人就其應有部分設定抵押權者，於日後辦理共有物分割登記時，其原有抵押權之轉載方式。

抵押權之本質具有不可分性，故土地共有人之一雖僅就其原有共有部分設定抵押權，但在法理上，該抵押權之效力已及於該土地之全部。而根據民法第868條的規定，抵押之不動產如分割，其抵押權不因此而受影響。亦即分割後該土地原設定之抵押權仍應按原應有部分存在於分割後之各宗土地上。

但如果共有物經分割而成為個別單獨所有的型態下，未設定抵押權之他共人經分割而取得之土地也必須因此而受有抵押權之登記，在此情況下，將使的此等共有人之權益深受影響。因此在98年7月修訂時特增加此但書，在此等條件下，允許抵押權只轉載於原設定人分割後取得之土地上，以保障他共有人之權益。而如果原設定人於分割後未取得土地權利時，於此等條件下，因抵押權業已消滅，所以申請人於申請共有物分割登記時，當然應同時申請該抵押權之塗銷登記。

重要解釋函令

1. 行政院72年4月11日台72內字第6242號函——分別共有土地部分共有人就應有部分設定抵押權後,共有物分割原抵押權轉載應依土地登記規則第107條規定辦理。

2. 內政部84年7月4日台（84）內地字第8409269號函——部分共有人就其應有部分設定抵押權,因法院和解辦理共有物分割登記,徵得抵押權人之同意,該抵押權得轉載於原設定人分割後取得之土地上。

3. 內政部100年2月15日內授中辦地字第1000723762號函——土地共有人就應有部分設定抵押權後,因法院判決共有物分割未經徵得抵押權人同意將原抵押權轉載於其分割後取得之土地上,該共有人以其所有權一部移轉時,仍應由承買人共同承受該抵押權。

|第七章|
他項權利登記

第一百零八條（土地第一部設定用益物權應提出位置圖）
於一宗土地內就其特定部分申請設定地上權、不動產役權、典權或農育權登記時，應提出位置圖。
因主張時效完成，申請地上權、不動產役權或農育權登記時，應提出占有範圍位置圖。
前二項位置圖應先向該管登記機關申請土地複丈。

解說

　　本條主要是規定在一宗土地上之特定部分申請設定地上權、不動產役權、典權或農育權等用益物權時，應提出該用益物權之位置圖，以確定該用益物權之位置。而此一位置應先向該管登記機關申請土地複丈。

　　不論地上權、不動產役權、典權及農育權，均屬用益物權之一種，因此上開他項權利之行使若非整筆土地均設定該他項權利，則必須確認他項權利所占之範圍，否則即無法行使該用益物權。故本條特別規定，如僅就一宗土地內之特定部分設定各項用益物權時，必須申請地政機關先行複丈，測繪出位置圖，以便辦理設定登記。

重要解釋函令

1. 內政部57年2月27日台（57）內地字第265231號函——地上權設定登記不以登記時有地上物或租賃關係爲要件。

2. 內政部65年2月6日台（65）內地字第669776號函——已喪失所有權之出典人無設定抵押權之權利。

3. 內政部67年3月24日台（67）內地字第777236號函——法院拍賣建築物及其基地，拍定人各異時，房屋所有權人享有法定地上權。

4. 內政部68年3月16日台（68）內地字第10326號函——已設定抵押權之土地，得設定地上權。

5. 內政部70年6月4日台（70）內地字第11801號函——地上權設定對象不以地面爲限。

6. 內政部71年1月15日台（71）內地字第59474號函——網球場非屬建物或工作物或竹木，與地上權之要件不合。

7. 內政部72年2月7日台（72）內地字第138351號函——建物移轉，地上權未隨同移轉登記者，現建物所有權人僅有移轉登記請求權，尚不生享有地上權之效力。

8. 內政部73年11月7日台（73）內地字第271260號函——地上權人僅移轉基地地上權，未將其設定地上權之目的物隨同移轉予受讓人者，應不准許。

9. 內政部75年10月9日台（75）內地字第445526號函——都市計畫範圍內住宅區與道路預定地「田」地目土地，如使用不違反都市計畫法規定，得設定以竹木爲使用目的之地上權。

10. 內政部76年9月19日台（76）內地字第536533號函——地上權設定對象不以地面爲限。

11.內政部78年3月2日台（78）內地字第673550號函——都市
計畫道路預定地「田」地目土地申請以竹木爲目的之地上權
登記，應檢附不違反都市計畫法規之證明文件。

12.內政部80年9月6日台（80）內地字第8003162號函——土地
之使用狀態並不影響其地上權之設定登記。

13.內政部80年9月13日台（80）內地字第8071837號函——地
上權之讓與，僅得於地上權存續期間內爲之。

14.內政部82年1月21日台（82）內地字第8278228號函——停
車場法第16條第3項規定之執行事宜。

15.內政部85年6月8日台（85）內地字第8505845號函——高鐵
建設以隧道或高架橋方式通過農地，得設定空間範圍地上
權，且無需辦理使用分區編定變更。

16.內政部85年7月9日台（85）內地字第8580121號函——共有
人就其應有部分設定地上權之有關事宜。

17.內政部89年1月19日台（88）內中地字第8826661號函——
永佃權不得主張因時效而取得。

18.內政部89年6月30日台（89）內中地字第8910309號函——
都市計畫保護區「雜」地目土地，領有使用執照得申辦地上
權設定登記。

19.內政部92年3月31日內授中辦地字第0920003685號函——申
辦耕地地上權設定登記，登記機關應不予受理。

20.內政部95年3月28日內授中辦地字第0950724996號函——已
辦理預告登記之建物經法院拍賣後，囑託登記機關辦理塗銷
查封登記時，有關預告登記暨地上權存續期間屆滿建物歸屬
約定之處理方式。

21.內政部99年7月21日內授中辦地字第0990724973號令——有

關共有人就其應有部分設定典權，及農地與農舍應併同設定典權登記事宜。

第一百零八條之一（設立地上權、農育權及不動產役權之規定）

申請地上權或農育權設定登記時，登記機關應於登記簿記明設定之目的及範圍；並依約定記明下列事項：

一、存續期間。

二、地租及其預付情形。

三、權利價值。

四、使用方法。

五、讓與或設定抵押權之限制。

前項登記，除第五款外，於不動產役權設定登記時準用之。

解說

因他項權利係限制所有權人行使其權利之物權，故其與所有權係屬對立之權利。為防止因為地上權、農育權或不動產役權等他項權利之設立而產生權益糾紛，進而健全登記制度，因而在99年6月修訂時增加制定此條文，以求界定雙方之權利以及義務。

民法第832條中指出：「稱普通地上權者，謂以在他人土地之上下有建築物或其他工作物為目的而使用其土地之權。」很明顯的，地上權只能建立在建地上，而無法使用在耕地上。再則民法第836條之2第1項中指出：「地上權人應依設定之目的及約定之使用方法，為土地之使用收益；未約定使用方法

者，應依土地之性質為之，並均應保持其得永續利用。」由此可知，地上權之使用方式，仍然必須遵照原規定之用途使用。而為防範地上權人違規或違法使用該土地，因此土地所有權人與地上權人間，實在有必要對土地使用方式作一個約定。

相反的農育權適合使用在農地上，這在民法第850條之1中可發現：「稱農育權者，謂在他人土地為農作、森林、養殖、畜牧、種植竹木或保育之權。農育權之期限，不得逾二十年；逾二十年者，縮短為二十年。但以造林、保育為目的或法令另有規定者，不在此限。」

民法第851條中指出：「稱不動產役權者，謂以他人不動產供自己不動產通行、汲水、採光、眺望、電信或其他以特定便宜之用為目的之權。」因此可知，不動產役權係可建立在土地或建物上。所以在102年8月修定以後，就將原「地役權」改為「不動產役權」。

對此，民法就地上權及農育權之存續期間、地租及其預付情形、權利價值、使用方法之限制上都有詳細之規定，所以在本規則中，為求周全，實在也有必要對其做詳細之約定。

另外，此類用益物權係使用不動產（包括土地及建物）之權利。因此在同一筆不動產之同一個位置上，並無法建立不同之用益物權。因此如果不同的用益物權建立在一筆不動產之不同部位上，實在有必要約定各個用益物權之使用範圍。此情形於某個用益物權只建立於某筆不動產之某部位時，仍然適用。

民法第853條中指出：「不動產役權不得由需役不動產分離而為讓與，或為其他權利之標的物。」所以本條文第5款中排除不動產役權之適用。

第一百零八條之二（不動產役權設立規定）

不動產役權設定登記得由需役不動產之所有權人、地上權人、永佃權人、典權人、農育權人、耕作權人或承租人會同供役不動產所有權人申請之。

申請登記權利人為需役不動產承租人者，應檢附租賃關係證明文件。

前項以地上權、永佃權、典權、農育權、耕作權或租賃關係使用需役不動產而設定不動產役權者，其不動產役權存續期間，不得逾原使用需役不動產權利之期限。

第一項使用需役不動產之物權申請塗銷登記時，應同時申請其供役不動產上之不動產役權塗銷登記。

解說

　　本條特別針對申請不動產役權之需役不動產使用權源對不動產役權之影響做一說明。申請設立不動產役權時，如果需役不動產之使用權源並非所有權時，因為此等權利之存在時效會影響不動產役權之存續，因此有必要針對此項情形制定詳細之規定。因為在使用需役不動產之權利消滅時，其不動產役權當然跟著消滅，所以應同時申請其供役不動產上之不動產役權塗銷登記。

　　特別在需役不動產之使用權利為非物權之租賃情況時，由於債權關係之租賃行為並無強制登記之規定，因此規定當需役不動產之使用權利為租賃時，要求承租人在設立不動產役權時，必須提出租賃關係證明文件。

第一百零九條（需役地與供役地分爲不同登記機關管轄之通知）

不動產役權設定登記時，應於供役不動產登記簿之他項權利部辦理登記，並於其他登記事項欄記明需役不動產之地、建號及使用需役不動產之權利關係；同時於需役不動產登記簿之標示部其他登記事項欄記明供役不動產之地、建號。

前項登記，需役不動產屬於他登記機關管轄者，供役不動產所在地之登記機關應於登記完畢後，通知他登記機關辦理登記。

解說

　　本條主要在規定如不動產役權之需役不動產與供役不動產分屬兩不同登記機關時，應由供役不動產所在地之登記機關辦理不動產役權設定登記，並於辦妥後檢具相關資料，通知需役不動產之登記機關辦理登記。

　　所謂「不動產役權」在民法第851條中指出：「稱不動產役權者，謂以他人不動產供自己不動產通行、汲水、採光、眺望、電信或其他以特定便宜之用爲目的之權。」若供役不動產與需役不動產均屬同一登記機關，則依一般他項權利之登記方式辦理即可。唯若供役不動產與需役不動產正好分屬兩不同登記機關時，則應由供役不動產所在之登記機關先行辦理，再轉請需役不動產之登記機關隨後辦理。

　　按民法第853條規定：「不動產役權不得由需役不動產分離而爲讓與，或爲其他權利之標的物。」故90年9月修訂時，特增訂本條第一項不動產役權設定登記時，登記簿之記載方式以爲勾稽。

　　因不動產役權可建立在土地或建物上，所以在99年6月修訂後將原「地役權」更名為「不動產役權」，以更加符合實際情況。又在原本只註明地號的部分加入建號之適用。

　　又因需役不動產申請設立不動產役權之使用權源並不限定在所有權，因此於本條文中規定，除於不動產登記簿之他項權利部其他登記事項欄記明需役不動產之地、建號外，另外再加入：「使用需役不動產之權利關係」。

重要解釋函令

1. 行政院65年11月20日台65內字第9900號函——已供公眾通行道路因時效完成得認為有公用地役關係之存在，勿須辦理登記。

2. 內政部70年7月10日台（70）內地字第28642號函——地役權不得與需役地分離。

3. 內政部70年11月25日台（70）內地字第50958號函——地役權以繼續並表見者為限，如僅繼續而非表見或僅表見非繼續，均不得因時效完成取得地役權。

4. 內政部74年12月28日台（74）內地字第371572號函——同一供役地上可設定相容數地役權。

5. 內政部83年10月19日台（83）內地字第8312956號函——供役地與需役地之部分共有人相同，得於供役地設定地役權。

6. 內政部84年5月19日台（84）內地字第8407744號函——需役地與地役權未一併辦理移轉登記，如無不隨同移轉之特約並經登記者，得由需役地所有權人單獨申請地役權移轉登記。

第一百零九條之一（典權設立規定）

申請典權設定登記時，登記機關應於登記簿記明其設定之範圍及典價；並依約定記明下列事項：

一、存續期間。

二、絕賣條款。

三、典物轉典或出租之限制。

解說

　　本條文最主要針對典權的設立，做一個規範。在民法第911條中規定：「稱典權者，謂支付典價在他人之不動產爲使用、收益，於他人不回贖時，取得該不動產所有權之權。」由此可知，典權爲一種用益物權。所以典權的設立不同於抵押權之不需將抵押物交付予抵押權人。相反的，典權設立時，出典人必須將典物交予典權人，典權人並有依約定，使用典物的權利及義務。因此針對典權的設立就有詳細規定的必要性。

　　在存續期間部分，民法第912條中規定：「典權約定期限不得逾三十年。逾三十年者縮短爲三十年。」在絕賣條款部分，同法第913條中規定：「典權之約定期限不滿十五年者，不得附有到期不贖即作絕賣之條款。典權附有絕賣條款者，出典人於典期屆滿不以原典價回贖時，典權人即取得典物所有權。絕賣條款非經登記，不得對抗第三人。」

　　又因典權人之目的除了使用、收益該典物外，主要在於取得典物之所有權，而出典人之目的係希望得到金錢週轉，並希望保有典物之所有權，因此在保護雙方權益之情況下，有必要針對此三項作明確的約定。

第一百十條（本條文業已刪除）

第一百十一條（抵押權人設定登記，其抵押人非債務人之規定）
申請為抵押權設定之登記，其抵押人非債務人時，契約書及登記申請書應經債務人簽名或蓋章。

解說

　　本條主要在規定債務人若以他人土地提供擔保設定抵押權時，則債務人應在契約書及登記申請書簽名或蓋章。

　　抵押權之設定，主要是以債務人或第三人所有之不動產，經由抵押權設定的方式來擔保債務，因此如果債務人以第三人之不動產提供設定抵押權予債權人時，此時該第三人（即俗稱之擔保物提供人）本身與債權人之間並無「債」的關係，而係單純的以其本身之不動產提供為債務人向債權人作擔保。此時若地政機關在辦理抵押權設定登記時，不要求債務人在登記申請書或契約書上簽名或蓋章時，則恐怕難以確認該抵押權設定登記係擔保何人之債務。

重要解釋函令

1. 內政部58年12月13日台（58）內地字第343015號函──抵押權之存續期間可依當事人合意自由酌定。
2. 內政部59年2月11日台（59）內地字第349268號函──合夥財產設定抵押權登記應以全體合夥人名義為之。

3. 內政部60年6月21日台（60）內地字第422944號函——拍定人在取得權利移轉證書前就該拍賣之不動產設定之抵押權契約，應參酌民法第246條規定認其效力。

4. 內政部60年10月9日台（60）內地字第439251號函——移轉登記與抵押權設定登記可同時申請循序辦理。

5. 內政部63年3月30日台（63）內地字第577552號函——抵押權設定雖未約定債務清償日期者仍應予受理。

6. 內政部63年8月29日台（63）內地字第599651號函——保險業以其財產提供為債務之擔保申請抵押權設定登記，應予受理。

7. 內政部65年1月8日台（65）內地字第664322號函——保險業辦理抵押放款業務申請登記，登記機關無須要求檢附有關證明或保證。

8. 內政部68年1月11日台（68）內地字第816616號函——商號得以他人土地提供擔保設定抵押權，但應註明其負責人姓名。

9. 內政部72年8月11日台（72）內地字第178384號函——本國人在外國設立之公司，得向本國銀行之國外分行辦理貸款，提供國內之擔保品設定抵押。

10. 內政部74年3月7日台（74）內地字第298466號函——債權人持憑法院核定附有條件之調解書單獨申辦抵押權設定登記，應檢附該條件已成就之證明文件。

11. 內政部74年5月24日台（74）內地字第317657號函——最高限額抵押權契約之存續期間得依當事人合意為「不定期」之約定。

12. 內政部76年5月28日台（76）內地字第505939號函——設定

有抵押權之不動產部分移轉與第三人，申請所有權移轉登記得免申辦抵押權義務人變更登記。

13.內政部77年6月14日台（77）內地字第604598號函——部分抵押權未經法院囑託塗銷，可否申請抵押權移轉，端視強制執行所得價金是否足以清償全部債權。

14.內政部77年12月16日台（77）內地字第661174號函——農漁會理事長向其所屬之農漁會貸款申請抵押權設定登記，免經會員代表大會決議。

15.內政部79年6月29日台（79）內地字第811092號函——抵押權設定人非債務人，該債務人於申請書備註欄或申請人欄簽章均應予受理。

16.內政部79年6月30日台（79）內地字第814511號函——關於土地、建物經全體公同共有人同意，得就其公同共有之土地、建物設定抵押權予其中部分共有人。

17.內政部86年1月9日台（86）內地字第8673621號函——郵政儲金匯業局辦理壽險戶不動產抵押權設定登記，得以該局之對外代表人為登記名義人並附註其職銜。

18.內政部86年4月18日台（86）內地字第8677514號函——交通部郵政儲金匯業局辦理郵政壽險保戶不動產抵押借款業務，申辦抵押權設定、變更及塗銷登記事宜。

19.內政部86年6月17日台（86）內地字第8684206號函——地上權人取得所有權後，原以地上權設定之抵押權，擬增加所有權為共同擔保，得就增加土地所有權部分辦理抵押權設定登記，原地上權設定之抵押權則辦理抵押權內容變更登記。

20.內政部87年3月19日台（87）內地字第8703223號函——

申請抵押權權利內容債務人變更登記，如抵押權人會同申
請，其所蓋印章與原設定抵押權登記申請案之印章相同
者，得免附抵押權人印鑑證明。

21.內政部88年7月20日台（88）內地字第8886287號函——申
辦抵押權內容變更登記案件，檢附印鑑證明事宜。

22.內政部88年11月5日台（88）內中地字第8819285號函——
一般農業區農牧用地土地上有查封之未登記建物，非屬農舍
者，該土地得辦理抵押權設定登記。

23.內政部90年3月12日台（90）內中地字第9003346號函——
農地及其地上農舍所有權應有部分併同設定抵押權有關事
宜。

第一百十一條之一（普通抵押權之規定）

申請普通抵押權設定登記時，登記機關應於登記簿記明擔保
債權之金額、種類及範圍；契約書訂有利息、遲延利息之利
率、違約金或其他擔保範圍之約定者，登記機關亦應於登記
簿記明之。

解說

　　本條是針對普通抵押權設立所為之規定。民法第860條規
定：「稱普通抵押權者，謂債權人對於債務人或第三人不移轉
占有而供其債權擔保之不動產，得就該不動產賣得價金優先受
償之權。」

　　抵押權可分為普通抵押權及最高限額抵押權。最高限額抵
押權定義在民法第881條之1第1項：「稱最高限額抵押權者，

謂債務人或第三人提供其不動產為擔保，就債權人對債務人一
定範圍內之不特定債權，在最高限額內設定之抵押權。」所以
普通抵押權與最高限額抵押權之間最大的差別在於，普通抵押
權在設定時即已有確定債權發生，而最高限額抵押權是擔保在
最高限額內之不特定債權，此債權即已包括債權本身、利息、
遲延利息、違約金等等在內，所以在設定最高限額抵押權時，
債權本身不必然一定已經存在。這是普通抵押權與最高限額抵
押權之間最大的差異。

　　相對的，在普通抵押權設定的同時，債權即已確認。因此
普通抵押權設定時，必須將有關利息、遲延利息之利率、違約
金或其他擔保範圍之約定，在登記簿記明。

第一百十二條（不屬同一登記機關管轄之土地應分別訂立
　　　　　　契約辦理登記）
以不屬同一登記機關管轄之數宗土地權利為共同擔保設定抵
押權時，除第三條第三項另有規定外，應訂立契約分別向土
地所在地之登記機關申請登記。

解說

　　本條主要在規定若以分屬數個登記機關管轄之不動產為共
同擔保申辦抵押權設定登記時，應訂立契約，分別向土地所在
地之登記機關分別申辦抵押權設定登記。

　　以數宗土地共同擔保設定抵押權時，各該宗土地對於所擔
保之債係負連帶擔保之責，因此共同擔保之土地愈多，對債權
人愈為有利，故即使所擔保之不動產分屬不同地政機關，但債

權人基於保障債權，當然希望以共同擔保方式申辦抵押權設定登記。故本規則特制定本條予以規定。

　　查數筆土地權利共同擔保，應訂立一份契約書，如該擔保物係屬不同地政事務所管轄時，應分別向土地所在地之登記機關申請。因90年9月修訂前原條文「分別訂立契約向土地所在地之登記機關申請登記」之文字，實務執行上易生爭議，90年9月修訂時，特修正爲「訂立契約分別向土地所在地之登記機關申請登記」。

　　民國96年7月修訂後，爲求便民，特別針對本規則第3條之規定增加第3項規定：「直轄市、縣（市）地政機關已在轄區內另設或分設登記機關，且登記項目已實施跨登記機關登記者，得由同直轄市、縣（市）內其他登記機關辦理之。」所以在此規定中，將可以跨登記機關登記之登記事項予以排除。

相關條文與重要解釋函令

（一）相關條文

土地登記規則：第3條。

（二）重要解釋函令

內政部91年8月26日台內中地字第0910085064之2號函──關於以不屬同一機關管轄之土地權利爲共同擔保，辦理抵押權登記案件之申辦方式、登記規費、他項權利證明書列印等實務作業。

第一百十三條（增加擔保物之處理方式）
抵押權設定登記後，另增加一宗或數宗土地權利共同為擔保
時，應就增加部分辦理抵押權設定登記，並就原設定部分辦
理抵押權內容變更登記。

解說

　　本條主要在規定抵押權設定後增加擔保物時，除應就新增
加之擔保物辦理抵押權設定登記外，並應就原已辦妥之抵押權
設定登記辦理權利內容變更登記。

　　就已辦妥抵押權設定登記之案件增加擔保物時，對該增
加之擔保物而言，係屬抵押權之設定，但對於原已辦妥抵押權
設定登記之抵押權而言，則屬擔保物之增加，何況屆時原擔保
之權利價值或權利存續期間、債務清償日期等亦往往隨之而更
動，故同時須辦理他項權利內容變更登記。

重要解釋函令

內政部83年7月22日台（83）內地字第8383224號函——抵押權
設定登記後，另增加一宗或數宗土地權利共同為擔保，同時發
生其他抵押權內容變更，申請及辦理土地登記事宜。

第一百十四條（共同擔保抵押權部分塗銷及內容變更之處理）
以數宗土地權利為共同擔保，經設定抵押權登記後，就其中
一宗或數宗土地權利，為抵押權之塗銷或變更時，應辦理抵
押權部分塗銷及抵押權內容變更登記。

解說

本條主要在規定以數宗土地權利共同擔保設定抵押權後，若僅就其中某一宗土地為抵押權之塗銷或變更時，除了必須就該宗土地辦理塗銷登記外，同時必須就原有之抵押權辦理內容變更登記。

就同一抵押權設定數宗土地之一宗辦理塗銷時，就該宗土地而言，固屬抵押權之塗銷，但是就已辦妥之抵押權設定而言，亦屬內容之變更，故除了辦理該筆塗銷土地之抵押權塗銷登記外，尚須就整個抵押權辦理內容變更登記。

重要解釋函令

1. 內政部72年4月28日台（72）內地字第151069號函——抵押權人得選擇就共同擔保之土地中任何一筆受債權之清償，其申辦抵押權部分塗銷及抵押權內容變更登記，如與次順位抵押權人之權益無涉，無須檢附其同意書。

2. 內政部74年1月14日台（74）內地字第285435號函——以地上權及建物共同擔保設定抵押權，其地上權判決塗銷，土地所有權人得代位申辦抵押權部分塗銷登記。

3. 內政部74年12月3日台（74）內地字第364844號函——抵押權部分混同，得由抵押權人單獨申辦抵押權部分塗銷及權利內容變更登記。

4. 內政部75年12月17日台（75）內地字第464068號函——分別共有土地已辦理共有物分割後，可由分割後相關之土地所有權人會同該抵押權人申辦抵押權部分塗銷及權利內容變更登記。

5. 內政部80年2月6日台（80）內地字第900019號函──共有土地全部爲同一債權之擔保設定抵押權後，部分共有人之應有部分經查封，他共有人應有部分土地之抵押權塗銷登記，不受土地登記規則第141條規定之限制。

6. 內政部81年1月6日台（81）內地字第8170008號函──以數宗土地權利爲共同擔保，經設定抵押權登記後，就其中一宗或數宗土地權利爲抵押權之塗銷時，應辦理抵押權部分塗銷及抵押權內容變更登記，並檢附抵押權內容變更契約書。

7. 內政部81年7月20日台（81）內地字第8182204號函──共同抵押權因部分塗銷，其抵押權內容變更契約書應由原抵押權設定契約書雙方當事人全體會同訂定。

8. 內政部82年4月13日台（82）內地字第8274609號函──實施地籍資料電子處理作業地區，土地（建物）所有權人以其所有權一部設定抵押權後，將所有權一部移轉或全部移轉與數人，涉及新所有權人是否承受原所有權人之抵押權負擔疑義處理事宜。

9. 內政部82年6月14日台（82）內地字第8207893號函──申辦抵押權內容變更登記時，其抵押權內容變更契約書應由全體新所有權人與抵押權人共同訂定。

10. 內政部82年8月5日台（82）內地字第8210117號函──連帶債權中之一人拋棄連帶債權應申辦抵押權內容變更登記。

11. 內政部82年12月17日台（82）內地字第8213301號函──區分所有建物之基地全部融資設定抵押權，倘抵押權人同意減少抵押物擔保之所有權範圍較之減少之擔保債權金額與原擔保債權金額之比例二者均相當時，部分建物基地所有權人會

同抵押權人申辦抵押權內容變更登記，得予受理。

12. 內政部84年7月17日台（84）內地字第8410370號函——區分所有建物之基地全部融資設定抵押權，倘抵押權人同意減少抵押物擔保之所有權範圍較之減少之擔保債權金額與原擔保債權金額之比例二者均相當時，部分建物基地所有權人會同抵押權人申辦抵押權內容變更登記，得予受理。

13. 內政部85年4月12日台（85）內地字第8574401號函——以數宗土地、建物權利共同擔保設定抵押權，辦理抵押權內容變更登記，得以抵押權人出具部分塗銷證明文件辦理之要件。

14. 內政部89年10月30日台（89）內中地字第8971910號函——設有抵押權之所有權應有部分全部移轉後，其抵押權應由新所有權人承受。

15. 內政部91年7月1日台內中地字第0910007918號函——以地上權及建物共同擔保設定之抵押權，該地上權經法院判決塗銷或因存續期間屆滿或經拋棄，登記機關於受理地上權塗銷登記時，應併案辦理抵押權部分塗銷及內容變更登記。

16. 內政部95年4月21日內授中辦地字第0950725020號函——土地所有權全部設定抵押權後，所有權一部移轉與一人或數人時，免再要求申請人於所有權移轉契約書內載明同意承受抵押權負擔情形。

17. 內政部105年1月5日台內地字第1041311232號函——以數宗土地、建物權利為共同擔保設定抵押權，就其中一宗或數宗土地、建物為抵押權塗銷時，得由抵押權人出具部分塗銷證明文件單獨申請抵押權內容變更登記之要件。

第一百十四條之一（共同擔保責任）
以數宗土地權利為共同擔保，申請設定抵押權登記時，已限定各宗土地權利應負擔之債權金額者，登記機關應於登記簿記明之；於設定登記後，另為約定或變更限定債權金額申請權利內容變更登記者，亦同。
前項經變更之土地權利應負擔債權金額增加者，應經後次序他項權利人及後次序抵押權之共同抵押人同意。

解說

　　以數宗土地權利為共同擔保，申請設定抵押權登記時，如果抵押權之權利人與義務人間就各宗土地權利應負擔之債權金額已作約定時，除為當事人間之約定外，因為涉及到將來抵押權實行時之權益問題，因此也列為登記簿內應記載之事項，所以登記機關應於登記簿記明之。

　　在抵押權設定登記後，如果約定或變更限定債權金額時，此屬內容變更，當然必須在登記簿內做內容變更登記。

　　但因抵押權為擔保物權，在目前規定中，允許在同一土地權利上設置數個抵押權，而設定在前面的抵押權又有優先於後順序抵押權優先受償之規定。因此前順序抵押權所設定的債權金額，當然會影響到後順序抵押權人的權益，所以設定在前之抵押權，當其債權金額增加時，必須經後次序他項權利人同意，以保障後次序他項權利人之權益。

　　而當限定之土地權利應負擔債權金額因變更而增加時，將改變整個債權型態，也會影響到後次序抵押權之共同抵押人之權益，因此規定當債權金額增加時，需要後次序抵押權之共同抵押人同意。

第一百十四條之二（擔保債權分割而申請抵押權分割登記規定）

以一宗或數宗土地權利為擔保之抵押權，因擔保債權分割而申請抵押權分割登記，應由抵押權人會同抵押人及債務人申請之。

解說

根據民法第869條規定：「以抵押權擔保之債權，如經分割或讓與其一部者，其抵押權不因此而受影響。

前項規定，於債務分割或承擔其一部時適用之。」由此可知，抵押權設定後，抵押權得以全部讓與、一部分讓與或進行分割。

普通抵押權係從屬於債權之物權，因此當擔保債權分割時，就必須申請抵押權分割登記。

而抵押權分割登記，雖然並不需要經過抵押人及債務人同意，但因抵押人及債務人在抵押權設定中同為登記義務人，故在登記時，應由抵押權人會同抵押人及債務人申請之。

第一百十五條（抵押權讓與或內容變更登記之規定）

同一土地權利設定數個抵押權登記後，其中一抵押權因債權讓與為變更登記時，原登記之權利先後，不得變更。

抵押權因增加擔保債權金額申請登記時，除經後次序他項權利人及後次序抵押權之共同抵押人同意辦理抵押權內容變更登記外，應就其增加金額部分另行辦理設定登記。

解說

　　本條主要在規定同一土地原已設定數個順位之抵押權後，若其中某一順位之抵押權因債權讓與而為變更登記時，為了避免損害其他順位抵押權人之權益，原登記之順位不得加以變更。同樣的，若數順位抵押權中之一增加擔保債權金額時，除非經過後順位抵押權之同意，否則必須就增加部分另案辦理抵押權設定登記。

　　由於抵押物賣得價金之分配係按各抵押權之次序分配之，故抵押權之先後及各順位抵押權金額之多寡，對於日後分配有極重大之影響，因此抵押權之內容變更若涉及順位之變更或擔保權利金額之增加時，當然須經過利害關係人之意，以免其權益受損。

　　根據民法第866條規定：「不動產所有人設定抵押權後，於同一不動產上，得設定地上權或其他以使用收益為目的之物權，或成立租賃關係。但其抵押權不因此而受影響。

　　前項情形，抵押權人實行抵押權受有影響者，法院得除去該權利或終止該租賃關係後拍賣之。

　　不動產所有人設定抵押權後，於同一不動產上，成立第一項以外之權利者，準用前項之規定。」

　　由此可知，在同一土地上除可設立抵押權之擔保物權外，同時還可設立用益物權之典權，而如果抵押權之順序設立在典權前面，則當抵押權人實行其抵押權時，若典權之設定妨礙抵押權之行使時，法院得除去該權利或終止該租賃關係後拍賣之。也就等同對沒有設立典權之不動產權利實行其抵押權。但當典權之順序設立在抵押權前面時，則當抵押權人實行其抵押權時，則不得排除該典權，而是對設定有典權之不動產權利實

行其抵押權。所以抵押權及典權的設立順序當會影響其權利之行使。因此在96年7月修訂時，將第2項中原本之「後順位抵押權人」更改為「後次序他項權利人及後次序抵押權之共同抵押人」，以求更加符合現時狀況。

重要解釋函令

1. 院57年2月2日台57內字第0820號函——抵押權隨同債權讓與受讓人為抵押權移轉登記時，免由土地所有權人會同申請。

2. 內政部75年2月27日台（75）內地字第389573號函——抵押權人讓與債權，並將擔保債權之抵押權隨同移轉於受讓人者，得附具切結已通知債務人後申請移轉登記。

3. 內政部75年8月7日台（75）內地字第432546號函——決算期未屆至之最高額抵押權轉讓應以基礎契約之當事人及受讓人三面契約為之，未經債務人參加，不得移轉。但債權額已確定者，無須擔保物提供人會同辦理。

4. 內政部75年11月10日台（75）內地字第455418號函——決算期未屆至之最高額抵押權轉讓應以基礎契約之當事人及受讓人三面契約為之，未經債務人參加，不得移轉。但債權額已確定者，無須擔保物提供人會同辦理。

5. 內政部75年12月3日台（75）內地字第461735號函——決算期未屆至之最高額抵押權轉讓應以基礎契約之當事人及受讓人三面契約為之，未經債務人參加，不得移轉。但債權額已確定者，無須擔保物提供人會同辦理。

6. 內政部79年1月25日台（79）內地字第763995號函——決算期未屆至之最高額抵押權轉讓應以基礎契約之當事人及受讓

人三面契約為之，未經債務人參加，不得移轉。但債權額已確定者，無須擔保物提供人會同辦理。

7. 內政部93年1月20日內授中辦地字第0930000252號函——最高限額抵押權之債權一經確定，其抵押權性質轉變為普通抵押權，再次申辦抵押權移轉登記與他人，自得依普通抵押權讓與方式為之。

8. 內政部96年12月5日內授中辦地字第0960054219號函——經抵押權人出具最高限額抵押權確定證明文件，得依普通抵押權移轉之方式辦理最高限額抵押權移轉登記。

9. 內政部96年12月14日內授中辦地字第0960055106號函——經抵押權人出具最高限額抵押權確定證明文件，得依普通抵押權移轉之方式辦理最高限額抵押權移轉登記。

10. 內政部97年7月30日內授中辦地字第0970723801號函——金融機構經主管機關許可概括承受或概括讓與者，受讓金融機構得憑主管機關證明單獨辦理權利變更登記事宜。

11. 內政部98年2月16日內授中辦地字第0980723646號令——民法物權編修正施行前之最高限額抵押權存續期間屆滿後，登記機關不得再受理債權確定期日變更登記。

第一百十五條之一（最高限額抵押權設立規定）
申請最高限額抵押權設定登記時，登記機關應於登記簿記明契約書所載之擔保債權範圍。
前項申請登記時，契約書訂有原債權確定期日之約定者，登記機關應於登記簿記明之；於設定登記後，另為約定或於確定期日前變更約定申請權利內容變更登記者，亦同。

前項確定期日之約定，自抵押權設定時起，不得逾三十年。
其因變更約定而申請權利內容變更登記者，自變更之日起，
亦不得逾三十年。

解說

本文爲對於最高限額抵押權設立時之規定。根據民法第
881條之1第1項之規定：「稱最高限額抵押權者，謂債務人或
第三人提供其不動產爲擔保，就債權人對債務人一定範圍內之
不特定債權，在最高限額內設定之抵押權。」，所以最高限額
抵押權爲：「就債權人對債務人一定範圍內之不特定債權，在
最高限額內設定之抵押權。」抵押權爲債權人與債務人之間的
契約約定，再則抵押權爲物權之一種，因此如果契約內有約定
債權範圍時，登記簿當然也必須載明。

再則民法第881條之4規定：「最高限額抵押權得約定其所
擔保原債權應確定之期日，並得於確定之期日前，約定變更
之。

前項確定之期日，自抵押權設定時起，不得逾三十年。逾
三十年者，縮短爲三十年。

前項期限，當事人得更新之。」又因最高限額抵押權係：
「債務人或第三人提供其不動產爲擔保，就債權人對債務人一
定範圍內之不特定債權，在最高限額內設定之抵押權。」因此
在最高限額抵押權設定時，並不必然一定已經有債權、債務產
生，因此契約書如果訂有原債權確定期日之約定時，因爲契約
約定，又是登記簿應記載部分，所以當然必須在登記簿內記
明。變更時亦同。

確定期日之約定，雖然在民法第881條之4第2項中提到：

「前項期限，當事人得更新之。」但因民法係是普通法，而本規則又規定：「確定期日之約定，自抵押權設定時起，不得逾三十年。」雖然本規則為行政命令，未經立法院審議及總統公布，但因本規則為規範土地登記之主要命令，所以當以本規則之規定為主，因此，當以不得逾30年為原則。

重要解釋函令

1. 內政部96年10月24日內授中辦地字第0960052983號函——原已登記權利存續期間之抵押權申辦擔保債權確定期日變更登記時，應併同刪除原存續期間欄位資料。

2. 內政部98年2月16日內授中辦地字第0980723646號令——民法物權編修正施行前之最高限額抵押權存續期間屆滿後，不得再申請債權確定期日變更登記。

第一百十五條之二（最高限額抵押權變更）

最高限額抵押權因原債權確定事由發生而申請變更為普通抵押權時，抵押人應會同抵押權人及債務人就結算實際發生之債權額申請為權利內容變更登記。

前項申請登記之債權額，不得逾原登記最高限額之金額。

解說

　　稱最高限額抵押權者，謂債務人或第三人提供其不動產為擔保，就債權人對債務人一定範圍內之不特定債權，在最高限額內設定之抵押權。因此在最高限額抵押權設定時，並不必

然一定已經產生債權、債務之關係。但在原債權確定事由發生，而當事人申請變更爲普通抵押權時，由於最高限額抵押權與普通抵押權間存在有所差異，因此必須申請爲權利內容變更登記。再則本規則第26條規定：「土地登記，除本規則另有規定外，應由權利人及義務人會同申請之。」申請土地登記時，登記權利人與登記義務人必須到場，並提出身分證件，以利審查。

所以最高限額抵押權因原債權確定事由發生而申請變更爲普通抵押權時，抵押人應會同抵押權人及債務人就結算實際發生之債權額申請爲權利內容變更登記。

再則依民法第881條之2規定：「最高限額抵押權人就已確定之原債權，僅得於其約定之最高限額範圍內，行使其權利。前項債權之利息、遲延利息、違約金，與前項債權合計不逾最高限額範圍者，亦同。」因此申請登記之債權額，當然不得超過原登記最高限額之金額。

重要解釋函令

內政部99年7月1日內授中辦地字第0990724815號令——有關普通抵押權當事人申辦權利種類變更爲最高限額抵押權登記事宜。

第一百一十六條（申請抵押權次序讓與登記之要件）
同一標的之抵押權因次序變更申請權利變更登記，應符合下列各款規定：

一、因次序變更致先次序抵押權擔保債權金額增加時，其有
　　中間次序之他項權利存在者，應經中間次序之他項權利
　　人同意。
二、次序變更之先次序抵押權已有民法第八百七十條之一規
　　定之次序讓與或拋棄登記者，應經該次序受讓或受次序
　　拋棄利益之抵押權人同意。
前項登記，應由次序變更之抵押權人會同申請；申請登記
時，申請人並應於登記申請書適當欄記明確已通知債務人、
抵押人及共同抵押人，並簽名。

解說

　　本條主要規定在一宗土地上設定數個抵押權順位時，若其
中某兩個抵押權申辦次序變更之權利內容變更登記時，除了必
須由受讓人與讓與人會同申請外，並應經抵押權人之同意。且
如該變更之兩個抵押權順位中尚有其他他項權利存在者，並應
經該中間之他項權利人同意。

　　由於同一宗土地設定數順位抵押權時，日後若行使抵押
權，則其賣得價金之分配係根據抵押權順位之先後來加以分
配，再則同一土地上，除設定數順位抵押權外，尚可設定典權
等其他他項權利，因此一旦兩個不同順位之抵押權辦理權利次
序變更登記時，對於中間之他項權利人的權益當然會有所影
響，故須經其同意，以免因順位讓與導致前後順位之擔保權利
金額變更，而損及其權益。

　　民國96年7月修訂時，將原本次序讓與應經抵押人同意的
部分，更改為應於登記申請書適當欄記明確已通知債務人、抵
押人及共同抵押人，並簽名。也就是在登記前只須通知抵押

人，而不須經其同意。其理由爲在一宗土地上設定數順位抵押權時，若其中某兩個抵押權申辦次序變更之權利內容變更登記時，在總債權金額不變下，其次序變更並不會嚴重影響債務人、抵押人及共同抵押人之權益，因此將原本的規定修訂爲只須通知債務人、抵押人及共同抵押人，而不須經其同意。

相關法條

民法：第870條之1。

第一百十六條之一（普通抵押權次序權讓與之規定）
同一標的之普通抵押權，因次序讓與申請權利內容變更登記者，應由受讓人會同讓與人申請；因次序拋棄申請權利內容變更登記者，得由拋棄人單獨申請之。
前項申請登記，申請人應提出第三十四條及第四十條規定之文件，並提出已通知債務人、抵押人及共同抵押人之證明文件。

解說

　　本條文爲102年8月修訂後新加。主要針對上文第116條做更詳細之規定。

　　由於在普通抵押權設定時，其債權金額業已確定，而次序讓與時，讓與人與受讓人分別爲登記之義務人與權利人，因此在次序讓與申請權利內容變更登記中，應由受讓人會同讓與人申請，以確定其登記之真意。但同一標的之普通抵押權因次序

拋棄申請權利內容變更登記時，因為抵押權人之權利拋棄並不涉及他人權益受損，反而使的抵押人、債務人或後順序之抵押權人受有利益，在此情況下，當然得由拋棄人單獨申請。

　　就如前述，同一標的之普通抵押權次序讓與，並不會嚴重影響債務人、抵押人及共同抵押人之權益，因此只要通知債務人、抵押人及共同抵押人，而不須經其同意。

相關法條

土地登記規則：第34條、第40條。

第一百十七條（承攬人申請抵押權登記之規定）
承攬人依民法第五百十三條規定申請為抵押權登記或預為抵押權登記，除應提出第三十四條及第四十條規定之文件外，並應提出建築執照或其他建築許可文件，會同定作人申請之。但承攬契約經公證者，承攬人得單獨申請登記，登記機關於登記完畢後，應將登記結果通知定作人。
承攬人就尚未完成之建物，申請預為抵押權登記時，登記機關應即暫編建號，編造建物登記簿，於標示部其他登記事項欄辦理登記。

解說

　　根據民法第513條規定：「承攬之工作為建築物或其他土地上之工作物，或為此等工作物之重大修繕者，承攬人得就承攬關係報酬額，對於其工作所附之定作人之不動產，請求定作

人為抵押權之登記；或對於將來完成之定作人之不動產，請求預為抵押權之登記。

前項請求，承攬人於開始工作前亦得為之。

前二項之抵押權登記，如承攬契約已經公證者，承攬人得單獨申請之。

第一項及第二項就修繕報酬所登記之抵押權，於工作物因修繕所增加之價值限度內，優先於成立在先之抵押權。」

按土地登記，謂土地及建築改良物之所有權與他項權利之登記。為配合民法債編於88年4月修訂後之第513條之施行，90年9月修訂時，特明定承攬人單獨申請抵押權登記或預為抵押權登記之程序及應檢附之證明文件暨預為登記之標的為將來完成之定作人之建物及其登記簿編造之方式。

相關法條與重要解釋函令

（一）相關法條

1. 民法：第513條。
2. 土地登記規則：第34條、第40條。

（二）重要解釋函令

1. 內政部90年11月13日台內中地字第9084407號函──有關土地登記規則第65條、第83條及第117條辦理註記事宜。
2. 內政部91年3月27日台內中地字第0910004736號函──承攬人僅得就定作人所有之尚未完成建物所有權第一次登記之建物，申請預為抵押權登記
3. 內政部92年6月6日內授中辦地字第0920008589號函──申辦預為抵押權登記有關「承攬關係報酬額」認定事宜。

4. 內政部94年1月7日內授中辦地字第0930017482號函——承攬人依民法第513條規定，對於其工作所附定作人之不動產，請求定作人爲抵押權登記，無公寓大廈管理條例第4條第2項規定之適用。

5. 內政部96年2月6日內授中辦地字第0960041459號函——辦理預爲抵押權讓與登記事宜。

第一百十七條之一（抵押權實行時之規定）

申請抵押權設定登記時，契約書訂有於債權已屆清償期而未爲清償時，抵押物之所有權移屬於抵押權人之約定者，登記機關應於登記簿記明之；於設定登記後，另爲約定或變更約定申請權利內容變更登記者，亦同。

抵押權人依前項約定申請抵押物所有權移轉登記時，應提出第三十四條及第四十條規定之文件，並提出擔保債權已屆清償期之證明，會同抵押人申請之。

前項申請登記，申請人應於登記申請書適當欄記明確依民法第八百七十三條之一第二項規定辦理，並簽名。

解說

民法第860條規定：「稱普通抵押權者，謂債權人對於債務人或第三人不移轉占有而供其債權擔保之不動產，得就該不動產賣得價金優先受償之權。」

民法第873條規定：「抵押權人，於債權已屆清償期，而未受清償者，得聲請法院，拍賣抵押物，就其賣得價金而受清償。」

　　所以債權人於債權已屆清償期，而未受清償，欲實行抵押權時，必須聲請法院，拍賣抵押物，就其賣得價金而受清償。

　　民法第873條之1規定：「約定於債權已屆清償期而未為清償時，抵押物之所有權移屬於抵押權人者，非經登記，不得對抗第三人。抵押權人請求抵押人為抵押物所有權之移轉時，抵押物價值超過擔保債權部分，應返還抵押人；不足清償擔保債權者，仍得請求債務人清償。抵押人在抵押物所有權移轉於抵押權人前，得清償抵押權擔保之債權，以消滅該抵押權。」由此可見，民法第873條之1是屬民法第860條中的一個特例。也就是抵押權人承受實行抵押權時之標的抵押物，是實行抵押權的一個特例。

　　而依本規則第115條第1項規定：「同一土地權利設定數個抵押權登記後，其中一抵押權因債權讓與為變更登記時，原登記之權利先後，不得變更。」可知，同一土地所有權，可同時或分別設定數個抵押權。再依民法第874條規定：「抵押物賣得之價金，除法律另有規定外，按各抵押權成立之次序分配之。其次序相同者，依債權額比例分配之。」由此可知前次序的抵押權內容確實會影響到後次序抵押權的權益。

　　因此民法第873條之1第1項規定：「約定於債權已屆清償期而未為清償時，抵押物之所有權移屬於抵押權人者，非經登記，不得對抗第三人。」而在本規則一開始就規定：「申請抵押權設定登記時，契約書訂有於債權已屆清償期而未為清償時，抵押物之所有權移屬於抵押權人之約定者，登記機關應於登記簿記明之；於設定登記後，另為約定或變更約定申請權利內容變更登記者，亦同。」

　　也就是抵押權人於債務人在債權已屆清償期而未為清償

時，得請求法院拍賣該抵押物，而就該抵押物賣得價金優先受償或承受該抵押物，申請抵押物所有權移轉登記。而抵押權人實行抵押權的原因在於債務人違反契約約定，在債權已屆清償期而未為清償。所以如果債權尚未超過清償期限時，債務人並未違反契約，抵押權人斷無實行抵押權的道理，因此本條文要求抵押權人在申請實行抵押權時，必須提出擔保債權已屆清償期之證明。

而為維護抵押權人及債務人相互間之權益，當抵押物價值超過擔保債權時，應將超過部分返還債務人；不足清償擔保債權時，抵押權人當可請求債務人清償其不足的部分。

相關法條與重要解釋函令

（一）相關法條

1. 民法：第873條之1。
2. 土地登記規則：第34條、第40條。

（二）重要解釋函令

內政部101年2月2日內授中辦地字第1016031005號函─抵押權設定當事人不得訂定於債權屆期未受清償時，抵押物之所有權移屬於抵押權人指定之第三人之流抵約定。

第一百十七條之二（質權代位申請之規定）

質權人依民法第九百零六條之一第一項規定代位申請土地權利設定或移轉登記於出質人時，應提出第三十四條、第四十條規定之文件及質權契約書，會同債務人申請之。

前項登記申請時，質權人應於登記申請書適當欄記明確已通知出質人並簽名，同時對出質人取得之該土地權利一併申請抵押權登記。

前二項登記，登記機關於登記完畢後，應將登記結果通知出質人。

解說

　　民法第906條之1規定：「爲質權標的物之債權，以不動產物權之設定或移轉爲給付內容者，於其清償期屆至時，質權人得請求債務人將該不動產物權設定或移轉於出質人，並對該不動產物權有抵押權。前項抵押權應於不動產物權設定或移轉於出質人時，一併登記。」由於質權人依民法第906條之1第1項規定代位申請土地權利設定或移轉登記於出質人是不動產物權之設定及移轉登記，所以必須提出本規則所規定第34條、第40條規定之文件。

　　而在代位申請將土地權利設定或移轉登記於出質人，並對該不動產物權設定抵押權時，該代位申請人係代理出質人將此權利登記於出質人名下，所以代位申請人係處於權利人的地位。再則因土地登記須權利人會同義務人申請。因爲登記義務人爲債務人，所以代位申請人必須依規定提出質權契約書，會同債務人申請設定或移轉登記。而在設定或移轉登記的同時，對出質人取得之該土地權利一併申請抵押權登記。

　　登記完畢後，當然應將登記結果通知義務人，也就是出質人。

相關法條

1. 民法：第906條之1。
2. 土地登記規則：第34條、第40條。

第一百十八條（和平占有取得地上權登記之要件及程序）

土地總登記後，因主張時效完成申請地上權登記時，應提出以行使地上權意思而占有之證明文件及占有土地四鄰證明或其他足資證明開始占有至申請登記時繼續占有事實之文件。

前項登記之申請，經登記機關審查證明無誤應即公告。

公告期間為三十日，並同時通知土地所有權人。

土地所有權人在前項公告期間內，如有異議，依土地法第五十九條第二項規定處理。

前四項規定，於因主張時效完成申請不動產役權、農育權登記時準用之。

解說

　　本條主要在規定以和平占有時效完成，申辦地上權設定登記程序及相關文件。

　　另外對於主張時效取得不動產役權、農育權者，亦準用之。以占有時效完成主張取得地上權時，主要必須能夠證明其從占有之始至申請登記時以行使地上權意思而持續占有之事實，故當事人必須設法提出相關證明文件供地政機關審查。在審查通過之後，由於係屬權利之創設，故必須公告30日及通知土地所有權人。

　　根據民法第769條的規定：「以所有之意思，二十年間和平繼續占有他人未登記之不動產者，得請求登記為所有人。」而土地法第54條復規定：「和平繼續占有之土地，依民法第七百六十九條或第七百七十條之規則，得請求登記為所有人者，應於登記期限內，經土地四鄰證明，聲請為土地所有權之登記。」故本規則特比照上開法條之精神，訂定時效取得地上權之登記規定。內政部為執行此一規定，特別訂頒「時效取得地上權登記審查要點」，以作為地政機關審查類似案件之依據。

　　為使規定更加符合實際情況，在99年6月修訂時，特別加上以行使地上權意思而占有之證明文件，強調占有之初必須有行使地上權意思而占有時，始得申請地上權之登記。

相關法條與重要解釋函令

（一）相關法條

土地法：第59條。

（二）重要解釋函令

1. 司法行政部67年3月16日台（67）函民字第02302號函——早已完成之時效事實，法院無從予以公證。
2. 內政部80年8月7日台（80）內地字第8077604號函——數人占有同筆土地，各占有人間不得互為占有事實之證明人
3. 內政部81年8月6日台（81）內地字第8187840號函——申辦時效取得地上權登記者，應依其原來之使用目的定其範圍。
4. 內政部81年9月18日台（81）內地字第8111451號函——占有他人土地建有磚造矮牆供「魚池」之用者，得申請時效取得

地上權登記。

5. 內政部82年9月10日台（82）內地字第8280871號函——申請時效取得地上權登記，於審查中或公告期間土地所有權人提出異議之處理。

6. 內政部88年11月15日台（88）內中地字第8821404號函——確認地上權存在之訴，在未獲確定判決前，他人復就同一建物同一位置再主張時效取得地上權登記，應予受理。

7. 內政部89年9月21日台（89）內中地字第8917295號函——公有宿舍配住人於宿舍庭院內空地依規定申請建築之建物，建物所有人不得以行使地上權之意思而主張時效取得地上權。

8. 內政部93年12月23日內授中辦地字第0930017178號函——未登記土地之占有人申請時效取得所有權登記，地政機關辦理公告期間不得少於15日。

第一百十九條（申請繼承登記應提出之文件）

申請繼承登記，除提出第三十四條第一項第一款及第三款之文件外，並應提出下列文件：

一、載有被繼承人死亡記事之戶籍謄本。

二、繼承人現在戶籍謄本。

三、繼承系統表。

四、遺產稅繳（免）納證明書或其他有關證明文件。

五、繼承人如有拋棄繼承，應依下列規定辦理：

　　（一）繼承開始時在中華民國七十四年六月四日以前者，應檢附拋棄繼承權有關文件；其向其他繼承人表示拋棄者，拋棄人應親自到場在拋棄書內簽名。

　　（二）繼承開始時在中華民國七十四年六月五日以後者，應檢附法院准予備查之證明文件。

六、其他依法律或中央地政機關規定應提出之文件。

前項第二款之繼承人現在戶籍謄本，於部分繼承人申請登記為全體繼承人公同共有時，未能會同之繼承人得以曾設籍於國內之戶籍謄本及敘明未能檢附之理由書代之。

第一項第一款、第二款之戶籍謄本，能以電腦處理達成查詢

者，得免提出。

第一項第三款之繼承系統表，由申請人依民法有關規定自行訂定，註明如有遺漏或錯誤致他人受損害者，申請人願負法律責任，並簽名。

因法院確定判決申請繼承登記者，得不提出第一項第一款、第三款及第五款之文件。

解說

本條主要在明示辦理遺產繼承登記時所須提出之各項文件。由於繼承登記在土地登記當中係屬較為複雜之登記，而且各宗登記實例間又互有差異，本來不易規範應提出之證明文件，但為規範當事人及地政機關，故本條特作原則性之規範，以化繁為簡的方式規定應提出之各項文件。至第1項第5款部分，主要是為了配合民法繼承編在74年6月5日修正生效前後對於拋棄繼承所作不同的規定，而在第1目及第2目中分別予以規定。

繼承，係自被繼承人死亡之時開始發生，因此辦理遺產繼承登記，首先就必須提出被繼承人已死亡之證明文件來表明繼承業已發生；其次，申請繼承者是否為合法的繼承人也是必須確認的重點，故須要求當事人提出繼承人之現行戶籍謄本及繼承系統表，以資證明。此外，根據遺產及贈與稅法第8條的規定，繼承人非依法繳納或免徵遺產稅，不得分割遺產、交付遺贈或辦理移轉登記，故在申辦繼承登記時，尚須提出遺產稅繳清或免徵之證明文件。

有關繼承登記應附之文件除本條所規定外，尚有分割協議書等文件，為求周延，90年9月修訂時，特增訂第1項第6款之

規定。

　　民國90年9月修訂前，原條文第1項第2款規定，迭有民眾反映，實務執行上尚有窒礙，如：日據時期部分繼承人充軍後行蹤不明，或繼承人僑居國外失去聯絡，或刻意不聯絡，或因案遭通緝未便聯絡，或幼年遭強行抱走生死未卜，或被繼承人除戶謄本上有收養外籍人士註記，無外籍人士戶籍資料且行蹤不明……等，致未能檢附現在之戶籍謄本，為避免影響其他繼承人申辦繼承登記，90年9月修訂時，特增列第2項文字，以利執行。

　　民國92年9月再度修訂時為求便民，再增加：「第一項第一款、第二款之戶籍謄本，能以電腦處理達成查詢者，得免提出。」也就是載有被繼承人死亡記事之戶籍謄本及繼承人現在戶籍謄本，如果能以電腦處理達成查詢時，則可以排除提出此等文件之要求。

相關法條與重要解釋函令

（一）相關法條

土地登記規則：第34條。

（二）重要解釋函令

1. 內政部42年7月21日台（42）內戶字第33182號函——以繼承宗祧為目的約定被收養者不得繼承收養者財產之收養行為應認為無效。

2. 內政部45年1月18日台（45）內0267號令——養女放棄繼承權時，其子既為民法第1138條第1款之同一順序繼承人，依同法第1176條第一項前段規定自得繼承其養父之遺產。

3. 內政部48年4月21日台（48）內地字第601號令——繼承權之取得不因日據時期出嫁而受影響。

4. 內政部50年12月30日台（50）內地字第74520號函——日據時期被繼承人死亡絕戶，應適用民法繼承編之規定。

5. 內政部55年9月27日台（55）內地字第215442號函——被繼承人死亡，繼承人僅有其母一人時，由其母繼承之；其同父異母或同母異父之兄弟姊妹均無從發生繼承關係。

6. 內政部57年9月19日台（57）內地字第283593號函——法院判決宣告死亡，在未撤銷死亡宣告之前，戶籍機關不得以該判決認定之事實與戶籍記載有所不符，而否認其效力。

7. 內政部57年11月19日台（57）內地字第294400號函——口授遺囑未經親屬會議認定不生效力。

8. 內政部58年6月18日台（58）內地字第318486號函——日據時期遺囑不得就數繼承人中指定特定人繼承全部土地。

9. 內政部59年12月19日台（59）內地字第394932號函——繼承人與被繼承人無擬制血親關係存在，則無繼承權。

10. 內政部69年5月9日台（69）內地字第9984號函——螟蛉子對祭祀公業祭產之繼承權。

11. 內政部69年7月28日台（69）內地字第35236號函——螟蛉子即為民法所稱之養子，對養父母自有繼承權。

12. 內政部69年12月31日台（69）內地字第62201號函——旅居海外繼承人拋棄繼承證明文件，經我國駐外機構簽證，免附印鑑證明。

13. 內政部72年4月21日台（72）內地字第149284號函——單身女戶主因婚姻除戶，可認定為繼承開始之原因。

14. 內政部73年10月8日台（73）內地字第262556號函——訂定

分割協議書，申辦繼承登記，縱分割結果與各繼承人應繼分有出入，登記機關應予受理。

15. 司法院74年6月14日院台廳1字第03689號函——司法院提示修正民法親屬編、繼承編部分條文及民法親屬編施行法、民法繼承編施行法施行時應行注意事項。

16. 內政部74年12月19日台（74）內地字第372465號函——法院受理繼承拋棄事件，依非訟事件法審查為「准予備查」或「駁回」之裁定。

17. 內政部79年7月31日台（79）內地字第812312號函——限制行為能力人檢附之繼承系統表及簽註切結免經法定代理人簽章同意。

18. 內政部79年8月13日台（79）內地字第827581號函——附有「受贈人如死亡，贈與之效力消滅，該所有權應歸還與原贈與人所有」之贈與，如受贈人死亡，由受贈人之繼承人辦畢繼承登記，再行辦理移轉登記。

19. 內政部80年4月1日台（80）內地字第91420號函——繼承人在未辦理繼承登記前所為之遺贈，於不侵害特留分之範圍內，仍為有效。

20. 內政部80年8月13日台（80）內地字第8074783號函——喪失國籍者不得繼承土地法第17條所列各款土地。

21. 內政部80年10月15日台（80）內地字第800472號函——民法親屬編修正前有配偶者發生重婚，如未經利害關係人依修正前民法第992條之規定請求撤銷，其對重婚後配偶之遺產有繼承權。

22. 內政部80年11月4日台（80）內地字第8072765號函——經法院認證之自書遺囑縱未經提示於親屬會議亦不影響遺囑之

效力。

23.內政部80年11月9日台（80）內地字第8005513號函——自書遺囑塗改部分如不影響自書遺囑之要件，自無損及自書遺囑之效力。

24.內政部81年1月18日台（81）內地字第8177529號函——法院之判決對繼承權人之一漏未裁判時，地政機關宜依判決主文辦理登記。

25.內政部81年6月20日台（81）內地字第8181523號函——被繼承人以遺囑就其遺產指定繼承人之應繼分，應依遺囑內容辦理繼承登記。

26.內政部81年7月2日台（81）內地字第8181759號函——國人喪失我國國籍未取得他國國籍者，應依本國人民繼承規定辦理。

27.內政部81年7月8日台（81）內地字第8108899號函——日據時期戶口調查簿內「世帶主」之意義及其財產繼承順序規定。

28.內政部81年7月10日台（81）內地字第8108900號函——日據時期成立之夫妾關係，其關係延續至台灣光復後或民法親屬編修正施行後，夫妾雙方互有繼承權。

29.內政部81年12月18日台（81）內地字第8116607號函——代筆遺囑之見證人兼代筆人未親自簽名僅蓋簽名章，既未具法定要件，該遺囑應屬無效。

30.內政部82年1月15日台（82）內地字第8113186號函——申請人所附繼承系統表或文件列明有大陸地區人民為繼承人者，申請繼承登記應附文件。

31.內政部82年4月15日台（82）內地字第8279019號函——無

人承認繼承之不動產，經辦竣遺產管理人登記後，繼承人申辦登記事宜。

32.內政部82年5月1日台（82）內地字第8205829號函——台灣地區人民死亡，在台無繼承人，其大陸地區之繼承人申領其在台不動產之價額事宜。

33.內政部82年7月19日台（82）內地字第8209194號函——民法第1174條「應於知悉其得繼承之時起二個月內」之認定。

34.內政部82年12月28日台（82）內地字第8216323號函——繼承事件發生在台灣地區與大陸地區人民關係條例施行前者，仍有其第69條規定之適用。

35.內政部82年12月31日台（82）內地字第821626號函——代筆遺囑指定之遺囑執行人死亡，宜另行改選或指定遺囑執行人，申請辦理繼承登記。

36.內政部83年3月10日台（83）內地字第8303099號函——發生於民國38年6月14日前之繼承案件，申辦繼承登記免檢附遺產及贈與稅法第42條規定之文件，惟應查無欠繳土地稅後，再據以辦理。

37.內政部83年5月9日台（83）內地字第8305620號函——養子於養母死亡後，單獨與養父終止收養關係，其與養母之收養關係仍繼續存在。

38.內政部83年8月22日台（83）內地字第8310439號函——日據時期養女經收養後與養父之妻之私生子結婚，對生家是否有繼承權應視其係以「媳婦仔」或「養女」入養及收養關係是否終止而定。

39.內政部83年12月21日台（83）內地字第8315310號函——戶

籍簿上載有絕家再興等字樣者，尚難謂其有繼承原戶主之權利義務。

40. 內政部84年4月28日台（84）內地字第8474679號函——分割繼承登記得直接以「分割繼承」爲登記原因辦理，免先辦理公同共有之繼承登記。

41. 內政部84年7月14日台（84）內地字第8410215號函——發生於民國38年6月14日前之繼承案件，申辦繼承登記免檢附遺產及贈與稅法第42條規定之文件，惟應查無欠繳土地稅後，再據以辦理。

42. 內政部84年12月27日台（84）內地字第8416558號函——涉及兩岸人民不動產繼承登記有關事宜。

43. 內政部85年5月3日台（85）內地字第8504659號函——繼承人於被繼承人死亡前喪失國籍，於辦理繼承登記時又回復國籍，免受土地法第17條限制。

44. 內政部85年7月2日台（85）內地字第8506814號函——被繼承人第一順序親等較近之部分子女於繼承發生前死亡或喪失繼承權時，如同屬親等較近之他繼承人均拋棄繼承權者，其繼承人暨應繼分之認定。

45. 內政部85年9月19日台（85）內地字第8509014號函——繼承人持被繼承人及其配偶共同簽名之「自書遺囑」申辦繼承登記事宜。

46. 內政部85年10月14日台（85）內地字第8581527號函——遺產稅納稅義務人繼承申請核發同意移轉證明書，地政機關及國稅稽徵機關配合執行事宜。

47. 內政部86年1月6日台（86）內地字第8512656號函——被繼承人死亡時之抵押權所擔保之債權已消滅者，申請繼承登記

無遺產及贈與稅法第42條規定之適用。

48.內政部86年3月27日台（86）內地字第8603082號函──申辦繼承登記之不動產為在台繼承人賴以居住，且經申請人書面聲明並切結者，免附大陸地區繼承人身分證明文件。

49.內政部86年7月22日台（86）內地字第8606834號函──旅外僑民因故未能檢附現行戶籍謄本以申辦繼承登記者，得以能證明其為合法繼承人之身分證明文件代替之。

50.內政部86年7月23日台（86）內地字第807378號函──誤將他人之財產列入遺囑分配有關處理事宜。

51.內政部86年10月3日台（86）內地字第8609474號函──申請繼承登記之繼承人與遺產稅證明書所列繼承人人數不符，應於登記完畢後通知該管國稅機關。

52.內政部87年1月8日台（87）內地字第8612917號函──分戶不以分產或別居別炊為要件，其實質已分家並另立生計者，始喪失繼承權。

53.內政部87年1月21日台（87）內地字第8785251號函──已辦妥公同共有繼承登記，當事人僅就部分遺產協議分割申辦登記，地政機關仍應受理。

54.內政部87年3月18日台（87）內地字第8703291號函──大陸地區人民繼承台灣地區人民遺產，應在被繼承人死亡時起算3年內為繼承之表示。

55.內政部87年7月17日台（87）內地字第8707260號函──大陸地區繼承人，於繼承開始起3年內取得我國國籍，得准其申辦不動產繼承登記。

56.內政部87年8月7日台（87）內地字第8790268號函──為方便旅外國人委託國內親友代為辦理遺產繼承登記，其授權書

宜載明不動產標示。

57. 內政部87年8月11日台（87）內地字第8708289號函——日據時期私產繼承，被繼承人為招贅婚之女子，無冠母姓之子女可繼承時，由冠招夫姓之子女為第一順位繼承人。

58. 內政部87年11月19日台（87）內地字第8712094號函——有關涉大陸地區人民之不動產繼承案簡化事宜。

59. 內政部88年2月12日台（88）內地字第8802728號函——申辦繼承登記時，已檢附法院准予拋棄繼承權證明文件者，得免附其現在之戶籍謄本。

60. 內政部88年2月24日台（88）內地字第8803062號函——隱居衍生以家產或私產辦理繼承之釋疑隱居衍生以家產或私產辦理繼承之釋疑。

61. 內政部88年3月12日台（88）內地字第8803504號函——對於外國法院之確認判決，地政機關得為形式之審查，如有爭執，利害關係人得訴請法院確認。

62. 內政部88年7月7日台（88）內地字第8807930號函——被繼承人之擬制直系血親卑親屬於繼承開始前死亡或喪失繼承權，其直系血親卑親屬得否代位繼承，應視收養效力是否及於被代位人之直系血親卑親屬而斷。

63. 內政部88年7月12日台（88）內地字第8807639號函——被繼承人與申請人間之收養關係如未經合意或法院裁定終止，可推定申請人繼承資格存在。

64. 內政部88年8月27日台（88）內中地字第8804353號函——歸化日本國籍之繼承人申辦繼承登記處理原則。

65. 內政部88年10月4日台（88）內地字第885495號函——部分繼承人因有具體事由致不能檢附未會同繼承人現在之戶籍謄

本，得以曾設籍於國內戶籍謄本及敘明未能檢附之理由書代之。

66.內政部88年11月15日台（88）內中地字第882477號函──繼承人於辦竣分割繼承登記後復與他人成立訴訟上和解得依和解內容辦理。

67.內政部88年12月2日台（88）內地字第8814343號函──繼承人之一死亡，其再轉繼承人不願申報該繼承人之遺產稅，其他繼承人辦理繼承登記之釋疑。

68.內政部88年12月2日台（88）內中地字第8823888號函──日本地方法院合同公證區公所公證之遺囑應由我國領事人員執行公證人職務始具備成立要件。

69.內政部88年12月2日台（88）內中地字第8824494號函──養女於被繼承人死亡後繼任戶主，嗣後廢戶絕家並同日被收養為媳婦仔，其繼承人申辦繼承登記時，應先究明其已取得之財產係屬家產或私產據以辦理。

70.內政部88年12月27日台（88）內中地字第8826108號函──代筆遺囑之見證人兼代筆人未親自簽名僅蓋簽名章者應屬無效。

71.內政部89年1月21日台（89）內中地字第8925914號函──已辦妥公同共有繼承登記後，再就遺產協議分割，申辦分別所有登記時，如逾期辦理登記仍應繳納登記費罰鍰。

72.內政部89年4月13日台（89）內中地字第8901199號函──禁治產人辦理抵繳稅款登記，如監護人非屬同居祖父母，應經親屬會議之允許。

73.內政部89年8月29日台（89）內中地字第8916270號函──旅外僑民授權同是繼承人之兄弟姊妹申辦分割繼承登記無民

法第106條規定禁止雙方代理之適用。

74. 內政部89年9月26日台（89）內中地字第8980747號函——戶主權之繼承人應同時為財產之繼承人，原戶主之其他直系卑親屬已任寄留地之戶主，對被繼承人之遺產無繼承權。。

75. 中華民國90年4月2日台（90）內中地字第9004462號——已辦妥公同共有繼承登記之土地，復於法院成立和解，應以和解共有物分割為登記原因。

76. 內政部90年6月1日台（90）內中地字第9082626號——已辦妥公同共有繼承登記之土地，復於法院成立和解，應以和解共有物分割為登記原因。

77. 內政部90年7月5日台（90）內地字第9009669號函——原住民辦理原住民保留地繼承登記疑義案。

78. 內政部90年8月29台（90）內中地字第9012376號函——被繼承人之遺產係夫妻共同財產時，其半數歸屬合法之繼承人，另半數歸屬其配偶，應以更名為登記原因辦理登記。

79. 內政部90年10月18日台（90）內中地字第9016562號函——日據時期被繼承人死亡絕家，於光復後，依民法繼承編定其繼承人，所發生之再轉繼承，仍應依民法繼承編規定辦理。

80. 內政部91年10月24日台內中地字第0910016943號函——繼承人對被繼承人有民法第1145條第1項第5款情事而喪失繼承權，並經法院確定判決，得由直系血親卑親屬代位繼承其應繼分。

81. 內政部92年1月2日台內中地字第0910020418號函——繼承發生後所遺土地有分割、重測、重劃或建物門牌整編，得免

責由繼承人持遺產稅完稅證明向稽徵機關要求註記變更。

82. 內政部92年9月15日內授中辦地字第0920014850號函——遺囑指定之繼承人，於繼承事實發生前，已先於被繼承人死亡，其代位繼承人得持憑該遺囑申辦繼承登記。

83. 內政部93年9月13日內授中辦地字第0930013012號函——有民法第1145條第1項第5款已喪失繼承權之繼承人，其直系血親卑親屬仍得代位繼承。

84. 內政部93年11月1日內授中辦地字第0930014179號函——申請人所附繼承系統表或文件列明有大陸地區人民為繼承人者，申請繼承登記應附文件。

85. 內政部93年11月19日內授中辦地字第0930016064號函——遺囑分割遺產，如符合一物一權之原則，得由部分繼承人持憑被繼承人之遺囑，單獨就其取得之遺產部分申請繼承登記。

86. 內政部94年7月21日內授中辦地字第0940048932號函——持遺囑辦理繼承所有權移轉登記時，申請人如已檢附未被遺囑指定繼承之繼承人曾設籍於國內之戶籍謄本，供登記機關查對其與被繼承人之關係者，或登記機關能以電腦處理達成查詢者，得免檢附該繼承人現在之戶籍謄本。

87. 內政部97年3月3日內授中辦地字第0970042324號函——繼承人得檢附全體繼承人同意之分割協議書就部分遺產申辦分割繼承登記。

88. 內政部98年7月29日內授中辦地字第0980725039號令——與我國無平等互惠關係之外國籍繼承人既不得取得遺產中之土地權利，亦不得申辦土地權利繼承登記，得僅由我國籍繼承人及具平等互惠關係之外國籍繼承人申辦繼承登記，並於繼

承系統表切結相關文字。

89.內政部98年9月1日內授中辦地字第0980725326號令——地政機關受理父母與其未成年子女協議遺產分割登記案，並無就該利益相反之特定事件聲請法院選任特別代理人之義務。

90.內政部98年12月15日內授中辦地字第0980726172號函——台灣地區與大陸地區人民關係條例第67條已於98年8月14日修正施行，關於大陸配偶繼承人之遺產繼承，其身分資格、遺產範圍及不動產可否繼承登記，應以「被繼承人死亡時」為認定基準，具體個案如有爭議，宜由當事人循司法程序請求救濟。

91.內政部99年1月21日內授中辦地字第0990040296號函——被收養者有民法第1077條第2項但書之收養關係者，其與同胞兄弟姐妹間仍有繼承權。

92.內政部99年1月28日內授中辦地字第0990040295號函——法院裁定審認父或母代理未成年子女為遺產之分割行為無須另行選任特別代理人時，地政機關應依法院就具體個案裁定結果辦理。

93.內政部101年6月7日內授中辦地字第1016035202號函——繼承登記法令補充規定第23點規定之夫妾婚姻，係規範繼承發生於日據時期時，夫妾間之繼承關係。

94.內政部102年2月6日內授中辦地字第1026031216號函——退除役官兵死亡，繼承人僅有已取得長期居留之大陸配偶且已依法表示繼承者，得由該大陸配偶繼承取得。

95.內政部102年9月3日內授中辦地字第1026651713號函——繼承人得就被繼承人所遺公同共有權利協議分割。

第一百二十條（部分繼承人之申請）

繼承人為二人以上，部分繼承人因故不能會同其他繼承人共同申請繼承登記時，得由其中一人或數人為全體繼承人之利益，就被繼承人之土地，申請為公同共有之登記。其經繼承人全體同意者，得申請為分別共有之登記。

登記機關於登記完畢後，應將登記結果通知他繼承人。

解說

本條主要在規定被繼承人死亡之後，如全體繼承人無法會同申請，得由其中一位或數位繼承人，基於全體繼承之利益，對遺產辦理公同共有之登記，以避免因少數繼承人無法配合辦理繼承登記，而延宕遺產繼承之登記。

隨著社會風氣的改變，家庭成員之間的向心力有日漸薄弱之趨勢，再加上傳統家庭裡面宗親族長之威嚴已蕩然無存，故在辦理遺產繼承時，各繼承人彼此之間也就容易衍生各種的糾紛。

其次，由於國人移民的風氣極為盛行，以致在繼承人當中常常有人旅居海外，造成連繫及辦理繼承手續上諸多不便，且往往無法協調一致會同辦理繼承登記。為了解決這些困擾，本條特別明定繼承人之一或部分，得基於全體繼承人之利益，出面代全體繼承人對遺產辦理公同共有之繼承登記，以健全土地登記之內容，進而保障全體繼承人之權益。

重要解釋函令

1.內政部72年12月28日台（72）內地字第205238號函——共同

買受遺產建地之一部，買受人之一尚難憑法院和解筆錄單獨就其應有部分先行辦理所有權持分移轉登記。

2. 內政部78年11月18日台（78）內地字第754853號函──光復初期誤以死者名義申辦土地總登記之土地，得由部分繼承人辦理更正登記及繼承登記。

3. 內政部86年7月7日台（86）內地字第8606128號函──已辦妥公同共有繼承登記，再由繼承人協議申請遺產分割登記之登記原因適用及實務執行有關事宜。

4. 內政部87年10月13日台（87）內地字第8710168號函──依法院判決申辦共有物分割登記，部分共有人已死亡者，得暫以該死亡者名義辦理登記。

5. 內政部88年8月4日台（88）內中地字第8803702號函──債權人代位申辦繼承登記時其權利範圍應以公同共有方式為之。

6. 內政部89年1月19日台（89）內中地字第8826379號函──土地登記規則第120條第2項規定「通知」之方。

7. 內政部95年6月13日內授中辦地字第0950046879號函──外國人因繼承取得土地法第17條第1項規定土地之（潛在）應有部分，於公同共有關係終止前，可依同法條第2項規定，移由國有財產局辦理公開標售，其標售範圍僅限於該外國人因繼承取得之（潛在）應有部分。

8. 內政部97年4月10日內授中辦地字第0970044293號函──繼承人中有大陸人士時，債權人代債務人申辦繼承登記勿須切結「賴以居住」等文字。

9. 內政部98年4月10日內授中辦地字第0980043252號函──繼承人不得以遺產分割協議方式，將遺產分割為公同共有或消

滅因繼承取得之公同關係，而另創設一公同共有關係。

10.內政部101年7月19日內授中辦地字1016003823號函——土地公同共有繼承登記後，嗣和解或調解依全體繼承人之法定應繼分變更登記為分別共有，得以「共有型態變更」為登記原因辦理登記。

第一百二十一條（胎兒為繼承人之辦理登記方式）

胎兒為繼承人時，應由其母以胎兒名義申請登記，俟其出生辦理戶籍登記後，再行辦理更名登記。

前項胎兒以將來非死產者為限。如將來為死產者，其經登記之權利，溯及繼承開始時消滅，由其他繼承人共同申請更正登記。

解說

　　本條主要在規定繼承人辦理遺產繼承登記，如果是以胎兒為繼承人時之辦理方式，及日後胎兒出生後之更名登記。不過若日後胎兒死亡的話，則其繼承權應溯至繼承開始時消滅，並由其他繼承人共同申請更正登記。

　　被繼承人死亡時，若遺有尚未出生之子女時（即俗稱之遺腹子），本來該尚未出生之子女，根據民法第6條的規定，並不具有權利能力，但是若不准許其具備繼承權，則在該尚未出生子女出生時，勢必變得一無所有，顯然有失公平。故民法特在第1166條定有胎兒應繼分之保留規定，土地登記為落實民法此一規定，特訂定此一條款。

第一百二十二條（遺產管理人之登記）
遺產管理人就其所管理之土地申請遺產管理人登記時，除法律另有規定外，應提出親屬會議選定或經法院選任之證明文件。

解說

本條主要在明示遺產管理人在申請遺產管理人登記時所須提出之證明文件。遺產管理人之產生，根據民法第1177條的規定：「繼承開始時，繼承人之有無不明者，由親屬會議於一個月內選定遺產管理人，並將繼承開始及選定遺產管理人之事由，向法院報明。」此外，若無親屬會議或親屬會議未於上開條文規定期限內選定遺產管理人者，根據民法第1178條第2項的規定，利害關係人或檢察官得聲請法院選定遺產管理人。根據上開規定，遺產管理人可能由親屬會議選定或由法院來選定，而被選定之遺產管理人就必須向地政機關辦理遺產管理人之登記，故特設置本條來規範登記所需文件。

遺產之繼承，本來應由繼承人來行使權利，辦理繼承登記，但如繼承人之有無不明，例如眾多大陸來台人士在台期間並未結婚生子或收養子女，不過其在大陸期間或許早已結婚生子，因此其繼承人之有無因兩岸情況特殊無法立即查明，類此情況，如不迅速選定遺產管理人，則對於財產之管理勢將造成極度困擾。但遺產管理人在選定之後，如不規範必須向地政單位申請登記，則容易使財產之登記產生中斷現象，不利政府對民眾財產之管理，故特設置本條來規範遺產管理人之登記。

按「現役軍人或退除役官兵死亡而無繼承人、繼承人之有無不明或繼承人因故不能管理遺產者，由主管機關管理其遺

產。」爲臺灣地區與大陸地區人民關係條例第68條所明定，故90年9月修訂時，特增列「除法律另有規定外」文字，另參照民法第1178條規定修正「指定」爲「選任」。

重要解釋函令

1. 內政部90年7月6日台（90）內中地字第9009334號函——遺產管理辦理遺產管理人登記，免附遺產及贈與稅法第42條所規定之文件，惟處分該財產或交還繼承人時，仍應檢附上開文件，始得辦理移轉登記。
2. 內政部95年1月18日內授中辦地字第0940056889號函——遺產管理人於公示催告期間屆滿後，以代繳非屬被繼承人生前應納稅款爲由申請變賣遺產，非屬爲保存遺產之必要處置行爲，應駁回登記之申請。

第一百二十二條之一（遺產清理人之規定）

遺產清理人就其所管理之土地申請遺產清理人登記時，應提出經法院選任之證明文件。

解說

　　本條係補充第122條不足的地方。根據民法第1177條的規定：「繼承開始時，繼承人之有無不明者，由親屬會議於一個月內選定遺產管理人，並將繼承開始及選定遺產管理人之事由，向法院報明。」由上述可知，遺產管理人係當繼承人之有無不明者，由親屬會議選定遺產管理人。而當繼承人因故不能

管理遺產時,則在本條文中規定。

綜合以上規定可發現:遺產管理人由親屬會議或法院選定,而遺產清理人可由利害關係人或檢察官聲請法院選任遺產清理人,而遺產之繼承登記對繼承人等有繼承權利人之權益影響非常重大。所以本條在此特別規定,如果由法院選任遺產清理人時,應提出經法院選任之證明文件。

第一百二十三條(遺贈登記)

受遺贈人申辦遺贈之土地所有權移轉登記,應由繼承人先辦繼承登記後,由繼承人會同受遺贈人申請之;如遺囑另指定有遺囑執行人時,應於辦畢遺囑執行人及繼承登記後,由遺囑執行人會同受遺贈人申請之。

前項情形,於繼承人因故不能管理遺產亦無遺囑執行人時,應於辦畢遺產清理人及繼承登記後,由遺產清理人會同受遺贈人申請之。

第一項情形,於無繼承人或繼承人有無不明時,仍應於辦畢遺產管理人登記後,由遺產管理人會同受遺贈人申請之。

解說

本條主要在明示受贈人申辦遺贈土地之要件及程序,並分別對於被繼承人死亡後遺有繼承人、遺囑另指定執行人、繼承人因故不能管理遺產及繼承人之有無不明時四種不同情況,分別予以規定。

所謂「遺贈」,係指被繼承人在生前預先書立遺囑,指示在其死後就其遺產贈與予某一不具繼承權之第三人之謂。本

來根據民法第1138條的規定，遺產的繼承人僅限於配偶及直系血親卑親屬、父母、兄弟姊妹、祖父母等四類。因此如果被繼承人想在死後將遺產交由上開配偶及四類人以外或上開四類人之一但順序在後者時，均可以預先書立遺囑之方式達成此一目的。由於遺贈在繼承登記當中屬於較為特殊之繼承方式，故內政部84年修正土地登記規則時，特別增列本條款。

重要解釋函令

1. 內政部74年10月23日台（74）內地字第356797號函——受遺贈人承受無人承認繼承之遺產應申請法院指定遺產管理人，再向遺產管理人請求交付贈與物。

2. 內政部83年7月8日台（83）內地字第8308580號函——受遺贈人於遺囑發生效力時須客觀確定存在；又遺囑執行人不限於自然人，並得選任法人為複代理人。

3. 內政部84年5月19日台（84）內地字第8475014號函——遺贈人死亡後遺有大陸地區繼承人，受遺贈人申辦遺贈登記事宜。

4. 內政部87年3月12日台（87）內地字第8702345號函——遺囑執行人於遺囑所為限制範圍內可切結負責申辦被繼承人所遺不動產買賣移轉登記。

5. 內政部88年12月6日台（88）內中地字第8823164號函——經法院民事裁定之遺產管理人得於登記完竣後會同受遺贈人辦理遺贈登記。。

6. 內政部89年1月19日台（89）內中地字第8826657號函——遺囑執行人申辦遺贈登記有關事宜。

7. 內政部99年7月8日內授中辦地字第0990724891號令——部分繼承人不會同申辦繼承登記時,遺囑執行人得依遺囑內容實施遺產分割,並代理繼承人申辦分別共有之遺囑繼承登記及遺贈登記,無須徵得繼承人之同意。

8. 內政部101年8月17日內授中辦地字第1016037018號函——繼承人兼以遺囑執行人身分申辦自己與其他繼承人之遺產繼承登記,係依被繼承人之指示而為執行上之必要行為者,無民法第106條規定之適用。

9. 內政部102年7月3日內授中辦地字第10266512933號函——有關遺產管理人將亡故之現役軍人或退除役官兵所遺不動產捐助財團法人榮民榮眷基金會之登記事宜。

10. 內政部103年12月27日內授中辦地字第1030616161號函——民法第1198條第5款所定之遺囑見證人資格限制審查事宜。

11. 內政部104年2月17日內授中辦地字第1040404741號函——遺產管理人於公示催告期間屆滿後,得持法院准予公示催告之裁定及已將公告資料揭示之相關文件申辦遺產相關移轉登記。

第九章
土地權利信託登記

第一百二十四條（信託登記之意義）
本規則所稱土地權利信託登記（以下簡稱信託登記），係指土地權利依信託法辦理信託而為變更之登記。

解說

　　信託是一種代他人管理財產的制度，信託制度在運作上相當具有彈性，且深具社會功能，所以在英美等先進國家早已被廣泛利用，任何人均可藉信託契約或遺囑，以動產、不動產或其他權利，為自己或他人之利益成立信託，在符合法定要件之下，信託之目的、範圍或存續期間等，均可依個別需要而分別訂定之。

　　信託之意義，根據我國信託法第1條之規定：

　　「稱信託者，謂委託人將財產權移轉或為其他處分，使受託人依信託本旨，為受益人之利益或為特定之目的，管理或處分信託財產之關係。」

　　根據我國信託法對信託所做之定義，我國信託法所規範之信託，有下述七項特徵：

（一）信託為以財產為中心之法律關係

　　　信託為財產之管理制度，故以財產制度為中心，此點與

代理有所不同，因代理係以事務處理爲中心，縱以處理財產爲代理事務之處理，但代理人之行爲仍拘束本人，而受託人之行爲乃拘束信託財產。

（二）**受託人爲財產之名義所有人**

在信託設定時，委託人須將財產移轉於受託人，故受託人爲信託財產所有人，對信託財產有管理權。若雙方爲代理關係，則所有權人名義仍爲本人。

（三）**受託人具處分管理信託財產之權限**

信託爲財產之管理制度，故須賦予受託人管理財產之權限，來達成信託之目的。

（四）**受託人具排他之管理處分權**

在信託關係中，受託人爲信託財產之唯一管理處分權人，得爲爲信託財產行使訴訟及訴訟外之權利。

（五）**信託人與受託人之信賴關係**

在信託關係中，委託人須將財產權移轉於受託人，故兩者之間有極強之信賴關係，故受託人不得爲自己或第三人之利益，而管理或處分信託財產。

（六）**信託需依法律行爲而設定**

信託不論爲單獨行爲或契約行爲，均須依法律行爲而設定。

（七）**信託財產具獨立性**

信託財產是否具法律人格，仍依不同之學說有不同之見解，但信託財產之具有獨立性，則沒有爭議。

民國90年9月修訂時，爲配合信託法第2條規定：「信託，除法律另有規定外，應以契約或遺囑爲之。」意旨，特別訂定本條文。

相關法條與重要解釋函令

（一）相關法條

信託法：第1條、第2條。

（二）重要解釋函令

1. 內政部86年12月29日台（86）內地字第8612895號函——土地所有權因信託移轉登記，無需申報土地移轉現值，惟仍應檢附無欠稅（費）證明。

2. 內政部87年2月7日台（87）內地字第8702434號函——不動產在信託法公布實施前以「買賣」為登記原因辦竣所有權移轉登記，事後不得以「信託返還」為登記原因辦理移轉登記。

3. 內政部92年6月2日台內營字第0920086968號令——國民住宅辦理信託登記應符合國民住宅條例規定。

4. 內政部94年10月6日內授中辦地字第09400528950號函——信託登記條款約定受益人為委託人，信託關係消滅時，信託財產之歸屬人不得為受託人之一。

5. 內政部95年10月14日內授中辦地字第0950052080號函——委託人依行政院及所屬機關政務人員財產強制信託實施要點規定申辦耕地信託登記應受農業發展條例第33條規定之限制。

6. 內政部97年6月10日內授中辦地字第0970046277號函——私法人於農業發展條例修正前取得之土地，經補註用地別變更為耕地申辦自益信託登記，應受農業發展條例第33條規定之限制。

7. 內政部97年12月16日內授中辦地字第0970724856號函——金融機構基於信託本旨申辦信託財產移轉登記，其送經地政機

關存查之委託書已列明委託辦理土地權利信託登記者，地政
機關得依存查文件處理。

8. 內政部98年10月16日內授中辦地字第0980050813號函——信
託財產為農舍，受託人應符合無自用農舍條件。

9. 內政部100年2月11日內授中辦地字第1000040560號函——信
託契約書未約定各共同受益人間之受益比例時，受益人間應
按人數平均享受其信託利益。

10. 內政部103年8月6日內授中辦地字第1036036743號函——以
農業發展條例89年修法後取得之農地興建農舍申請信託登
記時，仍應受該條例第18條第2項規定須滿5年始得移轉之
限制。

第一百二十五條（信託登記之會同申請）
信託以契約為之者，信託登記應由委託人與受託人會同申請
之。

解說

根據我國信託法對信託所做之規定，契約信託至少應具備
以下兩項要件：

（一）設立信託之人（即委託人），須與接受信託之人（即受
託人）訂立契約，並將其財產權移轉或設定他項權利予
受託人，使受託人成為該財產權（即信託財產）之權利
人。

（二）受託人接受財產權移轉後，須依信託本旨，為信託行為
所定之受益人利益或特定目的，管理或處分信託財產。

　　此外，我國信託法上所規定之契約信託，主要特徵有下列
幾項：
（一）信託是一種為他人管理、處分財產的一種法律制度。
（二）就信託財產來看，由受託人取代委託人之地位。
（三）受託人在法律上、形式上雖為信託財產的所有人，但信
　　　託財產在經濟上、實質上則歸屬於受益人，故信託具有
　　　二層所有權。
（四）信託財產名義上雖為受託人所有，實質上則不認為是受
　　　託人的財產，而是具有獨立性質的受益權標的，故信託
　　　財產具有相當之獨立性。
　　民國90年9月修訂時，參照信託法第1條規定「稱信託者，
謂委託人將財產權移轉或為其他處分，使受託人依信託本旨，
為受益人之利益或為特定之目的，管理或處分信託財產之關
係。」特於本條規定持信託契約申辦土地權利移轉登記之方
式。

相關法條與重要解釋函令

（一）相關法條
信託法：第1條、第2條。
（二）重要解釋函令
1.內政部88年7月12日台（88）內地字第8807892號函──關於
　已辦理信託登記之土地，受託人不宜自為委託人而將受託財
　產辦理信託登記。
2.內政部90年11月13日台（90）內中地字第9017370號函──
　關於已為信託登記之受託人於信託期間依信託本旨出賣信託

不動產，申辦所有權移轉登記其登記原因用語。

3. 內政部90年11月30日台（90）內中地字第9018612號函——關於已辦理信託登記之土地建物，受託人不得將受託財產再辦理信託登記。

4. 內政部91年12月19日台內中地字第0910020089號函——信託法第34條但書中之「他人」，包括委託人以自己為受益人在內。

5. 內政部94年10月25日內授中辦地字第0940053723號函——信託財產利益與受託人利益無衝突時，同一不動產標的之抵押權人得擔任信託行為之受託人。

6. 內政部96年3月26日內授中辦地字第0960043346號函——依國軍老舊眷村改建條例興建之住宅，符合該條例立法宗旨者，得辦理自益信託登記。

7. 內政部96年10月12日內授中辦地字第0960052318號函——已辦妥信託登記之同一不動產標的受託人，如無信託法第35條第1項除外規定情形之一者，不得同時以擔保物提供人兼抵押權人身分申辦抵押權設定登記。

8. 內政部99年7月8日內授中辦地字第0990045528號函——抵押權人兼受託人單獨申辦抵押權權利價值變更登記事宜。

9. 內政部99年9月9日內授中辦地字第0990048410號函——委託人申辦信託登記並附自書遺囑，信託契約條款內容如無不明確或不符合信託要件，得准予受理登記。

第一百二十六條（以遺囑辦理信託登記之規定）
信託以遺囑為之者，信託登記應由繼承人辦理繼承登記後，

會同受託人申請之；如遺囑另指定遺囑執行人時，應於辦畢
遺囑執行人及繼承登記後，由遺囑執行人會同受託人申請
之。

前項情形，於繼承人因故不能管理遺產亦無遺囑執行人時，
應於辦畢遺產清理人及繼承登記後，由遺產清理人會同受託
人申請之。

第一項情形，於無繼承人或繼承人有無不明時，仍應於辦畢
遺產管理人登記後，由遺產管理人會同受託人申請之。

解說

　　以遺囑方式辦理土地信託登記，應屬「不動產資產信託
之範圍」。所謂「不動產資產信託」，係指依不動產證券化條
例規定設立，委託人移轉其不動產或不動產相關權利予受託機
構，並由受託機構向特定人私募交付或向不特定人募集發行不
動產資產信託受益證券，以表彰受益人對該信託之不動產及所
生利益、孳息及其他收益之權利之信託。

　　故所謂「不動產資產信託」，就是由委託人將其所持有的
不動產或權利，信託予受託機構，並由受託機構發行受益證券
予投資人之行為。根據「不動產證券化條例」之立法說明，我
國不動產資產信託主要是參考日本不動產證券化之實施內容及
經驗而來。

　　就日本不動產證券化之發展觀之，自1980年代泡沫經濟破
滅以來，日本不動產市場陷於數十年之長期低迷狀態，迄今未
見起色。雖然自昭和59年（1984年）起即有第一件土地信託案
件，其後亦有少數採租賃型土地信託或處分型土地信託國內自
信託法制建立後目前建築業已有條件類似者之個案，但因受日

本不動產證券化制度未臻完備，及日本整體經濟不景氣影響，故日本政府企圖將大眾資金導入不動產市場之政策規劃仍未盡全功。為提振日本不動產市場發展，日本政府於1995年4月通過「不動產特定共同事業法」，鼓勵一般投資人參與不動產市場之投資，但由於「不動產特定共同事業法」所提供之投資憑證並非當時證券交易法上之有價證券，欠缺流動性，因此學者普遍認為「不動產特定共同事業法」所提供之機制基本上並非「不動產證券化」，而係「不動產的小額分割化（過去國內部與業者曾仿效，如財神酒店案）」，其效果不彰。其後，日本自1998年進起行「金融大改革」（Japan's Big Bang），於1998年6月通過「特定目的公司資產流動化法」（簡稱「資產流動化法」），允許一般投資人透過特殊目的公司（Special Purpose Company, SPC）方式投資不動產，並規定特殊目的公司所發行之有價證券視為證券交易法之有價證券，為日本「資產流動型」不動產證券化制度之濫觴。其並於同年12月通過「證券投資法人及證券投資信託法」，師法美國1940年投資公司法規定，引入「公司型」投資信託制度，與原先日本證券投資信託制度係採「契約型」制度雙軌並行，並開放證券投資信託法人及證券投資信託得投資一定比例之不動產，導入投資大眾資金於不動產市場，並透過投資信託法人及證券投資信託選擇投資適當不動產標的並進行專業投資管理，此日本「資產管理型」之不動產證券化機制。

　　日本政府為刺激其經濟成長及促進不動產市場發展，於2000年5月再度修正「證券投資法人及證券投資信託法」為「投資法人及投資信託法」，並修正「資產流動化法」引入特殊目的信託制度（Special Purpose Trust, SPT），與原先特殊目

的公司制度並行，並擴大允許特殊目的信託及特殊目的公司得
以記名金錢債權、不動產、信託受益權及一般財產權作為資產
流動化之標的資產。自此，確立日本不動產證券化係採取「資
產運用型」（即「投資法人及投資信託法」）及「資產流動
型」（即「資產流動化法」）二大制度之方向，且二種制度均
兼採公司型及信託型投資架構。

相關法條與重要解釋函令

（一）相關法條
信託法：第2條。
（二）重要解釋函令
內政部89年5月3日台（89）內中地字第8908199號函——釋示
遺囑信託。

第一百二十七條（受託人取得土地權利辦理登記之規定）
受託人依信託法第九條第二項取得土地權利，申請登記時，
應檢附信託關係證明文件，並於登記申請書適當欄內載明該
取得財產為信託財產及委託人身分資料。登記機關辦理登記
時，應依第一百三十條至第一百三十二條規定辦理。

解說

　　依信託法第9條規定：「受託人因信託行為取得之財產權
為信託財產。受託人因信託財產之管理、處分、滅失、毀損或
其他事由取得之財產權，仍屬信託財產。」90年9月修訂時，

特在本條明定因信託行為取得土地權利申請登記之方式及應附文件。

　　本條文所稱委託人身分資料，於委託人為自然人者，指委託人之姓名、出生年月日、國民身分證統一編號、住址；其為法人者，指法人之名稱、統一編號、負責人姓名、營業地址。

相關法條與重要解釋函令

（一）相關法條

1.信託法：第9條。

2.土地登記規則：第130條、第131條、第132條。

（二）重要解釋函令

內政部102年1月3日內授中辦地字第1016652591號函——有關信託業擔任不動產開發案興建資金之受託人，申請以該資金興建取得之建築物為所有權第一次登記事宜。

第一百二十八條（信託關係消滅時，信託財產之塗銷登記）

信託財產依第一百二十五條辦理信託登記後，於信託關係消滅時，應由信託法第六十五條規定之權利人會同受託人申請塗銷信託或信託歸屬登記。

前項登記，受託人未能會同申請時，得由權利人提出足資證明信託關係消滅之文件單獨申請之。未能提出權利書狀時，得檢附切結書或於土地登記申請書敘明未能提出之事由，原權利書狀於登記完畢後公告註銷。

解說

　　根據信託法第65條規定：「信託關係消滅時，信託財產之歸屬，信託行為另有訂定外，依下列順序定之：

　　一、享有全部信託利益之受益人。

　　二、委託人或其繼承人。」

　　民國90年9月修訂時，特在本條明定配合信託法第65條信託關係消滅時，申請塗銷信託登記、信託歸屬登記之方式及應附文件。

相關法條與重要解釋函令

（一）相關法條

1. 信託法：第65條。
2. 土地登記規則：第125條。

（二）重要解釋函令

1. 內政部91年12月9日台內中地字第091018867號函——關於土地權利信託契約書之信託條款記載，信託關係消滅時，信託財產之歸屬權利人為受託人，雖違反信託法之規定，地政機關對於已受理之信託登記尚不得辦理塗銷登記。

2. 內政部95年12月7日內授中辦地字第0950054524號函——自益信託之委託人除信託契約另有約定外，得檢附其通知受託人終止信託關係之存證信函單獨申請塗銷信託登記。

3. 內政部96年7月10日內授中辦地字第0960047989號函——自益信託之委託人除信託契約另有約定外，得檢附其通知受託人終止信託關係之存證信函單獨申請塗銷信託登記。

4. 內政部96年10月16日內授中辦地字第0960052581號函——信

託土地經法院判決塗銷信託登記，於辦理回復原所有權人名義登記時，免依土地稅法第51條第1項規定辦理查欠。

5. 內政部99年8月23日內授中辦地字第0990048823號函——信託關係未終止前，遺囑執行人對信託財產尚無管理權限，不得以其名義終止信託並會同受託人申辦塗銷信託登記。

6. 內政部104年5月14日台內地字第1040416576號函——自益信託之委託人（即受益人）於信託關係存續中死亡，委託人之繼承人與受託人合意終止信託關係相關登記事宜。

第一百二十九條（受託人變更時申請登記之方式）

信託財產因受託人變更，應由新受託人會同委託人申請受託人變更登記。前項登記，委託人未能或無須會同申請時，得由新受託人提出足資證明文件單獨申請之。未能提出權利書狀時，準用前條第二項規定。

解說

　　根據信託法第47條規定：「受託人變更時，信託財產視為原受託人任務終了時，移轉於新受託人。

　　共同受託人中之一人任務終了時，信託財產歸屬於其他受託人。」

　　根據信託法第48條規定：「受託人變更時，由新受託人承受原受託人因信託行為對受益人所負擔之債務。

　　前項情形，原受託人因處理信託事物負擔之債務，債權人亦得於新受託人繼受之信託財產限度內，請求新受託人履行。新受託人對於原受託人得行使第二十三條及第二十四條第三項

所定之權利。

第1項之規定，於前條第二項之情形，準用之。」

民國90年9月修訂時，爲配合上開信託法之規定，特在本條明定受託人變更，申請登記之方式及應附文件。

受託人更改時，原受託人應提出權利書狀，並在權利書狀上註明新受託人名稱，但爲補充當原受託人於受託人更改登記中未能提出權利書狀時之狀況，95年6月修訂此條文時，特增加後段之：「未能提出權利書狀時，準用前條第2項規定。」也就是當原受託人未能會同申請時，得由權利人提出足資證明信託關係消滅之文件單獨申請。未能提出權利書狀時，得檢附切結書或於土地登記申請書敍明未能提出之事由，原權利書狀於登記完畢後公告註銷。

第一百三十條（信託登記他項權利部登記方式）

信託登記，除應於登記簿所有權部或他項權利部登載外，並於其他登記事項欄記明信託財產、委託人姓名或名稱，信託內容詳信託專簿。

前項其他登記事項欄記載事項，於辦理受託人變更登記時，登記機關應予轉載。

解說

民國95年6月修訂時，特在本條文第1項明定土地權利因成立信託關係而移轉或爲其他處分，登記簿所有權部或他項權利部之其他登記事項欄記載事項。

依地籍資料電子處理作業方式，於辦理土地權利變更登

記時，僅保留最新有效資料，故為便於瞭解信託關係及日後查考，95年6月修訂時，特於第2項明定登記機關於辦理受託人變更登記時，登記簿所有權部或他項權利部之其他登記事項欄記載事項應一併轉載。

重要解釋函令

內政部102年4月2日內授中辦地字第1026650535號函——有關區段徵收範圍內土地屬信託財產者，其抵價地申領及登記事宜。

第一百三十一條（信託登記完畢應於書狀加註）

信託登記完畢，發給土地或建物所有權狀或他項權利證明書時，應於書狀記明信託財產，信託內容詳信託專簿。

解說

民國90年9月修訂時，特於本條文明定土地權利信託登記後，應於所核發之土地或建物所有權狀或他項權利證明書上記明信託財產，以利識別。

第一百三十二條（信託專戶之製作及閱覽）

土地權利經登記機關辦理信託登記後，應就其信託契約或遺囑複印裝訂成信託專簿，提供閱覽或申請複印，其提供資料內容及申請人資格、閱覽費或複印工本費之收取，準用第

二十四條之一及土地法第七十九條之二規定。

信託專簿，應自塗銷信託登記或信託歸屬登記之日起保存十五年。

解說

民國90年9月修訂時，特在本條文第1項明定地政機關應將信託契約書或遺囑彙整複印成信託專簿，提供民眾公開閱覽及複印，其提供資料內容及申請人資格、閱覽費或複印工本費依本法第24條之1及土地法第79條之2規定計收。

本條文第2項保存年限參照民法第125條規定：「請求權，因十五年間不行使而消滅。但法律所定期間較短者，依其規定。」所以將信託專簿之保存期限訂為15年。

民國95年6月修訂時加入信託歸屬登記，以使的條文規定更加完整。

根據信託法第65條規定：「信託關係消滅時，信託財產之歸屬，除信託行為另有訂定外，依左列順序定之：

一、享有全部信託利益之受益人。

二、委託人或其繼承人。」

根據信託法第66條規定：「信託關係消滅時，於受託人移轉信託財產於前條歸屬權利人前，信託關係視為存續，以歸屬權利人視為受益人。」

由信託法第65條、第66條可知信託關係消滅時，信託財產歸屬於委託人或其繼承人時所辦理的登記即為塗銷信託登記。而當信託關係消滅時，信託財產歸屬於享有全部信託利益之受益人時所辦理的登記，即所謂信託歸屬登記。

所以在95年6月修訂時在塗銷信託登記外，另加入信託歸

屬登記。

　　民國103年2月修訂時，特別針對本規則第24條之1，就土地登記簿謄本申請人之資格及申請類別做一更詳細的規定。因此，本條文於此次修訂中特別增列「準用第二十四條之一」，也就是有關土地登記簿謄本之申請事宜。而原本只說明「準用土地法規定」之部分，本次修訂時則予以詳細規定「土地法第七十九條之二規定」，以求更有依據可循。

相關法條

1. 土地法：第79條之2。
2. 土地登記規則：第24條之1。

第一百三十三條（不涉及土地權利變更之信託內容變更之登記）

信託內容有變更，而不涉及土地權利變更登記者，委託人應會同受託人檢附變更後之信託內容變更文件，以登記申請書向登記機關提出申請。

登記機關於受理前項申請後，應依信託內容變更文件，將收件號、異動內容及異動年月日於土地登記簿其他登記事項欄註明，並將登記申請書件複印併入信託專簿。

解說

　　根據信託法第4條規定；「以應登記或註冊之財產權為信託者，非經信託登記，不得對抗第三人。以有價證券為信託

者，非依目的事業主管機關規定於證券上或其他表彰權力之文件上載明爲信託財產，不得對抗第三人。

以股票或公司債券爲信託者，非經通知發行公司，不得對抗該公司。」

有關信託內容變更時，爲保障民眾權益，並落實上開信託法第4條規定，90年9月修訂時，特於本條規定委託人得會同受託人檢附變更後之信託內容變更文件，申請一併裝入信託專簿，以達對抗第三人之效力。

爲配合登記簿其他登記事項欄僅記載「詳見信託專簿」，至信託目的、受益人姓名、信託監察人姓名、信託日期、信託關係消滅事由、信託財產之管理或處分方法、信託關係消滅時，信託財產之歸屬人等事項，均存於信託專簿公示，不另記載於登記簿。

民國95年6月修訂時，第1項原「申請書」改爲「登記申請書」以求更爲詳實。第2項中土地登記簿其他登記事項欄部增加註明收件號。原本只將申請書一併裝入信託專簿，修訂後要求將登記申請書件複印併入信託專簿。

重要解釋函令

1. 內政部92年3月26日內授中辦地字第0920004066號函——已辦竣信託登記之土地，申辦信託內容變更登記事宜。

2. 內政部93年7月26日內授中辦地字第0930010200號函——自益信託之委託人死亡，如信託關係並未終止，應由其繼承人依法繳納遺產稅後，由全體繼承人會同受託人依土地登記規則第133條規定申辦信託內容變更登記。

3. 內政部99年7月8日內授中辦地字第0990045528號函——抵押權人兼受託人單獨申辦抵押權權利價值變更登記事宜。

第一百三十三條之一（申請信託登記之事項）

申請人依不動產證券化條例或金融資產證券化條例規定申請信託登記時，為資產信託者，應檢附主管機關核准或申報生效文件及信託關係證明文件；登記機關辦理登記時，應於登記簿其他登記事項欄記明委託人姓名或名稱。

前項信託登記，為投資信託者，應檢附主管機關核准或申報生效文件，無須檢附信託關係證明文件；登記機關辦理登記時，應於登記簿其他登記事項欄記明該財產屬不動產投資信託基金信託財產。

依前項規定辦理信託登記後，於信託關係消滅、信託內容變更時，不適用第一百二十八條、第一百三十三條規定。

解說

本條文於102年8月修訂後增加，針對資產信託及投資信託，辦理登記時應檢附之文件及登記簿應記載之事項，所做的規定。

所謂不動產證券化，就是不動產所有權人將原本所持有之土地及建築物等不動產「所有權」，切分為較小單位，轉換為具有流動性之受益證券，以發行有價證券的方式銷售給投資大眾的方式。

金融資產證券化其主要目的係提高金融資產流動性，增加金融機構籌措資金管道，而金融機構本身持有之住宅貸款、汽

車貸款、信用卡應收帳款等多項貸款債權中，可挑選信用品質較佳者，重新包裝組合成為單位化、小額化之證券形式，向投資人銷售，可產生金融機構現金流量資金。

所謂資產信託，就是委託人移轉其不動產或不動產相關權利予受託機構，並由受託機構向不特定人募集發行或向特定人私募交付不動產資產信託受益證券，以表彰受益人對該信託之不動產、不動產相關權利或其所生利益、孳息及其他收益之權利而成立之信託。

所謂投資信託，就是向不特定人募集發行或向特定人私募交付不動產投資信託受益證券，以投資不動產、不動產相關權利、不動產相關有價證券及其他經主管機關核准投資標的而成立之信託。

依據定義可以發現，資產信託是不動產所有權人移轉其不動產或不動產相關權利予受託機構，而後募集資金的方式。所以此方式是先有不動產或不動產相關權利，再募集資金的方式。因為原權利所有權人也就是委託人，已經將該權利之名義人移轉予受託機構，但實際上之權利人仍為該委託人，所以有必要在登記簿其他登記事項欄記明委託人姓名或名稱。

而投資信託是向不特定人募集發行或向特定人私募交付不動產投資信託受益證券，以投資不動產、不動產相關權利、不動產相關有價證券及其他經主管機關核准投資標的而成立之信託。所以是先募集資金，再尋求適當投資標的，這在取得資金的同時，尚未有不動產或不動產相關權利之存在。所以在決定投資購買標的不動產或不動產相關權利後，在辦理移轉登記時，就有必要在登記簿其他登記事項欄記明該財產屬不動產投資信託基金信託財產，說明該財產之現有權利人僅為名義上之

權利人，其實際上之權利人應為投資購買該標的之投資人。

相關法條

土地登記規則：第128條、第133條。

第十章

更正登記及限制登記

第一百三十四條（本條文業已刪除）

第一百三十五條（本條文業已刪除）

第一百三十六條（限制登記之意義及種類）
土地法第七十八條第八款所稱限制登記，謂限制登記名義人處分其土地權利所為之登記。
前項限制登記，包括預告登記、查封、假扣押、假處分或破產登記，及其他依法律所為禁止處分之登記。

解說

　　本條主要在說明限制登記之意義，並列舉限制登記之種類。

　　限制登記不論是預告登記、查封、假扣押、假處分或破產登記，均對當事人的不動產權利予以限制的一種登記。這些登記雖然尚未變更所有權人之權屬，但其所產生之影響往往較權利變更登記來得嚴重，因此本規則特別對於限制登記予以說

明，以作規範。

相關法條與重要解釋函令

（一）相關法條

土地法：第78條。

（二）重要解釋函令

1. 內政部85年7月22日台（85）內地字第8580297號函——監護人持憑民事裁定書辦理禁治產註記，登記機關應依其申請將禁治產情形加註於所有權部備考欄。

2. 內政部89年7月13日台（89）內中地字第8912365號函——預告登記非屬移轉登記，不需檢附農業用地作農業使用證明。

3. 內政部91年8月5日台內中地字第091001139號函——法院囑託查封信託財產，登記機關應受理登記，惟為求慎重起見，宜將本案不動產業已辦理信託登記情形通知該執行法院。

4. 內政部92年2月19日內授中辦地字第0920001886號函——信託關係之委託人欠繳稅捐，稅捐稽徵機關囑託就其已辦妥信託登記之財產為禁止處分登記，登記機關應不予受理。

第一百三十七條（預告登記提出之文件）

申請預告登記，除提出第三十四條各款規定之文件外，應提出登記名義人同意書。

前項登記名義人除符合第四十一條第二款、第四款至第八款及第十款規定之情形者外，應親自到場，並依第四十條規定程序辦理。

解說

　　本條係作為土地法第79條之1的補充規定，對於申請預告登記應提出之文件及登記機關之通知義務，予以明確規範。

　　所謂「預告登記」係為保全對他人土地之請求權所為之登記，故預告登記之目的在阻止登記名義人對該土地有妨害保全請求權所為之處分，因此預告登記未塗銷前，登記名義人就其土地所有之處分，有妨害該項保全請求權者，其處分無效。不過為了避免預告登記過於浮濫，損及所有權人之權益，因此規定必須提出登記名義人之同意書，且在登記完畢時，並應通知申請人及登記名義人。

　　民國92年7月修訂時，因應戶政單位簡化使用印鑑證明之政策，因此在第1項刪除原應提出印鑑證明之部分。而為證明當事人辦理登記之真意，特要求登記名義人親自到場。但是如果符合本規則第41條第2款、第4款至第8款及第10款規定之情形者，則可以排除該規定之適用，也就是登記名義人就不須親自到場。

相關法條與重要解釋函令

（一）相關法條

土地登記規則：第34條、第40條、第41條。

（二）重要解釋函令

1. 內政部81年9月23日台（81）內地字第8111740號函——土地所有權人將所有土地預告登記予其未成年子女，如純獲法律上之利益，不生民法第106條雙方代理之問題。
2. 內政部82年6月3日台（82）內地字第8206115號函——預告登記所保全之請求權，於請求權人死亡時，無辦理繼承登記

之必要，不必再辦理繼承預告登記。

3. 內政部95年1月3日內授中辦地字第0950724909號函──公同共有人之一就公同共有之潛在應有部分申辦預告登記，除依公同關係所由規定之法律或契約另有規定外，應經公同共有人全體之同意。

4. 內政部95年9月6日內授中辦地字第0950050711號函──非屬農民團體、農業企業機構或農業試驗研究機構之私法人不得為保全耕地所有權移轉之請求權申辦預告登記。

第一百三十八條（受理查封登記之方式）

土地總登記後，法院或行政執行分署囑託登記機關辦理查封、假扣押、假處分、暫時處分、破產登記或因法院裁定而為清算登記時，應於囑託書內記明登記之標的物標示及其事由。登記機關接獲法院或行政執行分署之囑託時，應即辦理，不受收件先後順序之限制。

登記標的物如已由登記名義人申請移轉或設定登記而尚未登記完畢者，應即改辦查封、假扣押、假處分、暫時處分、破產或清算登記，並通知登記申請人。

登記標的物如已由登記名義人申請移轉與第三人並已登記完畢者，登記機關應即將無從辦理之事實函復法院或行政執行分署。但法院或行政執行分署因債權人實行抵押權拍賣抵押物，而囑託辦理查封登記，縱其登記標的物已移轉登記與第三人，仍應辦理查封登記，並通知該第三人及將移轉登記之事實函復法院或行政執行分署。

前三項之規定，於其他機關依法律規定囑託登記機關為禁止

處分之登記，或管理人持法院裁定申請為清算之登記時，準用之。

解說

　　本條主要在規定登記機關受理查封、假扣押、假處分、暫時處分、破產或清算登記之方式。其中首先規定查封等登記可超越地政機關原先受理之其他案件，而優先處理，且若該標的物已由登記名義人申請移轉登記而尚未完畢者，應暫停各該登記，改依法院或行政執行分署囑託辦理查封等登記。另外，如登記標的物已移轉予他人，而且已經登記完畢時，則登記機關應即將無從辦理之事實函復法院或行政執行分署，但法院或行政執行分署囑託辦理抵押權查封拍賣登記時，地政機關仍應予以受理。

　　一般的土地登記案件都是由當事人單方或雙方基於合意或法定原因，向地政機關申辦，故本規則中原本規定土地登記機關應按收件次序，逐件辦理各項登記，以免衍生弊端。惟法院或行政執行分署依法進行查封、假扣押、假處分、暫時處分、破產或清算登記時，由於其性質與一般基於雙方當事人之合意所從事之登記有別，若仍要求比照其他登記案件，按收件順序辦理時，恐怕無法達到法院從事強制執行之目的。故本條特別明定地政機關在接獲法院或行政執行分署囑託辦理各項強制執行案件登記時，應優先立即處理。惟若該強制執行所欲登記之標的物業已移轉予他人時，除抵押權人因實行抵押權而聲請強制執行外，其餘案件地政機關自無依法院囑託辦理登記之必要。

　　民國102年8月修訂後，在項目部分增加暫時處分及因法院

裁定而爲清算登記。在囑託辦理機關部分則增列行政執行分署。

相關法條與重要解釋函令

（一）相關法條

土地法：第75條之1。

（二）重要解釋函令

1. 內政部65年6月16日台（65）內地字第687599號函——法院得就公地承領人之「承領公地移轉請求權」爲強制執行。

2. 內政部75年2月17日台（75）內地字第384666號函——法院就土地「所有權移轉登記請求權」囑託查封登記，與就土地「所有權」查封登記執行對象不同，不生重複查封問題。

3. 內政部83年11月7日台（83）內地字第8313531號函——法院囑託就耕地所有權之一部分爲假處分查封登記，登記機關應予受理。

4. 內政部86年6月6日台（86）內地字第8675903號函——法院以傳眞方式囑託辦理查封、假扣押、假處分或破產登記之聯繫作業事宜。

5. 內政部94年6月3日內授中辦地字第0940725060號函——登記機關於接獲法院之囑託塗銷查封登記並連件續封登記時，應先辦理續封之查封登記後，再辦理原查封登記之塗銷。

6. 內政部103年5月22日內授中辦地字第10366510603號函——有關暫時處分登記事宜。

第一百三十九條（未登記建物辦理查封登記之執行程序）

法院或行政執行分署囑託登記機關，就已登記土地上之未登記建物辦理查封、假扣押、假處分、暫時處分、破產登記或因法院裁定而為清算登記時，應於囑託書內另記明登記之確定標示以法院或行政執行分署人員指定勘測結果為準字樣。

前項建物，由法院或行政執行分署派員定期會同登記機關人員勘測。勘測費，由法院或行政執行分署命債權人於勘測前向登記機關繳納。

登記機關勘測建物完畢後，應即編列建號，編造建物登記簿，於標示部其他登記事項欄辦理查封、假扣押、假處分、暫時處分、破產或清算登記。並將該建物登記簿與平面圖及位置圖之影本函送法院或行政執行分署。

前三項之規定，於管理人持法院裁定申請為清算之登記時，準用之。

解說

　　本條主要在規定土地登記機關接受法院或行政執行分署囑託辦理未登記建物之查封登記程序。首先法院或行政執行分署應在囑託登記書內詳細載明該未登記建物之標示，以免地政機關發生錯誤，且由於該建物尚未辦理建物所有權第一次登記，故地政機關並無該未登記建物之資料，必須先由囑託法院或行政執行分署會同地政機關人員前往現場勘測，再由地政機關編列「暫編建號」，並編造建物登記簿，然後再從事登記及查封等工作。

　　尚未辦理建物所有權第一次登記之建築物，不論是違章建築或合法建物尚未辦理建物所有權第一次登記，均屬擁有「所

有權」之建築物，只是欠缺「所有權狀」，故執行法院當然有將該未辦建物所有權第一次登記建物予以強制執行之必要。惟法院從事強制執行時，當必須辦理各項強制執行之登記。

有關法院囑託登記機關辦理查封、假扣押、假處分、暫時處分、破產登記或因法院裁定而為清算登記時，應於囑託書內記明之事項，本規則第138條已有明定，然因未登記建物辦理查封、假扣押、假處分、暫時處分、破產登記或因法院裁定而為清算登記之情形特殊，法院或行政執行分署應另於囑託書內記明登記之確定標示及有關字樣，故為使前後條文之文意連貫及語意順暢，90年9月修訂時，特修正本條文部分文字。

民國102年8月修訂後，在項目部分增加暫時處分及因法院裁定而為清算登記。在囑託辦理機關部分則增列行政執行分署。

重要解釋函令

1.內政部76年2月18日台（76）內地字第476260號函——未登記建物辦理查封登記完畢後，得核發建物登記簿謄本及建物平面圖。

2.內政部87年1月7日台（87）內地字第8780105號函——建物變更起造人後，於建物所有權人第一次登記公告期間經法院囑託查封登記，應改辦未登記建物查封登記。

第一百四十條（重複查封登記之不許）
同一土地經辦理查封、假扣押或假處分登記後，法院或行政執行分署再囑託為查封、假扣押或假處分登記時，登記機關

應不予受理，並復知法院或行政執行分署已辦理登記之日期及案號。

解說

本條主要在明示土地登記中對於業已辦妥查封或假扣押、假處分登記後，又接到法院就同一土地囑託為查封等強制執行登記時，因不得重複辦理登記，惟應將實際情況，立即函復法院或行政執行分署，以免增加地政機關及法院作業之困擾。

查封等強制執行之主要目的在拘束財產所有人對其財產之處分，從而達到保護債權人利益之目的。因此，財產一經查封之後，該財產之所有權人，即不得再處分該財產，換句話說，任何財產，只要一經查封，就已達到查封之目的，根本不需要從事第二次甚至第三次之查封。

重要解釋函令

1. 內政部82年10月1日台（82）內地字第8212289號函——同一土地經稅捐稽徵機關囑託禁止處分登記後，仍可再受理其他稅捐稽徵機關囑託禁止處分登記。
2. 內政部100年4月12日內授中辦地字第1000724201號函——地政機關配合民事執行與行政執行業務辦理原查封登記之相關註記登記事宜。

第一百四十一條（查封登記之效力）
土地經辦理查封、假扣押、假處分、暫時處分、破產登記或

因法院裁定而為清算登記後，未為塗銷前，登記機關應停止與其權利有關之新登記。但有下列情形之一為登記者，不在此限：
一、徵收、區段徵收或照價收買。
二、依法院確定判決申請移轉、設定或塗銷登記之權利人為原假處分登記之債權人。
三、公同共有繼承。
四、其他無礙禁止處分之登記。
有前項第二款情形者，應檢具法院民事執行處或行政執行分署核發查無其他債權人併案查封或調卷拍賣之證明書件。

解說

　　本條主要在明示土地登記中對於已經遭法院囑託辦理查封、假扣押、假處分、暫時處分、破產登記或因法院裁定而為清算登記後，登記機關停止與其權利有關之新登記，不過若碰到基於公權力之行使，如徵收、照價收買或經由司法程序依法院確定判決申請移轉或設定登記之權利人為原假處分登記之債權人，以及繼承或其他無礙禁止處分之登記時，則不在此限。

　　土地經法院或行政執行分署囑託辦理查封登記後，依法業已產生禁止該土地為處分之行為，不過，若該處分係國家基於公權力之行使，或該處分並無損債權人之利益，甚至可增加債權人之利益時，此時若仍不准該處分辦理登記，則反而對債權人不利，有損強制執行之初衷。

　　按「所有權或抵押權經查封登記未塗銷前，持憑法院確定判決申請塗銷所有權登記或塗銷抵押權登記，應不予受理。」為「限制登記作業補充規定」第20點所明定。查上開規定係指

另案債權人而言，如依法院確定判決申請塗銷登記之權利人為原假處分登記之債權人並經其檢具法院民事執行處或行政執行分署核發查無其他債權人併案查封或調卷拍賣之證明書件者，應准其辦理。90年9月修訂時，特於本條文第1項第2款增訂塗銷登記之規定。

依強制執行法第33條及辦理強制執行事件應行注意事項第18點規定，為保障申請併案強制執行他債權人之權益，依第1項第2款申請登記時，應檢具法院民事執行處核發查無其他債權人併案查封或調卷拍賣之證明書件，90年9月修訂時，特於本條文第2項增訂部分文字。

民國102年8月修訂後，在項目部分增加暫時處分及因法院裁定而為清算登記。在機關部分則增列行政執行分署。原第1項第3款之「繼承」更改為「公同共有繼承」。

本規則第120條規定：「繼承人為二人以上，部分繼承人因故不能會同其他繼承人共同申請繼承登記時，得由其中一人或數人為全體繼承人之利益，就被繼承人之土地，申請為公同共有之登記。其經繼承人全體同意者，得申請為分別共有之登記。

登記機關於登記完畢後，應將登記結果通知他繼承人。」

辦理公同共有繼承係為解決因被繼承人死亡時，繼承人因為意見紛歧或其他原因致使繼承登記遲遲無法完成，而造成土地登記簿現況與事實不符之窘況。但登記為單獨所有係基於各繼承人之利益，所以需經繼承人全體同意，且當遺產稅及罰款等繳清後，始得申請辦理登記。

遺產及贈與稅法第41條之1規定：「繼承人為二人以上時，經部分繼承人按其法定應繼分繳納部分遺產稅款、罰鍰及

加徵之滯納金、利息後，爲辦理不動產之公同共有繼承登記，得申請主管稽徵機關核發同意移轉證明書；該登記爲公同共有之不動產，在全部應納款項未繳清前，不得辦理遺產分割登記或就公同共有之不動產權利爲處分、變更及設定負擔登記。」

基於以上原因，將原本爲「繼承」之規定，更改爲「公同共有繼承」，使其更適切其原意。

重要解釋函令

1. 內政部76年4月22日台（76）內地字第94104號函──原查封登記之債權人在查封登記未塗銷前持憑法院確定判決申請塗銷更名登記及辦理移轉登記，如已檢附「無調卷拍賣證明」應予受理。

2. 內政部82年7月14日台（82）內地字第8208734號函──土地登記規則第141條第1項第2款所稱「依法院確定判決申請移轉登記之權利人」包括訴訟上和解、調解成立之人。

3. 內政部86年7月2日台（86）內地字第8606368號函──假扣押之債權人與就假扣押之標的物取得終局判決之執行名義人係同一人者，得檢附無其他債權人併案查封或調卷拍賣之證明書件申辦登記。

4. 內政部89年9月14日台（89）內中地字第8917622號函──假處分之債權人與就假處分之標的物取得終局判決之執行名義係同一人者，得檢附無其他債權人併案查封或調卷拍賣之證明書件申辦登記。

第一百四十二條（查封登記與禁止處分登記競合之處理）
有下列情形之一者，登記機關應予登記，並將該項登記之事由分別通知有關機關：
一、土地經法院或行政執行分署囑託查封、假扣押、假處分、暫時處分、破產登記或因法院裁定而為清算登記後，其他機關再依法律囑託禁止處分之登記者。
二、土地經其他機關依法律囑託禁止處分登記後，法院或行政執行分署再囑託查封、假扣押、假處分、暫時處分、破產登記或因法院裁定而為清算登記者。

解說

　　本條主要在明示查封登記與禁止處分競合之處理，亦即不論查封登記在先或禁止處分登記在先，只要地政機關辦妥某一宗土地之查封登記或禁止處分之登記後，一旦再接獲，禁止處分或查封登記之囑託時，應即予以辦理，並通知有關機關。

　　土地之查封或禁止處分登記主要都是為了禁止所有權人繼續處分該宗土地，故同一宗土地以辦理一次查封或禁止處分登記為已足。

　　惟若查封或禁止處分登記後，因政府機關之請求囑託地政機關辦理禁止處分或查封登記時，基於政府職能，或司法程序之需要，自應准其辦理登記，以符實際。

　　民國102年8月修訂後，在項目部分增加暫時處分及因法院裁定而為清算登記。在機關部分則增列行政執行分署。

第十一章

塗銷登記及消滅登記

第一百四十三條（塗銷登記）

依本規則登記之土地權利，因權利之拋棄、混同、終止、存續期間屆滿、債務清償、撤銷權之行使或法院之確定判決等，致權利消滅時，應申請塗銷登記。

前項因拋棄申請登記時，有以該土地權利為標的物之他項權利者，應檢附該他項權利人之同意書，同時申請他項權利塗銷登記。

私有土地所有權之拋棄，登記機關應於辦理塗銷登記後，隨即為國有之登記。

解說

本條主要在明示辦理塗銷登記及所有權拋棄，應辦理國有土地登記之情況。

任何一種土地權利在辦妥土地登記後，若因權利之拋棄、混同、終止、存續期限屆滿、債務清償、撤銷權之行使或法院之確定判決等，而導致權利消滅時，當事人應即申請塗銷登記。

土地權利之取得，應即辦理登記，以保障權利人之利益，

但是若該權利因拋棄混同等法定原因，而歸於消滅時，應即辦理塗銷登記，以維當事人之權益。

另按撤銷在民法中有指法律行為之撤銷，有指非法律行為之撤銷，後者如民法第14條監護宣告之撤銷、第34條法人許可之撤銷，性質上係公法上行為之撤銷，本條所指之撤銷則係指因行為人以其意思表示有瑕疵，為使其不生法律效力而為撤銷之意思表示，易言之即指法律行為之撤銷、私法上之撤銷。

民國99年6月修訂後，增列第2項的規定。其係對於拋棄土地權利時，如果該土地上尚有他項權利存在時之處理方式。

當拋棄權利之土地上存有他項權利時，如果登記機關准許土地所有權人辦理所有權塗銷登記的話，依附於土地所有權之主權利上，歸屬於從權力之他項權利將無所依附，於此情況下，勢必將嚴重損害到他項權利人之權益。因此本條文規定，如果土地所有權人基於自己本身之意願而拋棄其土地所有權，辦理塗銷登記時，應經過他項權利人之同意，始可受理登記申請。

因此特在本條文第2項中規定，應檢附該他項權利人之同意書，同時申請他項權利塗銷登記。

重要解釋函令

1. 內政部57年8月16日台（57）內地字第282493號函——抵押權被法院誤為囑託塗銷得訴請回復登記。
2. 內政部60年10月16日台（60）內地字第439257號函——物權因混同申請塗銷登記事宜。
3. 行政院62年8月9日台（62）內字第6795號函——私有農地所

有權非法辦理移轉登記完竣後，移轉行為無效，可由主管登記機關逕行塗銷之。

4. 內政部65年8月12日台（65）內地字第690911號函——保護區農地變更地目以其變更使用是否合法為准駁依據。

5. 行政院66年6月9日台（66）內字第4728號函——政府機關典用民有房地設定典權，逾存續期限屆滿兩年尚未回贖案件之處理原則。

6. 內政部66年8月3日台（66）內地字第748528號函——私有農地所有權非法辦理移轉登記完竣後，主管登記機關應逕行辦理塗銷登記，並回復為原所有權人所有。

7. 內政部72年4月2日台（72）內地字第148274號函——持憑法院和解筆錄申辦所有權塗銷登記，登記機關應予受理。

8. 內政部75年7月26日台（75）內地字第428354號函——物權因混同申請塗銷登記事宜。

9. 內政部76年9月8日台（76）內地字第536693號函——抵押權未塗銷登記之私有土地，其所有權人不可拋棄土地所有權。

10. 內政部78年7月18日台（78）內地字第723072號函——與徵收標的共同擔保之非徵收標的抵押權塗銷登記事宜。

11. 內政部78年10月5日台（78）內地字第745089號函——公告徵收之土地，申辦所有權變更登記或他項權利設定登記事宜。

12. 內政部80年8月5日台（80）內地字第8001736號函——設定有地役權之土地所有權不得拋棄。

13. 內政部81年3月9日台（81）內地字第8171501號函——被徵收土地未辦妥徵收移轉登記，原所有權人死亡後，其繼承人申請將部分土地抵繳遺產稅，並已辦畢登記為國有，原徵收

機關可依法訴請塗銷該項登記。

14. 內政部87年6月3日台（87）內地字第8705586號函——依法院判決申辦土地登記，應僅就法院判決主文所判斷之標的為之。

15. 內政部87年12月17日台（87）內地字第8790958號函——因稅捐稽徵機關誤發免稅證明書而辦畢移轉登記之土地，得由當事人雙方會同申辦塗銷移轉登記。

16. 內政部88年8月6日台（88）內中地字第8803709號函——拋棄建物基地所有權，僅於不違反公共利益或不以損害他人利益為主要目的時，始得為之。

17. 內政部89年6月22日台（89）內中地字第8911473號函——土地法第30條刪除後方撤銷自耕能力證明書，原登記機關自無需塗銷其所有權移轉登記。

18. 內政部89年7月4日台（89）內中地字第8910203號函——拍定人辦竣農地所有權移轉登記後，原核發機關撤銷自耕能力證明書，於土地法第30條刪除後，原登記機關仍應塗銷其所有權移轉登記。

19. 內政部90年1月16日台（90）內中地字第9080224號函——申請回復所有權登記，免繳納登記規費。

20. 內政部90年5月2日台（90）內中地字第9006460號函——農業用地作農業使用證明書經撤銷後，不得撤銷買賣所有權移轉登記。

21. 內政部91年12月9日內授中辦地字第0910018430號函——關於設定有他項權利之建物所有權第一次登記判決塗銷登記事宜。

22. 內政部92年2月19日內授中辦地字第0920081845號函——建

築物法定空地所有權人，無論是否仍有該建築物或坐落基地所有權，皆不得單獨拋棄其法定空地所有權。

23.內政部103年7月11日內授中辦地字第1036651476號令——共有人單獨拋棄其公同共有地上權權利，如不影響他人權益，得申請塗銷其地上權登記。

第一百四十四條（登記機關得查明塗銷登記之規定）

依本規則登記之土地權利，有下列情形之一者，於第三人取得該土地權利之新登記前，登記機關得於報經直轄市或縣（市）地政機關查明核准後塗銷之：

一、登記證明文件經該主管機關認定係屬偽造。

二、純屬登記機關之疏失而錯誤之登記。

前項事實於塗銷登記前，應於土地登記簿其他登記事項欄註記。

解說

本條主要在明示本不應登記之土地權利，若因登記機關之疏失而錯誤登記時，在第三人取得該土地權利之新登記前，登記機關得於報經直轄市或縣（市）地政機關查明核准後塗銷之。

依本規則不應登記，純屬登記機關之疏失而錯誤登記者，並非私權有所爭執，民事法院亦無從受理審判，於第三人取得該土地登記權利前，自應由登記機關依職權撤銷原處分，辦理塗銷登記。

按違法之行政處分除係無效或瑕疵已補正者外，其餘均屬

得撤銷，基於依法行政原則，並兼顧信賴保護原則，依行政程序法第117條及第119條規定，登記機關或其上級地政機關自得於第三人取得該土地權利之新登記前，依職權撤銷原准予登記之處分，90年9月修訂，特配合修正本條第1項第1、2款及第2項文字。

1. 內政部87年11月13日台（87）內地字第8711880號函——權利人持憑法院刑事判決證明文件申請註銷因偽造文書所申請補發之所有權狀，登記機關得撤銷補發之權狀。
2. 內政部88年9月30日台（88）內中地字第8811022號函——申辦建物所有權第一次登記原因證明文件「使用執照」經該管直轄市、縣（市）政府查明係偽造，已登記建物之處理方式。

第一百四十五條（他項權利塗銷登記）

他項權利塗銷登記除權利終止外，得由他項權利人、原設定人或其他利害關係人提出第三十四條第一項所列文件，單獨申請之。

前項單獨申請登記有下列情形之一者，免附第三十四條第一項第二款、第三款之文件：

一、永佃權或不動產役權因存續期間屆滿申請塗銷登記。

二、以建物以外之其他工作物為目的之地上權，因存續期間屆滿申請塗銷登記。

三、農育權因存續期間屆滿六個月後申請塗銷登記。

四、因需役不動產滅失或原使用需役不動產之物權消滅，申請其不動產役權塗銷登記。

解說

　　本條主要在明示他項權利塗銷登記得單獨申請之場合，以及定有存續期間之永佃權、不動產役權、地上權、農育權等，於存續期間屆滿後，單獨申請塗銷該等權利登記時，得免附本規則第34條第1項第2款、第3款之文件。

　　土地登記原則上應由當事人雙方會同提出申請，他項權利之塗銷申請亦不例外。惟他項權利之塗銷原則上對土地所有權人之利益只有增加，不會減少，故應准許由他項權利人、原設定人或其他利害關係人提出第34條第1項所列文件，單獨申請他項權利之塗銷登記。

　　本規則在99年6月修訂時，原得由他項權利人在存續期間屆滿，申請塗銷登記而不須檢附第34條第1項第2款、第3款之文件，也就是登記原因證明文件及所有權狀或他項權利證明書，單獨申請塗銷登記的部分，除原本的地上權外，又增加永佃權、不動產役權、農育權等他項權利。

　　在不動產役權申請登記部分，因需役不動產之使用權源除所有權以外，尚包括地上權，租賃權等等其他權利，當這些權利消滅，不動產役權也跟著消滅時，也應可由此等權利人單獨申請塗銷登記。因此特別在本條文第2項第4款部分作此規定。

相關法條與重要解釋函令

（一）相關法條

土地登記規則：第34條。

（二）重要解釋函令

1. 內政部54年10月16日台（54）內地字第184568號函——抵押人於履行和解事項後得單獨聲請抵押權塗銷登記。

2. 內政部55年6月6日台（55）內地字第204191號函——地上權存續期限屆滿，如未依法延長，當然歸於消滅。

3. 內政部60年3月27日台（60）內地字第407571號函——債權人放棄抵押權辦理抵押權塗銷登記時，無須得債務人之同意。

4. 內政部67年7月14日台（67）內地字第806577號函——地政事務所非訴訟標的權利被害人，無民事訴訟當事人之適格，不得向法院提起塗銷登記之訴。

5. 內政部68年3月21日台（68）內地字第7272號函——設定登記之抵押權，因時效消滅，抵押權人不能會同辦理塗銷登記，應訴請塗銷。

6. 內政部69年11月3日台（69）內地字第51066號函——持消滅時效已完成之法院判決確定證明書申辦地上權塗銷登記，義務人未提出拒絕之抗辯者，應予受理。

7. 內政部70年7月27日台（70）內地字第24414號函——原設定人可檢附債權部分清償證明單獨申辦抵押權部分塗銷登記。

8. 內政部73年12月12日台（73）內地字第280112號函——日據時期以土地向株式會社借款設定之抵押權，設定期限業已屆滿，債權請求權亦因時效而消滅，如會社已不存在，可聲請

法院選任特別代理人，以便對之提起塗銷之訴。

9. 內政部75年7月9日台（75）內地字第422353號函——依照日據時期不動產登記簿過錄之抵押權申請塗銷登記，由抵押權人及抵押人會同申請。

10. 內政部75年10月15日台（75）內地字第445517號函——徵收放領耕地徵收前所設定之抵當權，於徵收放領後未為塗銷登記，得逕予塗銷。

11. 內政部76年2月18日台（76）內地字第479519號函——法院判決塗銷所有權移轉登記，已登記之他項權利不受影響。

12. 內政部76年2月26日台（76）內地字第480747號函——建物所有權第一次登記經法院判決應予塗銷，原設定之抵押權不受影響。

13. 內政部76年5月25日台（76）內地字第502112號函——債務人於不動產拍賣前提出現款清償債務，執行法院認抵押權消滅，可於囑託書記載一併囑託辦理抵押權塗銷登記。

14. 內政部76年6月24日台（76）內地字第513811號函——已不必清償之日據時期日人抵押權未辦理塗銷者，得逕為辦理塗銷登記。

15. 內政部76年9月21日台（76）內地字第534294號函——抵押權因債權清償消滅後，抵押權人死亡得免辦抵押權繼承登記，直接辦理抵押權塗銷登記。

16. 內政部76年9月25日台（76）內地字第537461號函——法院拍賣移轉土地，在未經第三人取得，並經拍定人同意撤銷拍賣准予受理。

17. 內政部77年5月2日台（77）內地字第590549號函——依照日據時期不動產登記簿轉載之抵押權，不得更正塗銷。

18.內政部79年8月20日台（79）內地字第827797號函——台灣光復前國人以不動產向日人抵押借款，並設定抵押權登記，准予由抵押人申請塗銷登記。

19.內政部82年4月19日台（82）內地字第8204809號函——定有期限之永佃權存續期間屆滿時，如永佃權人未為標的物之使用收益，原設定人或其他利害關係人得單獨申請永佃權塗銷登記。

20.內政部85年1月19日台（85）內地字第8417069號函——申請人持憑提存書辦理抵押權塗銷登記，應先經債權人同意，否則應訴請法院塗銷抵押權登記。

21.內政部85年4月19日台（85）內地字第8504250號函——債務經清償後之抵押權塗銷登記，得委由金融機構逕函送登記機關辦理。

22.內政部85年7月22日台（85）內地字第8507127號函——權利人檢附台灣省合作金庫開立之債務清償證明書申請塗銷原以彰化市第四信用合作社名義登記之抵押權處理事宜。

23.內政部85年12月2日台（85）內地字第8511378號函——彰化市第四信用合作社因財政部指示由台灣省合作金庫概括承受，原以該社名義登記之抵押權，其擔保之債權如於概括承受前清償，得由權利人持憑台灣省合作金庫出具之債務清償證明書，逕行申辦抵押權塗銷登記。

24.內政部88年10月11日台（88）內地字第8819390號函——以地上權及建物共同擔保設定之抵押權，得由土地所有權人代位申辦抵押權塗銷登記。

25.內政部89年9月14日台（89）內中地字第8902318號函——申請地役權塗銷登記，其當事人間之特約，如未登記，應由

全體需役地所有權人出具無需使用該供役地之證明文件，依土地登記規則第145條規定辦理。

26.內政部89年10月21日台（89）內中地字第8920188號函——日據時期抵押權申請塗銷登記處理事宜。

27.內政部90年5月9日台（89）內中地字第9006984號函——抵押權人死亡，得由合法繼承人出具抵押權塗銷同意書後，由申請人持憑上開塗銷同意書，連同抵押權人死亡之戶籍謄本、遺產稅繳（免）納證明文件等申辦抵押權塗銷登記。

第一百四十六條（預告登記之塗銷）

預告登記之塗銷，應提出原預告登記請求權人之同意書。

前項請求權人除符合第四十一條第二款、第四款至第八款及第十款規定之情形者外，應親自到場，並依第四十條規定程序辦理。

解說

本條主要在明示預告登記塗銷之要件。

預告登記必須經原預告登記請求權人之同意始得辦理塗銷登記，不過，若因徵收、法院確定判決或強制執行，而申辦預告登記之塗銷時，不在此限。

預告登記之目的主要是為了保全請求權人之請求權。因此，除了因為政府機關之徵收，或法院之判決，或強制執行之公法而需要塗銷外，原則上均須經原預告登記請求權人之同意，始得辦理預告登記之塗銷登記。

民國92年7月修訂時，將「原申請人」更改為「原預告登

記請求權人」，因為在土地登記程序中，登記當事人除了親自辦理外，尚可委託代理人辦理土地登記事項。而如果當事人委託代理人辦理土地登記事項時，則「原申請人」就有可能被誤解為該代理人，因此為求更加適切精準，特將「原申請人」更改為「原預告登記請求權人」，使其意更加切合原旨。

而原應提出印鑑證明之規定，也為因應戶政單位簡化使用印鑑證明政策，而將原應提出印鑑證明之規定取消（但在本規則第41條第1項第10款中亦規定，當登記義務人檢附登記原因發生日期前一年以後核發之當事人印鑑證明時，當事人可免到場）。但為證實登記當事人真意，故在本規則第40條規定要求登記義務人應到場。而在本規則第41條中亦規定，在符合第1項第1款至第15款的情況下，則當事人得以免到場。

在預告登記塗銷之登記案件中，因塗銷登記將造成請求權人之權利喪失，故在此登記中，原請求權人係扮演登記義務人的角色，而如果其符合第41條第2款、第4款至第8款及第10款規定之情形，當然允許扮演登記義務人角色之原請求權人免到場。因此在92年7月修訂時，特增列本條第2項之規定。

相關法條與重要解釋函令

（一）相關法條

土地登記規則：第40條、第41條。

（二）重要解釋函令

內政部79年7月14日台（79）內地字第816335號函——預告登記後，不准受理變更預告登記權利人。

第一百四十七條（查封登記之塗銷）

查封、假扣押、假處分、破產登記或其他禁止處分之登記，應經原囑託登記機關或執行拍賣機關之囑託，始得辦理塗銷登記。但因徵收、區段徵收或照價收買完成後，得由徵收或收買機關囑託登記機關辦理塗銷登記。

解說

　　本條主要在明示查封、假扣押、假處分、破產或其他禁止處分之登記若擬辦理塗銷登記時，必須經原囑託登記機關之囑託，始得辦理塗銷登記。

　　查封、假扣押、假處分、破產或其他禁止處分之登記，在登記之初既然是根據法院或其他機關之囑託來辦理，則欲辦理塗銷登記時，自應經法院或其他機關之囑託始得辦理。

　　依行政執行與民事執行業務聯繫辦法（本辦法在95年2月20日廢止）第6條第3項規定，塗銷查封、假扣押、假處分、破產登記及其他限制登記，不以原囑託登記機關之囑託為限，執行拍賣之機關亦得囑託登記機關辦理塗銷登記，90年9月修訂時，特配合修正本條文部分文字。

　　按土地之公用徵收及照價收買，性質上屬原始取得，於補償之地價或收買價款及其他補償費發給完竣後，原存於被徵收或照價收買土地上之權利應歸於消滅，其權利登記自亦應予除去。故於補償款或收買價款解繳執行法院或對被徵收人為附條件之提存後，則原對被徵收土地所為查封之效力，即轉換為對該項補償款或收買價款之執行。主辦機關自可囑託登記機關塗銷被徵收或照價收買土地之限制登記，尚無須再函請法院囑託塗銷，以簡化作業程序，90年9月修訂時，特增訂本條文但書

規定。

重要解釋函令

1. 內政部41年11月11日台（41）內地字第22316號函——日據時期法院囑託之假登記，仍應經法院囑託塗銷。

2. 內政部49年5月16日台（49）內地字第33226號函——日據時期假處分登記之債權人如為日本人可申辦塗銷登記。

3. 內政部76年6月3日台（76）內地字第506274號函——保全處分登記未辦理塗銷登記前，法院得囑託辦理塗銷查封登記及抵押權登記。

4. 內政部82年3月8日台（82）內地字第8203335號函——關於法院就破產人之不動產，未辦理破產登記，而逕函囑登記機關將其他法院及稅捐稽徵處就該不動產所為囑辦查封登記及禁止處分登記予以塗銷，登記機關處理事宜。

5. 內政部102年1月29日台內地字第10200839211號函——檢察機關對於已辦理限制登記之扣押處分，經法院裁定撤銷確定意旨之通知，如未表明辦理塗銷登記，亦得視為檢察官有囑託塗銷登記之意，地政機關得為塗銷登記。

6. 內政部103年3月24日台內營字第1030801783號函——主管機關依都市更新條例第40條第2項規定囑託塗銷限制登記事宜。

7. 內政部103年12月31日台內地字第1030613998號函——法院囑託塗銷抵押權查封登記並以執行命令移轉抵押權與債權人時，登記機關辦理註記事宜。

第一百四十八條（他項權利消滅登記完畢後應通知他項權利人）

土地滅失時應申請消滅登記；其為需役土地者，應同時申請其供役不動產上之不動產役權塗銷登記。

前項土地有他項權利或限制登記者，登記機關應於登記完畢後通知他項權利人、囑託機關或預告登記請求權人。

解說

　　本條主要在規定設定他項權利之土地若因滅失而辦理消滅登記時，登記機關在辦妥滅失登記後，應即通知他項權利人。

　　所謂「他項權利」，係指附著於所有權上之權利，故為從權利，一旦其所附著之所有權之本體消失，則該權利當然跟著消失。而所有權一旦消失，則附著於所有權上之他項權利勢必無所依附，自然隨之而消失，根本毋須再行辦理他項權利滅失登記。

　　當設定有不動產役權之需役土地滅失時，其所設定之不動產役權關係當然跟著消滅，因此須辦理不動產役權塗銷登記。因此在99年6月修訂時於第1項後段增列：「其為需役土地者，應同時申請其供役不動產上之不動產役權塗銷登記。」以求周全。

第十二章
其他登記

第一節　更名登記及管理者變更登記

> **第一百四十九條**（更名登記）
> 土地權利登記後，權利人之姓名或名稱有變更者，應申請更名登記。設有管理人者，其姓名變更時，亦同。
> 權利人或管理人為自然人，其姓名已經戶政主管機關變更者，登記機關得依申請登記之戶籍資料，就其全部土地權利逕為併案辦理更名登記；登記完畢後，應通知權利人或管理人換發權利書狀。

解說

　　本條主要在規定土地登記之後，如果權利人的姓名或名稱有所變更的話，必須辦理更名登記，以使土地登記簿上所有權人的姓名和實際相吻合。此外，如果設有管理人的話，一旦管理人姓名變更時，也應立即辦理更名登記。

　　姓名為人格權之一種，基於人格權之保護，對於自然人之姓名或法人之法定名稱當有予以保護之必要，且姓名係區別自然人或法人之重要根據，因此一旦有變更時，自然必須立即辦理更名登記，以使登記簿上之姓名與實際之姓名相符合。在

自然人的改名方面，根據姓名條例第10條的規定，凡是（一）原名譯音過長或不正確者；（二）因宗教因素出世或還俗；（三）因執行公務之必要，應更改姓名者，得申請更改姓名。此外，若配偶因婚姻關係而冠夫姓，其後因離婚或協議而取消冠夫姓者，亦應辦理更名登記。其次，如祭祀公業或神明會等公同共有之祭場，因管理人重新選定，亦應在主管機關核定後，向地政機關辦理更名登記。

當權利人或管理人為自然人，其姓名已經戶政主管機關變更時，基於使土地登記簿上所有權人之姓名與實際情況相吻合的原則下，土地登記機關得依申請登記之戶籍資料，就其全部土地權利逕為併案辦理更名登記，而在登記完畢後，當然應該通知權利人或管理人換發權利書狀。所以本規則在98年7月修訂時，增列第2項的條文。

重要解釋函令

1. 內政部55年1月7日台（55）內地字第192046號函——喪失國籍者，其土地准予辦理更名登記。

2. 內政部68年5月7日台（68）內地字第14060號函——權利主體不同，不得辦理更名登記。

3. 內政部70年4月21日台（70）內地字第13282號函——公司法人依法更改名稱，辦理不動產更名登記免檢附契稅或土地增值稅繳清證明書。

4. 內政部70年6月22日台（70）內地字第27833號函——以自然人名義登記，自始即供私立學校、寺廟、教會、宗祠等團體使用，有足資證明文件者，准以更名登記方式為私立學校、

寺廟、教堂、宗祠等所有。

5. 內政部70年10月5日台（70）內地字第46512號函——公司法人依法修改章程申辦變更登記，其不動產得以更名登記方式辦理。

6. 內政部75年2月17日台（75）內地字第385164號函——道教會台灣省分會與道教會既分別取得法人資格，係二不同法人，其土地之移轉應以所有權移轉登記方式辦理。

7. 內政部76年11月4日台（76）內地字第545069號函——寺廟已成立管理委員會者，以主任委員姓名為管理人登記。

8. 內政部78年10月5日台（78）內地字第743755號函——法院強制管理命令選任之管理人，該管理人逕行申辦管理人登記，登記機關不宜受理。

9. 內政部84年5月11日台（84）內地字第8474906號函——寺廟等宗教團體以其資金取得之不動產，以住持、信徒、管理委員等名義登記者，其更名登記事宜。

10. 內政部84年7月25日台（84）內營字第8408495號函——以妻名義登記屬聯合財產之國民住宅更名登記為夫所有，無需國民住宅主管機關之同意。

11. 內政部84年8月10日台（84）內民字第8487719號函——寺廟等宗教團體以其資金取得之不動產，以住持、信徒、管理委員等名義登記者，其更名登記事宜。

12. 內政部85年4月26日台（85）內地字第8574619號函——寺廟所有之不動產，以他人名義登記，但自始即供寺廟宗教團體使用，如經證明其取得不動產之資金確為該團體所支付者，得申辦更名登記。

13. 內政部85年11月6日台（85）內地字第8510856號函——抵

押權登記後，債務人或義務人姓名或名稱變更，應辦理更名登記。

14. 內政部86年11月25日台（86）內地字第8683600號函——86年9月27日以後辦理夫妻聯合財產更名登記事宜。

15. 內政部87年3月23日台（87）內地字第8703958號函——電子處理作業中發現登記簿記載登記名義人因更名（姓名變更、更正）未將其名下全部土地一併辦理者，應查證後依規定辦理。

16. 內政部87年5月11日台（87）內地字第8704960號函——公司變更組織，得申辦更名登記。

17. 內政部89年6月14日台（89）內中地字第8978874號函——地政機關配合農業發展條例第17條規定執行事宜。

18. 內政部89年6月23日台（89）內中地字第8912487號函——父母贈與子女農地與農舍，不得依農業發展條例第17條第1項規定請求回復所有權。

19. 內政部89年11月20日台（89）內中地字第8922132號函——農地繼承人無原土地法第30條之1不能繼承之情形，不得依農業發展條例第17條規定申辦所有權回復登記。

20. 內政部90年3月15日台（90）內中地字第9003593號函——台灣省合作金庫改制為「合作金庫銀行股份有限公司」，其原以台灣省合作金庫名義登記之抵押權，申請人持憑該行以新名義出具之抵押權塗銷同意書申辦抵押權塗銷登記，免先申辦他項權利人更名登記。

21. 內政部98年7月3日內授中辦地字第0980724822號令——地政機關受理祭祀公業法人依祭祀公業條例第28條規定申辦更名登記事宜

22.內政部99年3月25日內授中辦地字第0990724063號函——基於照顧及推廣原住民回復傳統姓名相關政策立場，對於原住民申請回復傳統姓名後換發權利書狀時(不包括第一次換發後再申請補發或申請謄本等)，得依規費法第12條第1款規定免收換發書狀規費。

23.內政部102年10月3日台內地字第1020312227號函——以自然人名義登記，實際為私立學校使用之不動產，以更名登記變更為該校所有之處理方式。

24.內政部103年5月26日台內民字第1030174295號函——祭祀公業僅有派下員1人，依祭祀公業條例第50條規定辦理登記為該派下員所有時，得以「解散」為登記原因辦理登記。

第一百五十條（法人或寺廟之更名登記）
法人或寺廟於籌備期間取得之土地所有權或他項權利，已以籌備人之代表人名義登記者，其於取得法人資格或寺廟登記後，應申請為更名登記。

解說

　　本條主要在規定法人之更名登記。由於法人本來應該以法人為權利主體，但在籌備期間，為了解決實際需要，本規則特在第104條准許法人或寺廟在未完成法人設立登記或寺廟登記前，得以籌備人公推之代表人名義申請登記。不過一旦法人或寺廟辦妥登記，當然必須申請為更名登記。

　　政府為了管理特定目的事業，如私立學校或營造廠等，往往規定必須擁有一定數額之不動產，才可以申請設立，但在購

置不動產時，此一私立學校或營造廠僅係在籌設階段，尚未形成法人，故必須依本規則第104條規定以籌備處代表人名義申辦產權移轉登記。當事人在取得不動產之產權後，再據以向目的事業主管機關申請許可，並在完成法人設立登記後，根據本條之規定向地政機關申辦更名登記。

第一百五十一條（公地管理機關變更登記）
公有土地管理機關變更者，應囑託登記機關為管理機關變更登記。

解說

　　本條主要在規定公有土地管理機關變更時，應申請管理機關變更登記，以符實際。

　　政府分設官職，各有所司，因此對於行政庶務往往根據機關之職掌分別劃定。以國有或市有土地為例，常常委由各級政府單位代為管理，因此土地所有權人雖屬「中華民國」，但管理人可能是某一行政單位。不過隨著行政單位職能的改變，則該不動產的管理單位自然隨之而改變，此時就必須向地政機關申辦更名登記。

重要解釋函令

1. 內政部78年7月20日台（78）內地字第715211號函——同一公有不動產登記二個以上管理機關處理事宜。
2. 內政部79年10月17日台（79）內地字第840354號函——同一

公有不動產登記二個以上管理機關處理事宜。

3. 內政部83年3月30日台（83）內地字第8376959號函──同一管理機關管有之多筆公有土地，於土地登記簿管理者登載不同名稱，其處理事宜。

4. 內政部90年3月7日台（90）內中地字第9080291號函──同一土地上二個以上管理機關需用不同空間範圍之登錄方式。

第二節　住址變更登記

第一百五十二條（住址變更登記之場合及應附之文件）
登記名義人之住址變更者，應檢附國民身分證影本或戶口名簿影本，申請住址變更登記。如其所載身分證統一編號與登記簿記載不符或登記簿無記載統一編號者，應加附有原登記住址之身分證明文件。
登記名義人為法人者，如其登記證明文件所載統一編號與登記簿不符者，應提出其住址變更登記文件。

解說

　　本條主要在明定登記名義人之住址有所變更的時候，應立即申請住址變更登記，以求登記簿的住址和實際相符。當事人申辦住址變更登記時，並應提出記載住址變更之相關證明文件，以憑辦理。

　　土地登記簿上關於權利人之住址記載，除地政機關用來記載權利人之住址外，政府其他部門如司法或稅捐單位，亦往往根據此一住址作為聯絡權利人之依據，因此如果登記簿上之住

址與實際不符，例如目前之登記簿上有時還可以看到日據時期之住址記載，如○○廳、○○州、○○堡、○○番地等，使相關單位在寄發各種通知及法定文件時，常常有無從下手之苦，這就是未適時辦理住址變更登記之故。

　　民國102年8月修訂時，將原本可檢附證件包括國民身分證影本或戶口名簿影本或戶籍謄本，刪除戶籍謄本部分，只留下國民身分證影本或戶口名簿影本。

重要解釋函令

1. 內政部76年1月8日台（76）內地字第469348號函——提出國民身分證影本申請住址變更登記，可依登記申請書原因發生日期欄所載日期據以登記。
2. 內政部93年6月28日內授中辦地字第0930724554號函——法院確定判決書上所載被告之姓名及不動產標的與登記簿記載相符，登記機關免再審查被告之住址是否與登記簿記載相符。

第一百五十三條（逕為住址變更登記）

登記名義人住址變更，未申請登記者，登記機關得查明其現在住址，逕為住址變更登記。

解說

　　本條主要在規定若登記名義人之住址變更而未申請登記者，登記機關可以查明現在住址，逕為住址變更登記。

　　登記簿上關於當事人住址之記載，主要是爲了落實地籍管理，因此住址之變更對於當事人之權益並無重大影響，故登記機關若發現當事人住址業已變更的話，爲強化地籍管理及減少當事人另外申請之困擾，自應可逕行辦理住址變更登記。

重要解釋函令

1. 內政部65年11月25日台（65）內地字第712336號函——住址記載之「弄」與「衖」同音同義應予適用。
2. 內政部73年5月7日台（73）內地字第228246號函——政府機關執行行政行爲，有通知權利人之必要，不得以日據時期住址通知當事人。
3. 內政部99年2月6日內授中辦地字第0990723783號函——金融機構檢附住所變更後之法人登記證明文件函請登記機關備查並表示辦理住址變更登記時，登記機關得逕爲辦理登記。

第三節　書狀換給及補給登記

第一百五十四條（申請書狀補給之申請人）
土地所有權狀或他項權利證明書損壞或滅失，應由登記名義人申請換給或補給。

解說

　　本條主要在規定土地或建物權利書狀換發或補發時，限由登記名義人方得提出申請，以避免假冒、僞造等情事。

　　土地或建物的權利書狀雖然只是權利的表徵，但由於國人傳統上將書狀視為權利之化身，一向極為注重，因此地政機關在辦理書狀的換發或補發時，當然必須謹慎從事，以免因過度浮濫而衍生糾紛，故對於書狀換發或補發之申請人自有嚴加限制之必要，規定只能由登記名義人為之。

重要解釋函令

1. 內政部75年5月15日台（75）內地字第21762號函——冒名申請所有權狀之補給，原權利人得申請補發所有權狀。
2. 內政部82年12月13日台（82）內地字第8287476號函——失蹤人財產管理人得申請失蹤人所有土地、建物權利書狀補發登記。
3. 內政部88年5月15日台（88）內地字第8805648號函——土地權利書狀續頁遺失，宜以「換給」方式辦理。

第一百五十五條（申請權利書狀補給應附之文件）
申請土地所有權狀或他項權利證明書補給時，應由登記名義人敘明其滅失之原因，檢附切結書或其他有關證明文件，經登記機關公告三十日，並通知登記名義人，公告期滿無人提出異議後，登記補給之。
前項登記名義人除符合第四十一條第二款、第七款、第八款、第十款及第十五款規定之情形者外，應親自到場，並依第四十條規定程序辦理。

解說

　　本條主要在規定申請土地或建物權利書狀補發時應檢附之證明文件。在84年7月修正本規則時，並特別強化必須取得他共有人、權利關係人、配偶、三親等以內親屬或鄰地所有人1人以上出具滅失事實之證明書，以防止以往單憑所權人之切結書即可補發之弊端。

　　民國84年7月原修正前舊有的土地登記規則第120條規定，只要檢附所有權人的切結書就可以申請補發權利書狀，因此社會上許多不肖之徒往往騙取甚至偽造所有權人之印鑑證明書，再出具不實之切結書，用以向地政機關矇騙申請補發權利書狀正本，並在取得權利書狀正本之後，盜賣該不動產或持以辦理高額借款，產生無窮的糾紛。因此修正後的條文特別加強補發權利書狀之限制，以期杜絕此一弊端。

　　有關書狀滅失時，應提出何項證明文件，內政部84年11月16日台（84）內地字第8415012號函說明2已有明釋，90年9月修訂時，特依其內容修正本條文部分文字，並刪除90年9月修正前原條文第1項第1款及第2款之規定。

　　原應提出印鑑證明之規定，為因應戶政單位簡化使用印鑑證明政策，在本條文中取消原應提出印鑑證明的規定（本規則第41條第1項第10款中規定，如果登記義務人檢附登記原因發生日期前一年以後核發之當事人印鑑證明時，則登記義務人免親自到場）。但為確定登記申請人真意，故在本法第40條規定要求登記義務人應到場。而於本法第41條中亦規定，在符合第1項第1款至第15款的情況下，則當事人得以免到場。所以在95年6月重新修訂時，將第2項之「前項登記如係委託他人申請者，應檢附登記名義人之印鑑證明」，更改為「前項登記名義

人除符合第41條第2款、第7款、第8款、第10款及第15款規定之情形者外，應親自到場，並依第40條規定程序辦理。」

相關法條與重要解釋函令

（一）相關法條

土地登記規則：第40條、第41條。

（二）重要解釋函令

1. 內政部75年9月3日台（75）內地字第437340號函——原所有人依法院確定判決仍不能索回權利書狀者，得以該判決書辦理書狀補給登記。

2. 內政部95年8月15日內授中辦地字第0950725141號函——土地登記規則第155條規定執行事宜。

3. 內政部95年8月15日內授中辦地字第0950725141號函——土地登記規則第155條規定執行事宜。

4. 內政部99年7月15日內授中辦地字第0990724938號令——公法人申請權利書狀補發登記，如以函文檢送申請案件，並於登記申請書內加蓋機關印信，得免再委派執行公務之承辦人員親自到場送件辦理。

第一百五十五條之一（共有物之管理）

共有人依民法第八百二十六條之一第一項規定申請登記者，登記機關應於登記簿標示部其他登記事項欄記明收件年月日字號及共有物使用、管理、分割內容詳共有物使用管理專簿。

共有人依民法第八百二十條第一項規定所為管理之決定或法院之裁定，申請前項登記時，應於登記申請書適當欄記明確已通知他共有人並簽名；於登記後，決定或裁定之內容有變更，申請登記時，亦同。

解說

民法第826條之1第1項規定：「不動產共有人間關於共有物使用、管理、分割或禁止分割之約定或依第820條第1項規定所為之決定，於登記後，對於應有部分之受讓人或取得物權之人，具有效力。其由法院裁定所定之管理，經登記後，亦同。」此規定很明顯表示出，如果共有不動產之共有人讓與其應有部分時，其受讓人或取得物權之人對於不動產共有人間，關於共有物使用、管理、分割或禁止分割之約定，於登記後，對於應有部分之受讓人或取得物權之人，具有效力。共有物之管理，在共有人過半數及其應有部分合計過半數同意時，亦同。

但為使受讓人或取得物權之人對於不動產共有人間關於共有物使用、管理、分割或禁止分割之約定有依據可循。故在本條文第1項中規定：「共有人依民法第八百二十六條之一第一項規定申請登記者，登記機關應於登記簿標示部其他登記事項欄記明收件年月日字號及共有物使用、管理、分割內容詳共有物使用管理專簿。」

民法第820條第1項及第2項規定：「共有物之管理，除契約另有約定外，應以共有人過半數及其應有部分合計過半數之同意行之。但其應有部分合計逾三分之二者，其人數不予計算。

依前項規定之管理顯失公平者，不同意之共有人得聲請法院以裁定變更之。」

相關條文在土地法第34條之1第1項及第2項中亦有規定：「共有土地或建築改良物，其處分、變更及設定地上權、農育權、不動產役權或典權，應以共有人過半數及其應有部分合計過半數之同意行之。但其應有部分合計逾三分之二者，其人數不予計算。

共有人依前項規定為處分、變更或設定負擔時，應事先以書面通知他共有人；其不能以書面通知者，應公告之。」，此條文中所規定之處分包括管理在內。

以多數決方式管理共有之不動產時，為維護少數不同意共有人之權益，當然在登記前必須通知他共有人。因此在本條文第2項中規定：「應於登記申請書適當欄記明確已通知他共有人並簽名。」

而如果內容有變更時，當然必須辦理變更登記。

相關條文與重要解釋函令

（一）相關條文

民法：第820條、第826條之1。

（二）重要解釋函令

1. 內政部99年8月18日內授中辦地字第0990725118號令──區分所有建築物之區分所有權人欲就共有部分訂立分管契約約定專用使用權，應循依公寓大廈管理條例規定，經由區分所有權人會議決議訂定之團體規章為之，尚不得援引民法第826條之1第1項規定及土地登記規則第155條之1規定，申辦

共有物使用管理之註記登記。

2. 內政部102年4月25日內授中辦地字第1026033276號函——部分共有人之應有部分經限制登記後，他共有人申辦共有物使用管理登記時，登記機關應先函詢執行法院或行政執行分署意見後再行辦理。

第一百五十五條之二（區分所有權之設立）

區分地上權人與設定之土地上下有使用、收益權利之人，就相互間使用收益限制之約定事項申請登記時，登記機關應於該區分地上權及與其有使用收益限制之物權其他登記事項欄記明收件年月日字號及使用收益限制內容詳土地使用收益限制約定專簿。

前項約定經土地所有權人同意者，登記機關並應於土地所有權部其他登記事項欄辦理登記；其登記方式準用前項規定。

解說

　　本條文在99年6月修訂時增列，最主要在說明，將地上權分為「普通地上權」和「區分地上權」，明定區分地上權人得與其設定土地上下有使用、收益權利之普通地上權人，約定相互間使用收益之限制。

　　所謂區分地上權在民法第841條之1說明：「稱區分地上權者，謂以在他人土地上下之一定空間範圍內設定之地上權。」

　　所謂普通地上權在民法第832條說明：「稱普通地上權者，謂以在他人土地之上下有建築物或其他工作物為目的而使用其土地之權。」

所以在區分地上權所稱：「在他人土地上下之一定空間範圍內」，及普通地上權所稱：「在他人土地之上下」之間畢竟存在有模糊地帶。因此在民法第841條之2中規定：「區分地上權人得與其設定之土地上下有使用、收益權利之人，約定相互間使用收益之限制。其約定未經土地所有人同意者，於使用收益權消滅時，土地所有人不受該約定之拘束。

前項約定，非經登記，不得對抗第三人。」其中所稱「設定之土地上下有使用、收益權利之人」即為普通地上權人，很明顯的，區分地上權人得與普通地上權人約定相互間使用收益之限制。但為求有依據可循，所以本規則規定在他項權利之其他登記事項欄記明收件年月日字號及使用收益限制內容詳土地使用收益限制約定專簿。

第一百五十五條之三（共有物之管理規定）
登記機關依前二條規定辦理登記後，應就其約定、決定或法院裁定之文件複印裝訂成共有物使用管理專簿或土地使用收益限制約定專簿，提供閱覽或申請複印，其提供資料內容及申請人資格、閱覽費或複印工本費之收取，準用第二十四條之一及土地法第七十九條之二規定。

解說

本條文係對前面條文作更深入的規定。

登記機關依前2條規定辦理登記後，為了提供需要者閱覽或申請複印，所以有必要就其約定、決定或法院裁定之文件複印裝訂成共有物使用管理專簿或土地使用收益限制約定專簿，

並依土地法第79條之2規定計收閱覽費或複印工本費。

　　本規則於103年2月修訂時，就土地登記簿謄本申請人資格及申請類別（本規則第24條之1）做一更加詳細之規定。因此，本條文於此次修訂中，特別增列「準用第二十四條之一」，也就是有關土地登記簿謄本之申請事宜。

相關條文

1. 土地法：第79條之2。
2. 土地登記規則：第24條之1、第155條之1、第155條之2。

第一百五十五條之四（申請權利書狀補給應附之文件）

依第一百五十五條之一或第一百五十五條之二規定登記之內容，於登記後有變更或塗銷者，申請人應檢附登記申請書、變更或同意塗銷之文件向登記機關提出申請。

前項申請為變更登記者，登記機關應將收件年月日字號、變更事項及變更年月日，於登記簿標示部或該區分地上權及與其有使用收益限制之物權所有權部或他項權利部其他登記事項欄註明；申請為塗銷登記者，應將原登記之註記塗銷。

前項登記完畢後，登記機關應將登記申請書件複印併入共有物使用管理專簿或土地使用收益限制約定專簿。

解說

　　共有物管理約定、普通地上權人與區分地上權人就相互間使用收益限制之約定事項經登記機關依規定辦理登記後，並

於登記簿標示部或該區分地上權及與其有使用收益限制之物權所有權部或他項權利部其他登記事項欄註明後，即產生登記之效力，所以在登記後有變更或塗銷時，當然必須檢附登記申請書、變更或同意塗銷之文件向登記機關提出申請。

　　而依本規則第155條之3規定：「辦理登記後，應就其約定、決定或法院裁定之文件複印裝訂成共有物使用管理專簿或土地使用收益限制約定專簿，提供閱覽或申請複印。」所以當約定變更，而申請為變更登記時，登記機關就應將收件年月日字號、變更事項及變更年月日，於登記簿標示部或該區分地上權及與其有使用收益限制之物權所有權部或他項權利部其他登記事項欄註明。

　　但是如果是約定取消或其他原因而申請塗銷登記時，由於發生原因之理由已經消滅，所以應將原登記之註記塗銷。

　　在變更登記或塗銷登記完畢後，由於共有物使用管理專簿或土地使用收益限制約定專簿依本規則第155條之3之規定，必須提供閱覽或申請複印，所以必須將登記申請書件複印併入共有物使用管理專簿或土地使用收益限制約定專簿。

相關法條

土地登記規則：第155條之1、第155條之2。

第十三章
附　則

第一百五十六條（登記書表簿冊圖狀由中央地政機關定之）
本規則所需登記書表簿冊圖狀格式及其填載須知，由中央地政機關定之。

解說

　　民國90年9月修訂時，為使本規則所需書表簿冊圖狀格式製作取得法源依據，乃與修訂前原條文第15條第2項規定合併，增訂本條文。國內土地登記之執行，係由北高兩市政府地政處及各縣市政府地政局，負責督導各地政事務所執行登記業務，由於分屬不同縣市政府管轄，所以往往對登記所需書表簿冊圖狀之格式及填載須知會有不同之規定或看法，對申請人造成相當之困擾，所以90年9月修訂時特別增訂本條文。

第一百五十七條（施行日）
本規則自發布日施行。
本規則修正條文施行日期另定之。

解說

　　本條主要在規定本規則之施行日期應由中央主管機關另行訂定之。

國家圖書館出版品預行編目資料

土地登記規則／張義權著.--四版--.--
臺北市：書泉,2018.02
　面；　公分
ISBN 978-986-451-118-1（平裝）
1.土地登記
554.283　　　　　　　　106022941

3TC2 新白話六法系列 020

土地登記規則

作　　　者 — 張義權（216）

發 行 人 — 楊榮川

總 經 理 — 楊士清

主　　　編 — 張若婕

責任編輯 — 呂伊真

封面設計 — P.Design視覺企劃、謝瑩君

出 版 者 — 書泉出版社

地　　　址：106台北市大安區和平東路二段339號4樓

電　　　話：(02)2705-5066　　傳　　　真：(02)2706-6100

網　　　址：http://www.wunan.com.tw

電子郵件：shuchuan@shuchuan.com.tw

劃撥帳號：01303853

戶　　　名：書泉出版社

總 經 銷：貿騰發賣股份有限公司

電　　　話：(02)8227-5988　　傳　　　真：(02)8227-5989

地　　　址：23586新北市中和區中正路880號14樓

網　　　址：http://www.namode.com

法律顧問　林勝安律師事務所　林勝安律師

出版日期　1998年7月初版一刷
　　　　　2004年8月二版一刷
　　　　　2014年7月三版一刷
　　　　　2018年2月四版一刷

定　　　價　新臺幣400元